生活藝術心理學 13 講

13 Lectures on the Arts of How to Live;
Discussions from the habit (psychology) point of view

從習慣觀點談起

五南圖書出版公司 印行

作者簡介

柯永河

　　1930 年出生於臺灣南投的一個農家子弟，1953 年畢業於臺灣大學心理學系，爲臺大心理系第一屆畢業生。之後赴美進修，取得密西根大學臨床心理學碩士與博士學位。1960 年起受聘於臺大心理學系，歷任心理學系系主任、臺大學生輔導中心主任，至 2000 年退休後，仍以名譽教授身分，但不支薪式持續教學工作至 2022 年。

　　柯永河教授歷任中國心理學會理事長、中華民國心理衛生協會理事長，台灣臨床心理學會名譽理事長等職，一生投入臺灣心理衛生的學術與實務工作。於心理衛生協會任職期間積極推動《心理衛生法》，爲今《精神衛生法》、《心理師法》等之前身，爲臺灣的心理衛生體系與心理師證照制度立下基礎。

　　在臨床心理學學術上，所開發的《柯氏性格量表》（KMHQ）爲早年沒有合適心理衡鑑工具的台灣臨床心理界開出實務新路，至今應用廣泛，柯永河教授並因此工具之編製成功以及對「習慣心理學」理論之提倡，獲頒行政

院傑出科學與技術人才獎。之後，他更深地投入「習慣心理學」之研究與教學，以其爲畢生志業，並配合習慣理論，由此進一步研發《健康、性格、習慣量表》（HPH），亦深具臨床應用價值。

柯永河教授勤於教學，於臺大心理系開設臨床心理博士班課程，包括吳英璋、余德慧、柯慧貞、許文耀、張素凰、梁培勇、李錦虹、陳淑惠等傑出臨床心理學家均是他的學生。他亦勤於寫作，著有《人性的好園丁：羅嘉思》、《心理衛生學》（上、下冊）、《臨床心理學》（上、下冊）、《臨床神經心理學概論》、《心理治療與衛生：我在晤談椅上四十年》（上、下冊）、《習慣心理學》（共五冊）等書。

不管是引進國外的臨床神經心理學新知，或是編製心理衡鑑量表、推動心理衛生工作、開發習慣心理學之理論與應用等等，柯永河教授一生都扮演臺灣臨床心理學開拓者的角色，因而獲頒台灣心理治療與心理衛生聯合年會終身成就獎、台灣臨床心理學會終身成就獎，被譽爲臺灣臨床心理學之父。

於 2020 年 12 月，鑑於柯永河教授對臺灣心理學界有多方面的貢獻，台灣心理學會頒發終身成就貢獻獎。

序　言

一、為什麼我要寫這本書？

2020 年 9 月 20 日中午，我的學生們為我舉行了一場可說是盛大的九十歲生日餐會；我說盛大，是因為席位多到九十人，共十桌，而且把位於公館，臺大第二學生活動中心一樓右翼的曉鹿鳴餐廳的大廳全部包下來，費用總計二十一萬元。那天受邀的九十位來賓，幾乎全部出席，時間從上午十一點半到下午一點半。前後兩小時熱鬧異常，全無冷場，三人一組的小樂隊，從頭到尾歌聲不斷，散席時，大家都還依依不捨互相道別後才離去。雖然那是四百多天前的往事，但那天許許多多的鏡頭，到了今天，還是一點一滴，常常清清楚楚地浮現在我腦海裡。幾位來賓所唱的歌，所講的話，常常在我心中響起，溫暖了我的心；使我每天晚上獨眠的八小時，一點也不感到寂寞，不孤單。每想起那天，真的很感謝我學生們的那一份好意！

可能是據於好事，不要僅鎖在自己一個人心中，把它說出來和朋友分享才好的理由，所以我就很自然地把上面一段話在這裡說出來，雖然有些讀者會覺得，那一段話和這本書根本不相關，何必在這裡提起？其實不然，過去不知有多少年，我一直努力著，和不知多少學生為了分享我在研究心理學的學術路上，所得的理性興奮與發現，而一起走過來。最近，因逐漸感到自己年歲已高，有時站在講課台上感到頗吃力，上完一個小時的課程回家後，則累得眼皮都張不開，所以計畫再教一個學期就不再上講台，而把每天時間用來寫書。

從去年初，為了實現對五南圖書公司的承諾，我就開始撰寫一本從良好習慣觀點如何撰寫一本好論文的書。在撰寫過程中，我參考了好幾本國文學界人所寫的作品，深感那些作品對我助益良深，也更深地想到，生活中有好的經驗還是不要自己獨享，最好把它寫出來，以便讓當今及以後的人分享。

要寫這本書之前，我已答應五南出版在撰寫從習慣觀點如何撰寫一本好論文，而且已開始寫了至少五章，過程進行得相當順利，不但能以習慣觀點把生活環境中的花花草草與樹木的成長過程和陽光的互動過程，以及昆蟲鳥

蝶與太陽的東升西落會產生怎樣的微妙互動，說明得清清楚楚，我自己也覺得，一旦完成，將是一本曠世之好著作。

但撰寫到第六章的「由其文知其人時」，爲了使它不是完全屬於主觀色彩濃厚的文學內容，而也有幾分客觀科學心理學色彩，我費了很多時間努力建立一套計分方法。初步建立了這種計分方法後，我也試著將此計分方法應用於常在聯合報 A 版名言堂專欄發表高見的幾位著名作家的文章，以便測試此計分方法能否顯示出每一作品的特殊得分組型。初步結果表示，果然如預期想法是可行的。但在嘗試該計分方法時，卻發現此方法太詳細，應用起來要費不少心力，遠離了好習慣定義的第四個因素，亦即效率。因此，我就把原先計畫，改爲先把目前已收集到的一本專書所需全部資料合成在一起，而最後以「生活藝術心理學十三講」爲題把它出版。

今年（2021）2 月 5 日，當五南圖書公司的一位副總編輯來拜年時，我也順便告知她，在去年與其簽訂合約的那本書所遇到的上述撰寫難處，請她諒解，並也告訴她這一本《十三講》的出書計畫，問她對於此書的刊印是否有興趣，她欣然答應並也表示另找日期進行合約書的簽字事宜。

過去，每當我開設「習慣心理學與其應用」這一門兩個學分一學期的選修課程時，前來選修的臺大學生數，都多到會令我心喜，致使本來選修人數以四十名爲限的規定，必須改爲五十名，但加退選後的學生總數常常增加到六十名左右。因爲學生有興趣來加選，我不忍心不管他們；雖然前後二十年，我開設這一門課一直都是據於自己的學術興趣與「教與學相輔相長」、「助人爲快樂之本」，以及免於陷入老來無事而自覺無用與寂寞無聊之生活困境，而不是爲了多賺每個月的生活費。所以只要學生願意前來選修，都儘量給他們加簽的機會。事實上，打從退休以後二十年的持續教學，我只能拿到學校的一張聘書，但在聘書上的約定是不計酬；換句話說，是「志工性」的教書工作，也是替學校做「育英才」的自我犧牲奉獻工作。

但是，有一天學校的人事體制發生了一件對我來說很意外的事，使我無法也不願意繼續做這種「自我犧牲，純奉獻」的工作。

以後該怎麼辦？我強烈地問了自己，難道就完全結束自己的學術生涯，對它哭著大喊一聲再見！然後，再也不回頭地走進「遊山玩水」的所謂「悠閒神仙生活」嗎？做了如此吶喊式的心中自問後，我想起了另一條可走

的路，它應該是既寬又無止境，恐怕「此生走不完」的撰寫專書的大道，這一條大道「應該不會再有人或社會建制來阻擋你」，但需要靠自己去開拓鋪成。我可以透過寫書，對於走在我後面的學者，提供我此生得來不易的經驗，以及收集到古人留下來的一大堆有關習慣心理學的資訊；雖然我不一定要親自聽到有人向我說一聲「謝謝你！」但只要能把我此生得來不易的經驗，以及古人遺留下來的習慣心理學資訊寫出來，以一本專書的形式出版，使它與世人見面，我就心滿意足了。

據說，徹底地改變了我們看待時間、空間、重力方式的偉大科學家Einstein 每天都會說「謝謝您」這句感恩的話上百次以上；他感謝的就是那些走在他前面的所有科學家，因為先有他們的貢獻，他才能在研究路上更快地學習到更多科學知識與達到更高的成就。

二、生活藝術心理學十三講有何內容？

現在我想要寫的是一本怎樣的心理學專書呢？關於這一點，此文前面我已經大略地說過，它是以「習慣」為基本概念，而要開拓建立生活藝術心理學新領域為目的的一本書。為何在「生活藝術心理學」後面還要加上「十三講」呢？理由之一是，過去三位中的某一位教授送給我他們三位合著，以「社會心理學的三堂課」為題的一本書。那時，我覺得那樣的書名頗具新鮮感，也蠻有輕鬆與親切感，很值得考慮採用；理由之二是，因為最近兩個學期，我改變以前每學期更換課名的講課方式，而繼續開設「習慣心理與其應用」這一門課；所以，增加了不少相關理論與新內容。此外，現在臺大每一學期的上課都以十八週為限，所以若每一週講一個生活藝術心理學的相關議題，則十三講剛好可以把目前生活藝術心理學主要講題都包含在裡面。

當我把這計畫說給我兩位女兒聽時，她們都異口同聲地說：「聽了是滿恰當的書名，但不要累壞身體，寫書是不錯的，但身體也要照顧！（最後面一句叮嚀話，使我想起亡妻過去也對我說過完全相同的一句話）」其中一位女兒就開玩笑地說：「這樣的書名，聽起來會令人聯想到，著名武俠小說家金庸的降龍十八掌呀？」

　　若把話認眞地說回來，那麼十三講的內容有哪一些？

　　關於這一點，就請細讀後面所寫的每講內容，尤其最後的第十三講。

目　錄

第一講
為什麼過去幾年我一直要研究習慣心理學？

「習慣」是一個很普遍化的用詞。在一般生活中，我們常聽到一些父母親用它來罵自己的小孩子，或長輩教訓晚輩時常用的兩個字。筆者相信讀者中很少有人，從小至今沒被罵過「這是你的壞習慣！」

可能常被一般人所用，自以為是專業者的心理學家就認為它不如「行為模式」一詞那麼「動聽」，具有學術氣味。其實，「習慣」一詞，在東西文化中，自古至今，是不斷地被著名的哲學家，例如中國的孔子，或希臘的亞里士多德以及其徒弟們常拿來討論的議題。

筆者開始學習臨床心理學時，這領域已有八大派的學說。那為什麼我不就認同其中之一派，好好地在那個學派裡作為一個忠實信徒深耕下去，而在臨床心理學家都忘記的名詞垃圾堆裡辛苦地找出極不起眼的「習慣」一詞，來當為研究的核心概念呢？在第一講，我就要把這理由詳細地做個說明。

我記得，當我在美國密西根大學取得博士學位，而等待慧莊（筆者的妻子）在另一所大學修完並取得美國護理師資格後一起回臺的一段期間，因難得有空閒時間，在某一書店買到當時最暢銷的《齊瓦哥傳》，所以日以繼夜地研讀它。有一天，研讀到某一段內容時，我就聯想到，既然，已獲得博士學位，我以後的學術路線，應該有所改變，除了進一步深耕各派理論以外，應該也試創一套自己的理論。這一個聯想進一步促使我想到，或許我可以「衝突」或「防衛機轉」，或「昇華」等為基本概念來試之。想之又想，覺得這些乃精神分析學派的專用詞，不能算是獨創的新概念。

其實，那時候我很喜歡「衝突」這一詞，因為衝突的現象在我們生活中處處可見。諸如：有靈肉之爭，身心之矛盾，內心之衝突，身體各系統間

之衝突，意識與潛意識間的衝突，人與人的衝突，團體與團體的衝突，一個企業與另一企業的衝突，一個社會與另一社會的衝突，一個文化與另一文化的衝突，一個國家與另一個國家的衝突，一個聯盟國與另一聯盟國家的衝突等等不勝枚舉之多。因為衝突的概念，不僅精神分析學家用之，社會學家也用之，而且更是政治家的常用詞。衝突雖然是常用詞，但卻是一個偏面詞，因為它常用於描述現象之負面，而不用於描述現象之「正面」。所以，不完全符合於當時我所尋找的，既是常用而且又包容「正負兩面」的關鍵詞。字典裡有這樣的名詞嗎？如果有，在哪一本字典的第幾頁？在美國等待回國期間，我仍找不到它。乘坐美國總統號郵輪從三番市港橫渡太平洋到日本橫濱港的幾天幾夜也沒有找到它。在太平洋上的夜晚裡常常可以很清楚地看到北極星，聽說它是給行船人的定向星，夜晚不管航行在地球上的什麼地方，它都會告訴你，向它走就是北方絕對沒有錯的，所以，有時候我異想天開地想到：「也許可以把『北極星』用為關鍵詞」。現在回想起來，其實，在船上那一段時間，已經有一個很特殊的狀況可以助我想到「習慣」這個關鍵詞的；所指的狀況是，在郵輪上，晚餐之後會到甲板上納涼觀星的，大概都是固定的那一群人，其中有一位日本人，就會唱一首相同的日本歌，它的歌詞最後幾個字是「日本到處是廁所」。那時候，這情況並沒有促使我想到這一位日本人，在飯後到甲板上納涼時，就習慣性地會唱起「日本到處都是廁所」這一首歌。反正回國之前，與回國之後，我一直不停地在尋找這個關鍵詞，但一直都找不到它！大概是，所謂的「不是找不到，而是時候還未到」吧！

　　回國後，我在臺北市大直區購置一個可居住的老舊兩層樓房舍，而每天上班都要搭乘臺北市 296 號公車，從大直國小站到公館的臺大站，費時五十分鐘以上。幾乎每天為了上下班都要在公車上人擠人地苦坐約兩小時。有一天，我較早到大直國小站排隊上車，好不容易坐在司機旁的一人座椅上，當公車開到仁愛路與新生南路交叉口，而紅燈變為綠燈，司機先生發動車子正要開走時，突然又把車子剎住，然後把上半身趴伏在方向盤上喃喃自語地說：「又是他！」那時，我應聲往外看，看到一位男士正在過馬路，從仁愛路東側走到我坐的那部公車前面，但他卻不因紅燈變為綠燈而加速地跑過去，仍然依他奇怪的步法，完全不顧危險，慢慢地走。我因座位剛好在司

機的右邊，把這情形看得很清楚，也替過馬路的那位男士捏了一把冷汗。車上的一些乘客就說：「這樣太危險了！」還好，那位司機有意等他安全走過去後再把車子開走，所以一切都有驚無險地結束。不過，那位男士的奇怪步法在我的腦海裡卻留下很深刻的印象；因為他往前走了三步就一定往後退一步！

　　一個禮拜後的同一星期天早上，我也早到大直國小站排隊上車又坐在司機右邊的個人座位置，車上司機也是和上週的同一人；車子開到新生南路和仁愛路交叉口時，巧不巧，和上一週相同的那一幕又上演了，真難以想像！這一次，我對這一幕的聯想是：①難道這位男士是有強迫症行為的病人嗎？②難道這位男士習慣性地每一星期的同一星期天同一時間都要到這裡，以同樣的走法來過這十字路口嗎？一面做這樣的聯想，另一面，我開始重視「習慣」這一個用詞了。

　　對於正急著尋找一個關鍵詞來創建一套臨床心理學理論的我來說，「習慣」一詞不像「衝突」那樣容易地減退了它對我的誘惑力。可能一方面是因為它在我們生活中，與「衝突」的概念相比更是被常用，而另一方面它還沒有被當今任一心理學派作為理論的關鍵詞之故。不管怎樣，此後，習慣一詞在我腦海中一直盤旋不離去。所以我就乾脆把它試用在可用的文章中，也用在可用的口頭討論中，以及可用的演講中。

　　當時，由經濟學家的嚴家淦擔任行政院長，大概這樣的人事很適合於該時代的要求，臺灣的經濟情況就突飛猛進了起來，每家庭的收入比支出都高出許多。所以，有人就讚嘆「臺灣的錢多到淹膝蓋」或「臺灣經濟奇蹟」。因為國家有錢，每一行政部門的行政分配金就相當充足，教育部也不例外。行政院長改由郝柏村接任時，意外地一直是身為軍人的他，卻很重視各級學校的心理衛生問題，肯為這方面的活動提撥出高比例的經費。因此，我也常受教育部的邀請到臺灣北中南，東部各地各級學校做心理衛生方面的演講。每一次演講的主題幾乎都以培養良好生活習慣與減少不良生活習慣為核心議題。或許，這種議題能把模糊又抽象，而且又能把大家難於啟齒，不願意談到的心理症狀，行為失常，變態心理息息相關的概念，以較正面，不抽象，具體易懂的良好習慣與不良習慣的字彙，討論得「頭頭是道」，所以，我的演講都相當受歡迎。

　　猶如「中庸之道」所主張，「凡事過猶不及」，那時候，有些企業單位就趁著景氣好轉，把善事和推廣宣傳自家公司的工作內容與產品綁在一起，請了幾位心理衛生工作專業人員，在臺灣幾個他們認為的重要地點舉辦有關專題演講。在那時候，我也受邀在北部中和區、南部某地，以及花蓮市參加「和諧家庭」這一類的巡迴演講，只要參加此類演講，我的講題也都一律繞著良好的人際關係習慣而展開。

　　有一年，臺灣心理學會也請我擔任年會幾個主題演講人之一。那一次我也不例外，又以習慣為主題發表了我的看法，一個多小時的演講之後，主持人也依慣例，請在場的會員提出問題與評論。我記得只有一位我同校同系的好友表示說，他認為的唯一問題是沒有把習慣的定義說得很清楚。

　　又過了一年或兩年後，是中華心理衛生協會在臺復會的第十週年，所以該協會的理監事會決定擴大年會的活動規模，當時我又被指定擔任年會主題演講人之一；所以，我又以習慣為基本概念來說明什麼是心理衛生，什麼是心理健康，什麼是心理治療等等。因為那一年，由楊國樞教授擔任協會理事長，他不但安排了主題演講人，也安排了一位主題演講評論人。那一次的評論人是我臺大醫學院附屬醫院精神科的同事胡海國醫師。他的評論重點是，我所提的習慣概念只能用於解釋一小部分的心理疾病的狀況而已，若要用來解釋精神病患者的症狀則似乎不適當，因為習慣是學來的，但精神病症狀依目前各學派認為絕對與遺傳脫不了關係，而遺傳與基因直接有關，和學習完全無關，所以習慣說不能說明所有的心理疾病。胡海國醫師的評論等於提到習慣說的基本假定是，習慣是學來的，而與基因無關。

　　當時，我無法反對胡醫師的評論，在場的會員也沒有人對於我的習慣說與胡醫師的遺傳說提出任何支持與反對的意見，連我自己也認為胡醫師說得有道理，也認為習慣說若不修改，其應用範圍在心理疾病領域還是有限的。把此文寫到這裡的時候，我突然想到，其實胡海國醫師當時提到的評論不完全是對的。因為，遺傳說還沒有證明，精神病的全部症狀都因遺傳所致，也還沒有證實精神病患的任一症狀都無法以習慣說來做解釋的。當時我可從這觀點來保護習慣說。可惜，受評當時，沒有想到這一點。

　　在前段所述的經驗前後，我有了一個機會到日本千葉縣的一所私立淺井病院當顧問，這項千載難逢的絕佳機會是由前臺大醫學院精神科第一屆精神

科主任林忠義博士所促成。

在淺井病院心理科當了一年顧問，在工作期間，我把工作重點全放在告訴心理科人員，他們的工作應該是以標準化的測驗工具，衡量分析患者當前的心理狀態，並指出患者所缺的重要良好習慣以及所具有的不良習慣，並建議照顧者，如何培養所缺的良好習慣，以及減少不良習慣。之所以把這當成工作要點，是因爲那時候淺井病院尚無社會工作師，但病院院長卻認爲社會工作師工作實質上比臨床心理工作更重要，而現有的心理科工作人員可以把這方面的工作做得很好，因此實際上院內的心理工作人員一直都名不符實地只做社會工作，但不知如何以測驗工具和臨床醫師共同進行確立個案的診斷。

和院內的六名心理人員工作一段時間之後，我很深地感受到，他們的工作熱情非常高，上班不遲到，下班不早退，甚至都會自動加班，但不申請加班費；當顧問期間，我每天上下班都由醫院特派的一位司機和一位心理工作人員，從我夫妻所住的顧問之家到病院來回地接送。每天上班，一踏進心理工作室，我就在門口角落處看到六個大碗公排得很整齊，表示他們昨晚又加班了。有一次，有一位資深心理人員告訴我說日本人開始工作時，經常都把自己的工作場所當作家。淺井院長對他們來說，像是一位大家長，很愛護他們，所以他們工作要很認眞，自願加班也是應該的。

在淺井病院工作一年中，院長也安排兩次全院會議讓我對全院工作人員說明習慣說，以及它在病院中的應用方法。

忙碌的一年顧問工作匆匆地過去，將要結束時，淺井副院長，他是院長的大兒子，刻意地交涉安排機會讓我以外國貴賓的身分參加那一年的日本全國精神醫學會年會，在大會場聆聽兩場主題演講。我記得其中一場的主題是「縱的社會與精神病的關係」，而另一場的主題是「精神患者的行爲模式」。第一場的「縱的社會」所指就是「君臣關係」或「權威主義」的社會制度，而「橫的社會」所指的是「自由民主主義」或「平等關係」或「個人主義」的社會制度。第二場的行爲模式是較心理學派的專用詞，當時的前後幾年，在臺灣心理學領域它也是相當流行的熱門議題。前後兩場，淺井副院長都坐在我旁邊偶爾很貼心地爲我做翻譯。第二場主題演講者把話說完時，主持人也開放了問與答的時間。沒有想到，淺井副院長鼓勵我若有想問的，儘量提

問不要客氣。可見，他這次安排我來參加這兩場演講是有其特別目的。不知對不對，他擬借由我在場提問，而讓與會的全國會員知道淺井病院的存在，並且很積極地正在進行現代化的軟體與硬體的改善工作。因為有此領悟，就感到不好意思推託，趁著沒有人發問，我就鼓起勇氣向主題演講人，提問他所指的「行為模式」的定義是什麼，而其意義是否等同於行為習慣。可能是因為我的臺灣腔的日文發音與標準的東京日文發音很不同，而且所提的問題卻很有學術味，在場所有會員的臉孔都不約而同地朝向我，當場擔任記錄的人就問我是哪一單位的工作人員。這時候，淺井副院長就馬上站起來介紹我在淺井病院的詳細工作內容。淺井副院長介紹我的身分以後，主題演講人就回答我的提問，他說，行為模式和行為習慣可說是「詞異義同」的兩個詞彙。會議完，在回淺井病院的車上，淺井副院長對我說他很高興我在會場提問主講人，使他有機會向日本全國精神醫院的工作人員說明淺井病院現在進行的改革，使他們刮目相看。隔一天，在病院廣場遇到淺井院長時，他就以和藹可親的臉孔向我打招呼，並說了一些關於昨天我在精神醫學會的表現，大概他大兒子已向他細說了昨天的情況。

　　當日子接近顧問聘期要終結的那一天，淺井副院長又在他母校東京齒科大學精神科替我安排了一場拜訪性演講；這次我是主講人。時間是晚上七點鐘，講題是「習慣說的臨床應用」，歷時大概一個多小時，講完後的「問與答」中，一位資深教授就對我的「習慣說」做了評論；他也以當時在日本精神醫學界遺傳說味道很濃厚的德國精神醫學界的看法，評論我所說的習慣論。評論的大意是，他們聽起來，我的主張對他們而言好像是，有人在銅牆鐵壁那邊講話一樣，一點也不動聽。因為我的習慣說與學習息息相關，但與他們相信的基因遺傳說完全無關。

　　演講完以後，一路上在車內，我和淺井副院長都陷入低氣壓，很少交談。回到田間的顧問宿舍時，已經是晚間九點多，副院長累了也急著回家，所以互道晚安後就由司機先生送他回家。我的妻子慧莊也很敏感地感受到我的低氣壓，所以安慰似地問了我演講的整個情況，我也據實相告。那一天晚上，身體雖然累了，但心中卻一直在想如何破解遺傳說與習慣說的格格不入之處。

　　我記得，隔天一大早我就醒過來，雖然昨夜睡得晚，又睡得不深，不斷

地翻來覆去。但隔一天早晨，還是依那時候的起居習慣，輕裝布鞋，向慧莊說了一聲：「我出去跑步了！」的招呼後，就出去晨跑。我住的附近田間一帶是稻田，所以早上霧重，路上行人稀少，跑起來神清氣爽。一面跑，一面想昨夜在齒科大學精神醫學部的演講與評論人所說的一段話，也想如何回答那個評論才是好的。但是當時腦中的唯一答案，習慣說和遺傳說的應用範圍都很有限；雖然不得不承認有這限制，但我心中仍不願去面對這個限制。

運筆到此，可能心累了，所以很想即刻知道，究竟何年何日，在哪一場合，我才能「哈哈地！」領悟到現在我常用的「習慣新定義」呢？所以，今天（2021 年 5 月 13 日，中午時分）我就從書架上取下來 1996 年 2 月初版二刷的《習慣心理學：寫在晤談椅上四十年之後（理論篇）》，在作者序第九頁第二段找到一段話，心中湧起了一陣驚訝的感動！那一段所寫的是：「其實，在心理學圈內與圈外，早已有了一個世界性，也是歷史性概念，它是完全符合上述研究需要的；它的名字叫做習慣。雖然在早年習慣概念仍相當重視個體因素，而相對地不強調環境因素；時至霍爾（Hull）時，他則很成功地給此概念中的個體與環境兩因素相等的比重，霍爾把習慣界定為經過學習而成立的刺激與反應的穩定關係。筆者則認為，若要賦與「習慣」更廣的應用範圍，借以不但能以它為最基本的心理學概念，來解釋各種正常心理學現象，也能以它來解釋（各種）不正常或偏差的心理現象，則習慣概念應該接受重新界定的處置，而這種處置如果做得好，它的應用範圍就可以大幅度拓寬。」

經一段左思右想的時程後，我就把霍爾由十八個字形成的習慣定義，簡化成十個字的定義，亦則把霍爾定義的前面「經過學習而成立的」八個字去除，只留下「刺激與反應的穩定關係」十個字。

經過如此修改，習慣的應用範圍一口氣變大好幾倍。換句話說，以前不被視為習慣的心理現象，現在就成為全然符合習慣定義的一則習慣了。例如「反射性反應」或「本能」、「與生俱有」而不是學習得來的心理現象，也都可列在習慣名單上了。

如今，把過去開始想要找到一個核心概念，藉以創立一套新心理學理論系統（1970 年）一直到習慣新定義成立（1994 年）的整個過程回想起來，前後我花了二十四年，亦即一個四分之一世紀的漫長歲月。可說是浪費了寶

貴時間，但也可說很難能可貴地，我一直不停地做了此項努力。至於爲什麼我把「經過學習而成立的」八個字從霍爾的習慣定義刪去呢？現在回想起來，非常有可能與遇到兩位精神科醫師非常相似的評論有關；因爲他們都強調習慣是與學習有關，而遺傳與學習無關。除了他們的評論以外，還有一個原因是，以前使用習慣論時，我從不將習慣的定義一個字一個字地寫出來，只是模糊地口頭上說一說，而且相信反正你知道，我也知道什麼是習慣，何必一個字一個字把它清清楚楚地寫出來呢？現在把兩位精神科醫師的評論共同點回想起來，他們都認爲習慣是學來的，所以它無法用於解釋遺傳或基因，所以如果我們不考慮不正常行爲的解釋或其所以然，而只考慮不正常行爲描述或其然，則可以把習慣新界定爲「刺激與反應之穩定關係」就好，不必加上「經過學習而成立的」。如今，回想起來，習慣概念的定義不也是一個思考習慣嗎？所以要改變它也是很不容易的！所以我花了二十四年的歲月才把它從舊的，大家都熟悉的定義，改爲新的更具有功能，但很多人很不易消化的新定義。難怪，每學期前來選修「習慣心理學」的學生中也有不少人，學到學期末，還不容易消化我的新習慣說。

若以新的習慣定義來探討宇宙中的所有現象，沒有一個現象是不屬於習慣，從人類所有行爲，高級動物的行爲現象也都是，低級動物的更是。植物的春暖花開，秋風葉落行爲也不例外；無生命的礦物，化學，氣候的冬去春來春去夏來夏去冬來的四季輪替，天文現象比比皆是，都有其不變的習慣，剛剛寫漏的我們肉眼看不到，但目前正嚴重地侵害著我們身體肺部組織的新冠 19 號細菌的行爲現象一定也有它的習慣。猶如熟悉不同魚類有不同生活習慣的捕魚人會利用魚的特有習慣來捕魚一樣，細菌學家也以特製疫苗的施打方式來強化人體對新冠病毒的抵抗力，或消除它對人體組織的侵害力。

所以，新的習慣定義確定以後，我們就可依據新習慣定義的三要素，刺激、反應以及兩者間的穩定關係，分別地去操弄、改變三個要素的每一個；若再以新冠病毒的預防爲例來說，我們可以用戴口罩的方式，不讓新冠病毒大量地進入我們呼吸道，或保持一點五公尺的社交距離，或勤洗手，或少出門，甚至不出門的方式，或消毒確診者走過的環境以確保環境零細菌，或以封城、封境的行政手段來減少從境外侵入的細菌刺激。目前疫苗接種是另一種對待新冠病毒的發病習慣方式，也被認爲徹底性較高預防方式。據電視上

報導的消息是某一疫苗 AZ 的效果高達 96%。莫德納的效果則較低。雖然疫苗效果有高低之分，或許將來有人會找到影響效果高低的主因，並由此而最後研發出效果 100% 的疫苗，造福天下蒼生。

　　總而言之，走過二十四年苦尋關鍵詞之路，我終於如願以償地找到它了，它就是簡單的兩個字「習慣」。它不存在天邊海角處，而在我們日常生活裡；它不在深奧的學術殿堂裡，而是在一般市井小民的每天用語中。

第二講
習慣的定義

　　二十四年的關鍵詞尋找路，聽起來好像走了很遠很遠，至少繞了地球的赤道好幾圈；其實並不遠，由第一講的最後結論看起來，是又走回來原點。雖然原點還是「習慣」兩個字，但是二十四年後的「習慣」定義，比之前的定義位階卻升高了一層次，其所能包容的現象範圍，則大了不止好幾倍，其論點再也不受精神醫學家所提出的遺傳論反對。

　　既然遺傳論因習慣的新定義，而不再是習慣論的反對者，反而變為忠實的支持者，習慣論的每一個議題就等著有心人去討論；因為當時無人對習慣論有學術興趣，所以只有筆者單獨一個人去包辦那些討論工作。

　　大約在 1980 年，本作者在撰寫《心理衛生學》第一冊時，則開始試著從習慣的觀點去界定心理衛生及心理衛衛生學的意義。嘗試的結果，若以習慣為核心概念去研究與心理衛生相關的心理現象，包括心理治療、心理診斷、輔導、諮商、教育等助人工作時，我們可提出許多新的看法，究竟習慣的概念會給心理學者帶來什麼好處，以及給助人工作或心理衛生工作者帶來什麼衝擊，或新的看法和做法呢？這就是作者撰寫《習慣心理學（理論篇）》那時候的主要目的。

　　在撰寫《習慣心理學（理論篇）》時，筆者就寫說：如果要把與習慣有關的問題談得徹底，必須發行一系列的書，至少要有三大冊，才能完成此目標。其中第一冊，首先對於「習慣」概念要做一個非常清楚的界定，可當為習慣研究工作永不動搖的基礎，並可依此對於各種習慣進行有條理的分類；在第二冊，則對於古今中外有關習慣的著作，加以徹底的分析討論，以便能正確掌握將來的習慣研究應該往哪裡走；而在第三冊，則討論並提出習慣研究結果的應用可能性何在。筆者的最大願望是在有生之年能完成這三本成一

系列的習慣心理學書籍之寫作。

一、習慣定義的三元素

所以在《習慣心理學（理論篇）》的第一章，筆者就開始以「習慣的重新定義與其涵義」為題，開始討論過去學者對於「習慣」所持有的各種看法以外，也提出筆者擬使「習慣」在學問上成為心理現象研究關鍵概念的新夢想，並擬以它建立一套心理學新體系或新理論。為使此夢想成真，筆者就進一步提出一項新的習慣定義，然後從這定義觀點，對於心理健康學、心理治療學、心理診斷學，以及環境心理衛生學，分別另立新定義。

若談到習慣，一般人都會聯想到「自動化」、「很自然地」、「非計畫地」、「熟練地」、「不經過思索地」等，除此以外，也會聯想到「學來的」、「經過過度學習而得來」等詞句。

但在本書，筆者將習慣重新界定為「刺激與反應間的穩定連結或關係」。看了這新定義，讀者一定會立刻注意到，此定義已除去了原有的「學習」條件；所以，若依新定義來講，習慣不一定全是學來的，雖然有一部分習慣還是要經過多次，甚至過度學習或訓練才形成。筆者認為經過新界定，習慣概念的應用範圍也就大為擴大；譬如，從新界定的習慣觀點，我們也可以把純粹與神經系統有關或與生俱有的膝蓋和瞳孔反應，以及與遺傳有關的各種本能行為，視為一種習慣來進行研究。因為新的習慣定義只問刺激與反應的穩定關係，而不問這穩定關係是怎麼形成的；由此可見，因用以辨認習慣的必須條件，在新的「習慣」定義中少了一項，可歸類到習慣範圍內的心理行為現象數目就增加了好幾倍，以習慣為關鍵概念建立的心理治療理論可影響的範圍，便隨之膨脹到以前與它無關的領域了。

從新的習慣定義上，讀者可以看出，這項新定義含有的必備要素是刺激、反應和它們兩者間的穩定關係；依據如此定義，我們要描述一個習慣時，必須提到反應與刺激，也非提到刺激與反應間的穩定關係不可。換句話說，我們不能像以前那樣子只提到反應來描述一則習慣。以前，一般人在講習慣時，僅提到反應而不提刺激，也偶爾才會提到相同反應的一再出現。例如，以前的人只說：「某某人有抽菸習慣」，但按照上述的新定義來看，嚴

格地描述抽菸習慣，我們則必須要說，在某一情況下某人常常會有抽菸的反應行為，唯有如此說法才能夠把一個人的習慣描述得與事實相貼切。一般情況是，有抽菸習慣的人，是不會隨時隨地都抽菸，如果要描述隨時隨地都在抽菸的人，應該用另一段更貼切的話才對，例如：「某甲有一個強迫觀念不時地來煩惱他，而只要那個觀念出現，某甲就非抽菸不可。」

　　新定義的習慣所要包含的第三個要素，亦即刺激與反應的穩定關係，雖然不能被忽視的，在一般人的對談中常受忽略。理由不難了解，因為習慣一詞已經含有「常常出現」的意思。雖不說出這三個字，聽者也會了解這一點。

　　讀者或許會問筆者：「究竟刺激與反應的連結要強到哪一程度才能算穩定呢？」就這一點言，筆者目前認為，如果同一刺激出現三次就會激起同樣反應的機率是高於三分之二或 67% 以上時，我們就可認定這連結是穩定的；若使用這機率為判準，臨床工作者則容易辨認出來他們的個案，是否具有某個他特別要去注意的習慣。

　　從上段討論，讀者可知習慣概念是相對的。既然是相對的，我們就可以依照兩者的百分比高低，依研究需要將習慣至少可分為非常強的、相當強的，以及強的或穩定的習慣等三大類。百分比高到百分之百的習慣，堪稱為「本能性習慣」或「反射性習慣」，它們很可能完全受制於生物學、遺傳學，或神經學的習慣；而第二大類則是相當強烈或相當穩固的習慣，一部分受制於生物學、或遺傳學或神經學之影響，而一部分則受制於過度學習的影響；至於第三大類的習慣則大部分受制於最近一段時間的刻意學習與訓練的影響。

　　討論到此，也許讀者又想問：「為什麼筆者特別重視較穩定或不變的，但不談變化多端、不穩固的心理現象呢？」對於這問題，筆者的答案是：「筆者是以心理學方法從事助人工作的臨床工作者，其工作對象都希望盡快消除使其受苦的心理症狀；而這些症狀通常是存在已久，而不容易自動消失，助人工作者也很難立刻就把它們化為烏有。所以，筆者就特別重視這些心理現象或習慣。」

二、從習慣看心理健康

在此筆者就擬從新界定的習慣觀點討論心理健康。迄今，已被提出的心理健康定義，為數猶如普通心理學理論之多，但尚無從習慣觀點提出者。倘若從新界定的習慣觀點來看，心理健康議題則如何定義才好？

從習慣觀點對於心理健康，筆者一向持有什麼看法的問題，讀者可從筆者的一些著作內容，看出其形成的脈絡。在民國 67 年（1978）出版的《心理治療》，讀者可看到，筆者第一次使用「習慣」一詞，但把「行為」和「習慣」兩概念，經常前後連在一起使用。例如，在說明心理治療的目標時，就從習慣觀點把它寫成如下一段：

「據筆者所想，心理治療有兩種目標：第一種是減輕、消除不適應（性）行為或習慣，第二種是增多及加強適應（性）行為或習慣；第一種目標是消極的，但第二種是積極的；第一種目標的完成可導致心理困擾、心理痛苦的消失，第二種目標的完成可增多患者的生活情趣，充實生活的內容（第 8 頁）。」

現在讀者可清楚地從上段陳述看出，筆者在撰寫《心理治療》時，並沒有說明什麼叫做習慣，但似乎已經呼之欲出地察覺到「行為」一詞不能像「習慣」一詞那樣，貼切地指出筆者在那時心目中認為習慣是比「行為」更為穩定，更常出現的心理現象。

兩年後（1980），也就是民國 69 年出版的《心理衛生學》時，筆者就開始把「習慣」和「行為」二詞分開使用，並只以習慣為關鍵概念，給心理健康寫了如下一段簡明的定義：

「良好習慣多，不良習慣少的心態謂之健康；良好習慣少，不良習慣多的心態謂之心理不健康（第 39 頁）。」

從上面一段「健康心態」的習慣觀點定義，我們可從筆者那時表現的大膽，可感受到筆者對於「習慣」的執著和滿腔的勇氣，把心中所有關於習慣的想法都說出來與讀者分享，並有意無意地引來讀者的「正、反」評論。

在《心理衛生學》筆者一方面對於「習慣」概念上表現強烈的學術執著，仍尚未清楚地交代何謂習慣，但另一方面卻進一步地說出對於習慣在另一些面相的想法。例如相似於一般人的看法，習慣乃是學來的；但筆者卻開

始想到習慣的形成和一個人的生活環境應該是有密切關係的。如此想法隱藏著一個頗有價值的含義；也就是說，我們可以把環境從心理衛生觀點分成良好或不良好的學習環境。

三、良好習慣與不良好習慣的判準

筆者在心理衛生學也提出，習慣可分為良好習慣與不良好習慣的看法，並在《習慣心理學（理論篇）》第七章更詳細地討論如何建立這兩種習慣判準的經過。

筆者首先說：依據適者存的進化論，當前存在於我們身上的應該都是有用、良好的習慣才對。然而，每個人都知道，自己目前的習慣除了有用、良好的以外，還有不少對生活產生不良好後果的習慣。一個習慣若會帶來快樂我們則認為它是好的，若帶來痛苦則認為那是不好的，所以助人工作者一定會涉入其個案行為的價值評估，因而遭到個案的明暗兩方面的阻抗，使得工作的進行不順。為了這情形不出現且能提升工作效率，筆者在該書第七章先提出良好與不良好習慣的判準，然後依據 BASIC-ID-CAWss 的分類架構，討論幾個良好習慣範例。

日常生活中，父母在責罵調皮搗蛋的子女時，常會疾言屬色地說：「你這壞孩子偏不學好而專門學了一籮筐壞習慣，你為什麼不像隔壁家的小明那樣，多學一點好習慣，有禮貌一點，用功一點……。」從父母教訓子女的這些話語中，我們不難聽出來習慣也可以從「價值」或「好壞」的觀點來分類；大家也贊成早睡早起、三餐定時定質定量、尊敬年長者、愛護動物、天天刷牙漱口、對人有禮貌等行為歸類為良好習慣，也都會在暴飲暴食、醉生夢死、目中無人等習慣貼上一張「不良好習慣」的標籤。所以要把習慣分為「良好的」或「不良好的」似乎不是一件困難的事情。

四、落在灰色地帶，難分為「良好」或「壞」習慣的行為

事實上，有一些習慣卻是難於分為「好的」或「壞的」習慣。請看下面

幾個範例：它們都是筆者曾經在軍中遇過的隊友或在臨床工作中幫助過的個案，①他經常讓自己或家人不吃得十分飽，而把勉強剩下的一碗白米飯拿給炎熱天臥睡在路旁的中年乞丐吃；②因信仰關係，在戰場衝鋒陷陣之時，他不願意爲保衛自己的生命而奮戰多殺幾個敵人，寧願冒死而多救幾個受傷隊友或敵人；③爲實現對往生親人說過的諾言而不顧妻子提出的離婚警告，每月繼續支出一筆金錢給一位風韻猶存的未亡人，把她當作是在當時流行「金屋藏嬌」的午妻，加以無微不至的照顧；④爲了「自尊」，死也不肯爲全家大小的溫飽，折腰向人求救等等。請問讀者上舉的哪一例是良好或不良好習慣？

　　生活在變遷快速的社會，每個人都會建立屬於自己與屬於以大家的判斷事物好壞的一套標準，也會逐漸發現這些判準是會隨時空或因個人因素而改變或不會改變的。例如「殺人的行爲」在和平時期絕對是死罪難逃；但在戰爭時，痛殺敵人不但是可以，甚至是值得鼓勵，應頒與勳章的。一般人會異口同聲地說「撒謊」是很不好的，但爲了救某一群好人，是可原諒的。依封建的中國社會裡男女都必遵守授受不親的規定，但是在現代華人社會，眾目睽睽下青年男女可手牽手，甚至摟腰、擁抱，連接吻都已經成爲在街道上可以「上演」的。

　　與上舉相反的是，古時候，男人的抽菸習慣是一項好習慣，甚至是美德，但在預防醫學進步的國土裡，它是害人害己，絕對不良好的習慣。因爲重度的抽菸習慣是肺癌的重要致病因素之一，且會貽害胎兒（若吸菸者是孕婦時），也讓鄰坐或陪坐的人蒙受二手菸的毒害。

五、習慣的好壞判定並非一成不變

　　由上舉數例可知，一則習慣之可判爲好與壞，並非固定不變，而會隨著時移境遷而變，至於其變的巨微，則因習慣的種類而異。除了會受到時境變化的影響，理論上，它也會受到評估者的道德修養、適應性，以及利益眼光等等不同立場的影響。雖然如此，在《習慣心理學（理論篇）》，筆者則一律以「良好」與「不良好」習慣兩詞進行所需的討論，事實上此兩詞在一般生活中已經常被使用，而且它們的涵義比「適應」或「道德」等概念廣得多。

對於「良好」與「不良」習慣做了上述詳細的交待性說明之後，筆者則以食、衣、住、行、人際關係、夫妻關係、情緒、習慣爲例，細說了什麼是好的與不好的習慣。

六、有哪些習慣？

被生下來後，若要好好地活下去，每個人至少要具備或開始養成最基本的四大習慣，亦即食、衣、住、行。

1. 良好的飲食習慣

「食性也」是一句永不失眞的古人言。飲食習慣是先天成分很重的行爲表現之一；我們雖然爲人類，仍爲生物之一員，所以天天至少喝 1,000 cc 以上的水，也要吃下有利於維生的食物或熱量。爲了要活下去，而且活得好好地，我們經常需要適量的水、油、鹽、蛋白質、澱粉、蔬果類等。

經過幾世紀的飲食經驗以及近世紀的飲食科學研究，人類已經知道哪些飲料或食物，若攝取適量則產生好結果，但若過量則產生器官的病變。酒類飲料，如果睡前一小杯，則有延年益壽、助眠功效，但如果每日數瓶則傷胃、傷肝，或成癮而很難治好。

從心理健康觀點言之，飲料與食品都不能例外於「過猶不及」的大原則。所以，油鹽雖是我們身體爲了產生熱量，維持適當的血壓是不可或缺的；但若過了量，我們的循環系統就首遭其殃，血管堵塞與硬化，則就隨著來找麻煩了。

油鹽以外，糖肉類的食品也是近代醫學家不斷警告我們只能少吃的誘人口味食品，所以，文字工作者則以「禍從口出，病從口入」的著名警語，要我們切勿養成大吃大喝的不良飲食習慣。

現代飲食醫學會警告也會推薦我們一張健康食譜。這張食譜已經沒有了牛油、火腿與大塊牛肉，而增加了青菜、水果、魚肉、山藥之類的食品，這些食品都以素食者的親身體驗，證明具有保健功能之外，也有預防前述那些來時很突然的嚴重疾病。

素食習慣具有健康上的利己效果之外，也有生命道德上之利益效果。因

為你改吃素食，一些牛、豬、雞鴨的壽命就可延長，所以，素食習慣不但利己，也利於其他生命體，換句話說，利己也利他。如此說來，一則良好習慣有時兼具積極與消極兩項意義。

2. 良好的穿衣習慣

　　穿衣的功能也是多方面的，雖然未曾有人說：「穿衣性也」，但人類很久以前就有穿衣習慣，據基督教聖經「創世紀篇」記載，那是「亞當」偷吃蘋果後才有的習慣，也是一則歷史悠久，具有遮蓋，最令人感到羞恥的身體部位。後來，穿衣功能一直有增無減。據創世紀記載，偷吃蘋果的亞當被踢出蘋果園（也是人生樂園，在那裡的生活各方面都被上帝保護得無憂無慮的），之後，人類就開始要設法保護自己。所以，保暖變成人類要穿衣的首要功能之一。

　　若有「人類穿衣功能歷史觀」這一類書籍，其中內容一定會談到穿衣習慣，除了保暖之外，還有如下幾項功能：美觀、舒適、表示身分（年齡性別）、社經地位、職業、職位或官位等。此外，對一般人而言，衣服同時具有保暖、美觀、身分的三種意義，但對窮人來說，它只具有「保暖」的意義，而美觀、身分地位的功能就退到不重要的位置；而對一位舞女而言，誘惑舞伴的功能是最重要，而保暖功能在舞池時間則可不考慮了。

　　因為穿衣習慣的功能有那麼多層面，所以良好的穿衣習慣對於每一個人而言，在不同地方與不同時間就會不一樣；但原則上，我們仍可以說，適時、適地、適合身分（包括性別、年齡、社經地位）的穿衣習慣都可算為良好的穿衣習慣。例如，嚴冬季節裡，身為大學教授者，在上課時穿毛料黑色西裝、打領帶、頭帶毛帽與手套、腳穿黑色皮鞋是標準的良好穿衣習慣；而在夏天，上課時就身穿短袖白色襯衫、不打領帶、穿白色皮鞋也算是良好的穿衣習慣。

　　另一方面，參加自己學生畢業後的婚禮，並要扮演證婚人的老教授，如果穿的是一套全新的西裝，胸前也別了一朵令人喜氣洋洋的大紅花，腳上穿的是一雙擦得不能再亮的黑皮鞋，西裝褲也燙得很畢挺，如此打扮作為婚禮上的證婚人是很恰當的。

　　但運動時，稱得上良好的穿衣習慣和婚禮場面的就大相逕庭了。如果在運動跑道疾跑的人打扮得很像參加婚禮的證婚人，觀眾一定暗笑他，雖然不視他爲精神異常，但很可能誤爲一場鬧劇將上演。運動時的良好穿衣習慣當然是輕鬆的，輕便運動套裝，腳上穿的是富有彈性的運動鞋。

　　從 2020 年秋天起，尤其在 2021 年的冬季，只要出門一定要戴上口罩，幾乎成爲「利己利人」的首要穿衣習慣。理由是新冠肺炎（COVID-19）疫情在全球各地頑固地「燃燒」不退，尤其在人口密集處，一個人就不知不覺地染上疾病，症狀輕者發高燒、筋骨酸痛、嗅覺失靈、失去食慾、整天無力感，而這些持續約十四天，病情重者則「魂斷」醫院。所以，若要到人潮密集的超市、菜市場、地下鐵、公共汽車上，則一定要戴上口罩，而且與他人儘量維持在一點五公尺以上的安全距離。雖然在大熱天戴上口罩是人人不願意的事，但爲了維持健康保命，在 2021 年它卻是絕不可忘記，最重要而且利己利人的「穿衣好習慣」。

3. 良好的居住習慣

　　居住的習慣比穿衣的習慣更是原始的，任何生物都有之。海藻一定要居住在海裡，只要把他拿出海面曬在陸地岩石上在短暫時間內就喪失生命力。有的魚類則只能活在海裡，有的只能活在陸上溪河的淡水裡。有些昆蟲類則以草叢或樹葉爲其主要築巢之處，而家燕則以人類住家屋簷爲其安居之地。說到虎、狗，大家都知道這些哺乳類動物都會在天然的山洞尋找自己可藏身安眠的地方。猴子則在樹上找棲身之地，這樣方便於採取果實。

　　人類的居住習慣則有別於其他生物體。他一方面會像獅子、虎豹那樣利用天然的山洞爲居住處，以此避免夏天的風災與水災和冬天的凜冽風雪；另一方面則會以各種工具砍、鋸、磨平木材，建屋於認爲安全又身心感到舒適的地方。

　　根據中國古代史學記載，「有巢式」帝王首先教人類如何構木築巢，編槿而廬與編蕭而扉兩種；前一種發生於「燧人氏」之前，後一種是發生在「伏羲氏」之後，這些都發生於數千多年前之事。居住習慣雖然不像飲食與色兩習慣那樣屬於本能，但也與生存息息相關。

　　說到「良好的居住習慣」我們就會聯想到許多有關重要條件，譬如爲了安全，最好不要住在容易發生地震、風災、雪災、火災、旱災、土石流的地方，這是如何選擇居住地的問題。但是這一類的選擇，「說」比「做」容易得多，因爲小時候你能不能住哪裡都是由父母親或其他人提供，不是你可控制的，這件事要等到你長大成家，收入好到某一水準時。

　　居住地的安全問題處理妥善後，要考慮的條件是住的舒適與方便。說到舒適，就牽涉到我們的感覺器官。例如，我們的雙眼要享受很多種外在刺激，包括白天的太陽光、晚間的星光，以及電器用品的照明。光的科學研究已告訴我們這些不同的照明分別給我們身體不同的好處；例如陽光的紫外線可使皮膚中的固醇類物質轉變成維生素 D，也有增強皮膚色質抵抗力和身體健康的功效，但不可曝曬太久，以免皮膚被灼傷。所以，有人說選購的房子若「坐北朝南」是最好；如此，夏天的上午有充分的陽光照進來，而到了下午，尤其秋天，則可享受吹來的「涼爽撫面楊柳風」。「坐北朝南」的房子，在夏天夜晚，從南邊玻璃窗會照進皓白月光。這樣的夜景可令人享受到李白的「抬頭望明月，低頭思故鄉」的詩境。可惜的是，在一切變遷「彈指而過」的現代化城市裡，居住問題不是一般小市民一次解決則可永不變的，例如筆者目前居住在臺大教員「博士村」。這是幾十年前國家三個單位專爲鼓勵在國外著名大學進修取得博士學位的學人回國教學而合資興建的學人宿舍，當時被稱爲「博士村」。首先進駐時，專由學校的宿舍委員會分配，個人則無法選擇自己想要住哪一間，後來，村中若有人搬出，村民則可優先和分配委員會商量換舍搬遷。筆者和內人原來認爲換搬住進來的目前這一間，沒有馬路上傳來的煩人噪音，但目前卻變爲很悶熱，可能在「博士村」裡是最不好住的一間。理由是，本來通風良好的這條巷弄道，現在東西兩邊巷口，分別地都蓋起五層樓高的宿舍和兩層樓高的植物實驗室，所以吹來的東風與西風都被擋住，巷中的熱氣就找不到出口可散發，相信讀者若設身處地的想一想，大概也不願意住到這種「烤箱弄」，住在這裡唯一的好處是冬天寒冷時，以及雨量不大的輕度颱風來襲時，因爲周圍的高樓可替你擋風避雨等。

4. 良好的行之習慣

慣於華語的人談到什麼是生活，一定不會少掉「行」這一項，而會一口很順暢地說出「衣食住行」四個字，因為人不是植物，而是動物；除了睡眠，幾乎時時刻刻都在立體的空間座標上移位，如果一個活人整天不動，那是誰都不願意變成那樣的「植物人」或「漸凍人」。

我們之所以要行動，有時是為了要滿足內在需要，有時是為了要消除外在刺激引發的身心變化，有時則為了要適應內在需要與外在壓力的互動而起的不平衡感。不管據於何因，動的形式不外乎下列幾種，而這幾種會受制於年齡、身體狀況、性別、過去所受訓練，和自我探試，社經地位及所屬文化背景的影響。

發展心理學的研究很清楚地告訴我們，成長中的孩子能執行的行動項目隨年齡而增加，另一方面，神經心理學的研究結果則告訴我們神經系統的正常與病變，對我們的行動形成怎樣的關係，這些關係在這裡就不必詳細地逐一列舉。

當今，在經濟發展程度普通的國度裡，薪水階級的上班族都以私家車代步。以私家車代步的好處是時間可由自己控制，不必受制於公共汽車的排班時間，但它的壞處是駕駛者一路要很小心，不然事故一發生，造成的麻煩有時則數不清。此外，為了因應每天坐在辦公室八小時而缺欠運動機會，過去有人主張，每天最好能走一萬步，如此一方面可享受日光浴的好處，另一方面可鍛鍊筋骨，以免退化，同時也促發血流順暢，提供身體各部位充分的氧氣。所以，自駕車族必須另找時間去彌補因駕車與搭乘公共交通工具而失去的運動機會。

科學發達帶來行的變化一日千里遠，人類不但已能坐飛機把自己帶到幾千公尺高的天空，也能坐太空船到月球和火星去採取土壤樣本，試探將來人類能否到那邊居住。或許在地球氣候被人類自己養成的許多不良習慣破壞，而無法居住之前，有些大財主已在累積足夠財物，自己招攬一群太空專家為他製造一座夠大的太空船，把全家人和送到人類可居住的星球，並繼續送上更多朋友而在那星球重新創造新星人類的歷史。這種事，對於絕大多數人而言，乃是可想可望但不可求的科學妄想，但對地球上的幾位大富豪來說那只

是等著時機的來臨而已。

對目前的每位地球人而言，不要不戴口罩就往人群聚集的地方跑才是好的「行」之習慣。因為現在的人群是希臘神話的「死神」、「病神」，等著抓人的地方。你不往那兒跑，不會再有人說：「你太內向不合群」的孤獨人。

食、衣、住、行四種習慣中，除了穿衣一種之外，其他食、住、行三種都很強調安全的問題。行的安全在講究「快」的社會裡，是我們尤其要注意的，因為把車子開得「很快」，會使開車者感到很爽但卻會降低「可能有危險」的警戒心，且把車子開得更快，使自己更爽，這樣的反應會帶來的後果是車子會很快地將你送到西天或地府去！

為了培養駕駛的好習慣，政府相關單位都會頒布一些重要法規，以免交通事故頻繁發生，其中的重要事項有如：①要考駕照，通過這項規定的人，認知上都了解以下注意事項，包括行車前要仔細檢查車子硬體、軟體的安全性；行車前車上所有人一定要扣緊安全帶；行車時要注意每路段規定的安全速限；務必遵守紅、綠、黃燈的規定；通過斑馬線要禮讓行人。②剛考過駕照的人，雖然都知道以上的守則，但那種認知上的了解不等於行為上的習慣，所以「萬無一失」的良好駕駛習慣一定要養成到「知行合一」的程度。

除了上述行的規定以外，在路上行車時，更要注意別車的行車情形，因為別車的駕駛不一定都是會把自己的車子開得萬無一失的高材生，也要注意另一車可能是常會引起事故的那一些大貨車或連結車；若發現緊接在你前面、側面或後面行走的是這一類車子，則應立刻設法離開它們，以策安全。

為了行車安全，還有很多極需培養的良好習慣，其中三項絕不能忘記的是：①一定要把車子停死，避免駕駛離開時，因停車場路面傾斜，車子往前或往後移動，而造成事故；②一定要熄火，把鑰匙取出，鎖上車門，以免被偷車賊開走你的「愛車」；③一定要遵守酒後不開車，開車不喝酒的警語，不然其後果一定是損己又害人。

第三講
建立人際關係

　　良好人際關係與健康心理活動有著密切關係一事，不但受到各派心理治療理論創始人的一再強調，也是一般倫理哲學大師以及各派宗教創始人極爲重視的。

　　在中華文化中，儒教不遺餘力地強調人際關係在生活中的重要性，也爲世人提供一套規範，雖然該套規範問世於幾千年前，其大部分內容仍然受到大多數華人的遵守。此規範因人際關係種類之不同而異，所以筆者就先把人際關係分爲幾種，然後討論每一種人際關係的詳細規範。

　　人際關係可大類地分爲兩種，包括：①自己與「一般人」的關係；②自己與某一熟人的關係。

　　第二種的熟人包括：親生父母、兄弟姐妹、親戚、朋友、師長、上司、下屬、自己的子女、學生、鄰居、情人、敵人、仇人、債權人……等；對於這十四種不同的熟人，不管你有或沒有，一旦提到他們，你一定會想到或體會到，對這些人你會分別用不同的態度去應對。對這些不同類的熟人使用不同但恰當的應對方式，我們可稱之爲良好人際關係。

　　過去，筆者舉了幾種這樣的人際關係，以說明儒教所建議的規範，與知人理論。

　　良好的自己與一般人的人際關係。一般人討論人際關係時，首先會廣泛地說，我們應以怎樣的態度做一個好父親、好母親或好子女之前，應該先學怎樣地做一個人。之所以會這樣說，是因爲學習做一個人，是比學做一個父親或兒子更基本的。

　　幾乎所有的正派宗教皆主張每一個人應該拿出「愛」來與其他同類的每個人交往。基督教用「博愛」，佛教用「慈悲」，儒教用「仁」，現代各派

心理大師以「溫暖心」、「關心」、「正面的關愛」或正向的「社會興趣」等概念，分別來表達他們對這議題的看法。

古今中外的聖賢之所以強調對於「別人」，我們要養成「仁」、「愛」、「關愛」、「救」與「助」的待人習慣，是因為我們從小到老都渴望周圍其他每一個人皆會喜歡，也會幫助他之故；易言之，如果一個人所做的反應或表現是合乎別人在該時該地內心所需要的，或從習慣觀點而言，如果一個人能及時且正確地察覺到別人的需要，且能適時地將其所察覺到的內容化為具體有效反應，則可稱其為與別人的良好人際關係。在以下幾段，筆者擬從這觀點討論幾項良好朋友人際習慣。

1. 「己所不欲，勿施於人」、「推己及人」是儒家「恕道」精神的化身，也是儒教最高概念「仁」的精華所在。這兩句把重點放在如何了解別人的功夫上，同時也指出了儒教基本上認為所有的人都有相同的需求。若這假設是完全正確的，則要了解他人所需並不難，只要能徹底了解自己所需求的有哪一些就夠了，因為依推己及人的邏輯來說，自己所要的就是別人所要的，而自己所不要的，也是別人所不要的，你就不要給。

2. 同理心或「同你心」，儒家的恕道確有其獨到之處，但若把儒教的其他說法，例如「因材施教」也拿來考慮，就會發現僅靠「推己及人」的方法是沒有辦法了解「別人」所要的全部是什麼，充其量只能了解另一個和你完全一樣的那幾個人而已。事實上，可見於心理或萬般現象界的是個別差異，也就是我有，別人不一定也有，我沒有，也許別人有很多的要求或能力。

迄今，心理測驗領域已擁有多如山高的數百種心理測驗常模，很明白地告訴我們，儘管物種進化論上我們是「同根生」的人類，但你我他在某些方面卻有大大小小的不同點。既然有這麼多大小不同的點存在，我們怎麼可能僅憑對自己的了解，就可以說在某一時段別人也有和當時的你一樣，在同一種類的心理或生理需求是相同的呢？若這一疑問無法取得滿意的回答，則僅靠「推己及人」的方法，我們還是無法正確又徹底地了解別人的心理與生理需求情況的。

若遇到上述困境，而還要在儒教裡尋找解決辦法，則可求救於「因材施教」的原理。此原理的基本假設與「推己及人」的知人原理恰好相反，認為每一個人和另一個人是不相同的，是有個別差異的。

　　既然人之間有個別差異，那麼如何找出這個差異？對這項提問，目前的計量心理學有個標準答案，那就是利用一套信效度皆高的相關心理測驗，若目前剛好手上沒有這一套相關測驗，則以「同理心」與對方晤談。

　　「同理心的晤談」乃心理治療師最常使用的方法。他的精華是晤談進行時，治療者完全捨棄自己的觀點，而以傾聽技巧，逐漸了解與確定個案對於各項問題的看法，易言之，逐漸採用個案的觀點與思考架構，以個案的眼睛去看，個案所看到的人、事、物、境，用個案的耳朵去聽他所聽到的別人的一般話，更要用他的思考架構去了解、解釋，他所看到與所聽到的那些資訊；此外還要把那些自己所做的解釋與所了解的說出來，並請個案表示自己所做的了解與解釋，是不是和個案所做、所聽、所了解的完全一樣；若不一樣，就把不一樣的逐漸改過來，所以最後能夠站在和個案完全一樣的觀點去看、去聽也去思考。同理心的晤談方式，可讓個案感受到自己完全又安全地被了解。當一個人達到這種完全被了解的心境時，他就不會擔心被批評、被攻擊，反而會開始問自己，目前自己所擁有的一切想法、做法是不是完全對的，對自己有用而沒有害處的，亦則會做自評，並進而做自我修改。

　　筆者認為，如果我們先以推己及人，後以同理心晤談技巧，而且持續一段時間去了解別人所需，並根據如此了解過程所得的內容去進行交往，則更能建立良好人際關係。

　　不可否認地，除了恕道與同理心技巧之外，還有其他不少方法也可拿來了解另一個人；諸如前述的各種自陳量表，包括筆者最近發展的習慣量表（HPH）這些方法，在本書另一章會有詳細討論。那些方法都是為了詳知另一個人的真正需求是什麼，以便對他及時地提出適質適量的協助，如此的「刺激─反應」人際交往過程，就是一種良好的朋友關係與人際習慣。

　　3. 遵守信用。做人要「講信用」也是自古以來華人文化的一項重要倫理守則。它的意義是對答應他人的、所做的承諾一定要完成，絕不「光說不練」或絕不可「口是心非」或「言行不一致」，更「不欺瞞」。

　　儒教把「信」視為言行相符或一致。倘若一個人所行如其所言，則其朋友只要聽了他對自己答應會做什麼，心中就有了期待，也有期待其所言會實現的喜悅，也可免於期待落空的失望。所以「守信」會使朋友高興，因此也是一種良好的交友習慣。

4. 禮尚往來。朋友之所以爲朋友，是因爲朋友關係的雙方來往比其他人際關係更爲頻繁，而且往來時，互相較有物質或精神上的交換，例如古時候的相送禮物或書信、現代的打電話、手機線上的分享笑話或訊息、互相拜訪、關心、安慰、鼓勵，若是異性朋友，則互許愛慕、相惜、牽手、相依偎等。雖然許多人都會說，友誼不能用禮物、金錢或語言表達於萬分之一，其實每個人心中磅秤都不斷地在衡量自己給予對方的份量有多少，而對方回送的有多少？所給與所取（或收）是否半斤八兩、不分上下？

一旦發現，取的遠多於給的，若不是徹底的功利主義者，心中就不平靜，覺得好像虧欠了對方一筆債，因而急於歸返；相反地，若發現取的遠少於給的，則除了徹底的慷慨者，或經濟智商零分者外，就感到憤憤不平、不對勁，甚至考慮是否該給這項不合算的朋友關係畫上不止個休止符。

雖然有人歌頌友誼無價，遺憾的是此乃僅在理想主義者腦中能找到的詞彙，在現實世界裡的朋友關係，最好維生素還是「公平」、「平衡」、「禮尚往來」等具體行爲習慣。

此舉兩個純想像的例子說明於下。收到朋友來信時，不管是什麼人都會很高興。一般人寫信時也都盼望收信者會火速地寄來一封好幾頁的回信。因此朋友不多，又天天盼望收到來信又善於寫信的人，一定立刻回信給來信者；若來信者也是樂於且勤於寫滿載趣味的飛鴻，則他們兩人間的書信來往一定會繼續不斷，不知何時才會了。有些剛出道成名的作家、藝人或政治人物會說崇拜他的粉絲會如雪片紛飛似地送來慕名的信。像這樣的「成名族」除非他有好幾名「回信秘書」專門替他寫回信，讓他的崇拜者嚐到「信有去必有回」的好滋味，否則久而久之，同一粉絲的來信頻率則會像下行電梯一般急速銳減，最後就連一封來信都沒了。

所以膽敢違抗「禮尚往來」原則的人或樂於收信而懶於回信的人，最後一定會變爲「空等信」或「天天開信箱，信箱卻無書信」的天涯寂寞人。

5. 良好的聊天習慣。好的朋友關係要仰賴於好的交易，而好的交易中，很重要的一項是語言的交易，普通我們稱之謂聊天。平常時，我們很容易把聊天視爲「畫山畫水」的無聊人才會做的事。所以有些人會看輕聊天的重要性，也因此不喜歡與人聊天，甚至認爲那是在浪費時間。但是，從維持友誼的觀點來說，聊天的重要性是不可忽視的。如果你肯用心觀察那些善於

聊天的人，就會意外地發現，他們經常透過輕鬆但巧妙地，無意中讓聽者樂意知道的事，也知道有關對方的事，並且打聽到其他重要消息。所以聊天也是一種習慣，而且可分為良好的和不良好的兩種。良好的聊天結束後，會給參與者一種「有趣也學了很多」的正面感受，而不良好的聊天則相反地會給參與者感受到「無意義又浪費時間或無聊」的負面感受。

既然如此，我們要如何地去培養良好的聊天習慣呢？因為聊天是要把空閒的時間利用得你我都覺得有意義、有趣味，而且從中獲得不少有用資訊，開了眼界；所以，要培養良好的聊天習慣，我們務必先學會同理心，去了解或找出對方有興趣的人、事、物，並且進一步對那一些人、事、物做深入探討，而獲得比對方現在擁有的更多訊息；如此，你和他聊起他有興趣的事，對方就會覺得你是情投意合的知心人。

類似聊天的臺語字彙是「畫山畫水」或「指天畫地」；其意是兩個人的對談並沒有固定題目，也沒有一定的範圍，什麼都可以說來聽，主要你聯想到的、好玩的，而對方也一定喜歡聽的，例如一則「笑話」。例如2021年在臺灣雙北地區，尤其臺北市因為新冠疫情，市民每天過得人心惶惶。後因日本、美國政府出於好意，以及著名商人及宗教團體出於慈悲心捐贈了不少疫苗，臺北市政府則開始依防疫中心的規劃類別順序，每天大規模地安排數以千計的年長市民去打疫苗，我的長女及其夫婿也到一所國中接種疫苗。那時大家對於疫苗接種，心中仍抱持「頗強的又怕又想要」的矛盾感。雖然我下了「必死之大決心」接種了 AZ 疫苗，結果並無大難就安然度過了（現在想起來有一點小題大作之感），但對於女兒與女婿的接種還是無法不擔心，所以打了兩次電話，第一次去安慰，第二次是去打聽打了針以後的反應，女兒的回話是一切 OK，要我不必擔心，也順便講了一則笑話，使我擔心的愁雲完全掃空一片也不留。笑話是這樣的：

「就在氣氛嚴肅的汗水一滴一滴流下來的打針會場裡，突然有位年紀近90歲的老阿伯跑進來，要找某個椅子坐。那天的值班護士小姐就擋住那位老阿伯，並告訴他說：阿伯呀！你不是好幾天前就來打過針了嗎？今天怎麼又來了？這位老阿伯就說，我要來打針，然後拿獎品。那位護士小姐聽不懂老阿伯所說的獎品是什麼，所以就問他是什麼獎品？阿伯就說：不是打針以後身體還好好的人，就可以拿到獎品嗎！幾天前我打了針，身體還是

好好地，所以要來拿獎品啊！也再打一針明天再來拿獎品！在場的人聽了都大笑起來！有些人就說，有獎品的話，我明天也來再打一針。有些人就說，哎呀，這位老阿伯眞的老番癲！天下哪裡有這樣的好事呀！」想不到，在2022年6月17日，筆者在臺大癌症醫院打第四針疫苗時，卻大出意外地拿到500元的禮券和兩包快篩盒。這是眞的，不是笑話！

6. 願意爲朋友付出時間的習慣。一般言之，願意和朋友共享自己東西就較能維持良好朋友關係。自己的東西裡，「時間」是很特別的「無形所有物」。這個所有物雖然很特別，但你每天擁有它二十四小時，別人一樣也每天擁有它二十四小時；既然大家都有它，那有什麼「特別」可言？那是因爲別人擁有的二十四小時，除非獲得那位「別人」的同意，你絕不能隨便拿來用；你的二十四小時也一樣，除非你同意，別人也絕不能隨便跑來和你共用。有些人很珍惜自己每天的二十四小時，因爲他們想在二十四小時內做完很多事，所以覺得他的時間實在不夠用，一分一秒也不能爲朋友的事拿來分享。這樣的人視自己擁有的時間貴如命，所以絕不會爲朋友的事把貴如命的時間拿去和他人分享，你會是那樣的一個人嗎？

其實，對於自己時間的珍視程度，也和其他心理現象一樣存在著個別差異；沒有錯，有很少部分的人珍惜自己的時間如命，但是大部分的人會因考慮其他因素或時空條件，而改變對於時間重要性的看法，然而也有一些人則根本不珍惜自己的時間。

不管你珍不珍惜自己的時間，你和事情的存在與產生，都與時間有關。例如，你覺得人生若無友誼，則此生一定無聊透頂，根本無價值；但若要擁有友誼且多多益善，你就得把所珍惜的二十四小時中拿出一部分出來尋找適當的人，然後和他建立友誼。所以你我他，每個人都擁有的二十四小時是很奇妙的東西，你要好好地用它，你把它適量地分用在友誼的建立，你就會獲得你想要的友誼；如果你根本不把你的時間分用在友誼的建立，你就別想會有友誼了。其他的事情也是一樣，想要有什麼，你就得把你的時間分用在那個「什麼」的上面。

第四講
人際關係

一、良好的人際關係

　　在第三講，筆者先以食衣住行和人際關係為例，開始討論良好習慣與不良好習慣的判準；之所以要如此做是因為臨床心理人員，在工作中很難不涉及到個案行為的價值評估。但如何與個案一起做這種評估，才不會使個案覺得自己無緣故地被評為不好，心生反感，拒絕改變習慣，而要使他感到評估是為他好的，所以可讓他倍增其改變的動能？

　　在第四講，筆者想繼續討論對一般人而言，也是很重要的良好夫妻關係習慣。大部分的人，長大成家後，夫妻關係就無時無刻影響雙方的心情；因為夫妻關係比其他任何人際關係更為密切、複雜、又沒有保留，所以要建立良好夫妻關係比建立其他人際關係更為重要卻不易；尤其在動輒就喚「男女平等」的現代社會裡，這件事就難上加難。古言中的「祝您二人，婚姻美滿，愛情天長地久」也就成為夢中事。

　　在男女關係授受不親的封建社會裡，結為夫妻的雙方婚前多半是互不相識的；所以，一方對另一方的習慣都是只有白紙一張的了解程度。雖然互不認識，婚前與婚初彼此還是會抱著浪漫、不現實的期待與盼望，當這些盼望面對冷酷的現實時，容易成為泡影，引起極深的挫折感，甚至傷害。

　　還好傳統社會對於夫妻關係有相當嚴格的文化規範，因此個人的挫折感不會直接影響到已成事實的夫妻關係，也不會使婚姻立刻破裂導致離婚，而表面上還能繼續維持鴛鴦般的好關係，實質上這一對夫妻卻已成為不折不扣的怨偶。在現代化社會裡，離婚率逐年節節升高，有時令人不得不安起來，也令人懷疑，難道人類的婚姻制度已經走到它氣數的末端，而地球上的人類

存在將成爲今天雖會如往常西沉的太陽，但明晨卻再也不東升了？

　　婚姻諮商或家庭婚姻治療工作，乃因應上述現代社會危機而新興的助人工作，是由一群學者努力開發出來的。理論上，古時人所盼望的恩愛夫妻關係之所以不容易「恩愛天長地久地」維持下去，乃因現代爲夫爲妻者一方或雙方因沒有機會學習，而欠缺太多的良好夫妻關係的習慣，而另一方面已經擁有了不少不利於夫妻關係所致。倘若這種憶測不無道理，上策的彌補良方是幫助已成爲夫妻者，努力培養更多目前還沒有的良好夫妻溝通習慣，也努力革除已經養成的不良好夫妻溝通習慣。但是，什麼是良好夫妻溝通習慣呢？

1. 成功的婚姻關係會滿足雙方的兩大需求

　　詳細了解每一則良好夫妻溝通習慣之前，我們應先了解的是爲什麼人類生活中需要夫妻關係的存在。若能徹底了解這關係的必要性或最終目的，我們就容易找出良好的夫妻溝通習慣應有哪一些條件。

　　(1) 傳宗接代的生物性需求。迄今，討論爲什麼需要有婚姻關係時，尤其主張一夫一妻的社會裡，學者們都會提出兩大理由：其一是人類種族的延續；其二是滿足雙方都有的身心需求。人類和其他生存在地球上有生命的動植物一樣，都有一股強烈的莫名欲望，要讓自己的種族繼續繁衍下去。人類以外的動植物，因爲還欠缺所需的高級智慧，無法以有意識的型態覺察到自己內在有這麼一個願望，但牠（它）們成長中的所做所爲都無法擺脫這一股衝動的支配，而一旦與繁殖有關條件因成熟而齊備時，這一股無形的衝動就以任何力量都擋不住的力道、韌性與執著，以有形的方式表達出來。例如每年只要某一季節一到，在該季節裡在該地該開花的樹木花草，就一定會把它特有的花朵綻放，以引誘蜂蝶與飛蛾來爲它們接種；同樣地，另一季節來臨時，某類候鳥或魚群一定成群地移居他處去產卵，孵養下一代，或只要春天的氣息吹來，狗貓等哺乳動物則尋找異性構尾，繁衍其新一代。換句話說，幾乎所有已成熟的植物與動物，因其大腦神經組織所限，都僅能知繁殖行爲的其然，而尚未能達到知其所以然的境界。

　　人類的繁殖行爲就與上述的很不一樣了。身心成熟的男人和女人可能在某一層次也像其他動物一樣會互相吸引，但在另一層次則想要擁有自己後代的需求；後一種需求可從中年人和老年人各方面表現明顯地看出來。這一方

面的反向例子有如，後母對「前任兒子」的「惡毒」行為，以及繼父對妻子與前夫所生子女的無理要求或忽視，甚至於仇視等行為表現；相反地，這一方面的正向範例就有，在兒子婚後得知媳婦有孕時，有的老人會喜極而泣，好像得了整個宇宙似的，或嫁了女兒後喜知自己不久即將成為外婆或外公時，心中就有裝不住的興奮感等。

以上所提資料皆顯示，有了後代對每個成年人來說都是一種包不住的希望，可滿足喜悅與希望的藍色的天空，而沒有後代是一種猶如孤單地走在看不見希望的一條死巷尾端的悲情世界。

婚姻或家庭諮商師常聽到個案說，如果不是為了子女還小要有人照顧，他或她也許毫不留戀地和其配偶各走各的路了；心理治療師也常聽到徘徊在自殺邊緣的個案說，若不是為了幼小無助的子女，他早已了斷這一世充滿灰色、無情的人生了。聽了個案的這些話，我們不得不感覺到人類不但有要生下後代的強烈慾望，也有幫助後代安全又安定地生活下去的強烈使命感，或要哺育與照顧他們的基本衝動。

所以，身為一對已婚的人，若具有生下後代的良好生物習慣，以及要把下一代輔育長大的為人父母的良好習慣，則夫妻雙方的婚姻關係較能維持長久，至少也可以維持到生物學上，一方或雙方皆已失去能力生育或兒女皆已長大成人，再也無需給予任何輔育的時候為止。

(2) 有可依賴對象的需求。再者，人類也有獨立與依賴，聽起來似乎是矛盾的兩大需求，這是眾人皆知的；不但精力旺盛的青少年與成年人皆有之，較無助的嬰兒和老人也皆有之。婚姻關係可給適婚年齡的成年人提供依賴需求並獲得部分的滿足，我們每個人需要藉著依賴他人來減低孤獨與寂寞帶來的難受，並提升肯定自己的存在與價值。對於這個基本需求在成長過程中每個人都有依據所遇條件的組合，而學成一套特殊方法或習慣去處理；有的人則學會一套不良好的應對習慣，反而讓它來折磨自己同時也養成一則不良思考習慣，相信自己永遠無法適當地處理自己的依賴需求。因此，一有問題就去找可依賴的對象，並將所有問題都丟給那位對象去全權處理。如果擁有這種依賴需求處理習慣的是一位美貌動人的未婚少女，或許能引來一群願為她獻殷勤的大小男生，所以可算是良好的習慣，但得分很低；若這一種習慣常被一位已婚多年的少婦所用，所得後果可能完全不相同，而成為得分很

高的不良好習慣。而這位少婦與其配偶的婚姻關係就有可能充滿了她與先生的失望、不滿與怨恨，其載量高達千斤重，瀕於斷裂，最後不得不勞燕分飛。

　　另一種人對於自己的依賴需求，以完全拒絕不承認有它的習慣去處理，精神分析學者稱之為「反向作用」的防禦機轉（Reaction formation defense mechanism），這一型人的表面行為最可能是他有信心，一切全靠自己就能舒舒坦坦地活下去，而其實是他內心仍然很想有人來照顧幫助他，這一型的人表面顯得很堅強獨立，根本不需要別人的照顧與幫助；其實，他還是暗暗地盼望別人會給他這些，但不能以公開、明顯的方式表示出來。假如得不到他人的關懷，他會感到莫名的憤怒，覺得這世界真無情與空虛；但如果有人以明顯的方式給予關懷，他會公開地拒絕。他不但拒絕自己的依賴需求，也拒絕或看不起有這種需求的人，所以若有配偶誤認為他是個很獨立的人，而想要完全依賴他，則一定得不到所要的依賴，甚至被看不起。顯然地，此類型的夫妻溝通關係不能算是良好的，因為這樣的關係並不具備良好的婚姻關係的重要功能。若更詳言之，這種關係無法讓夫或妻的依賴需求獲得合理的滿足。

2. 良好的關懷與分享的依附關係

　　夫妻關係是人際關係中最密切，最不同凡響的一種，所以我們也另稱它為親密恩愛的關係。這種親密關係有很多層次的表達方式，包括：最積極最深層的共床的性欲、肉體關係；較淺層的動作層面的愛情肉體撫摸、接吻、擁抱、依偎；語言層面的耐心、傾聽、面對面的傾聽、癡情的傾聽，給予配偶正面回答或主動說出配偶想聽、愛聽、中聽、喜歡聽的話，例如關心配偶當時的感受，或是否遇到什麼困難的話；儀表層面則兩人同時參加重要集會時打扮得更花容、更英俊，以對配偶的「為所愛者容」的意情。將自己的感受，不管是正面或負面的感受、想法、計畫都說出來，讓配偶知道這些是另一種語言層面的溝通關係，表示對配偶沒有隱瞞，沒有「不可告你，而是有福同享」，「有難一定同擔與共」的夫妻關係。除了傾聽與坦白的語言關係以外，還進一步對配偶的意見、感受、表示共鳴式或同理心式回饋是另一層面的良好夫妻溝通習慣。對於配偶的提問、困難，若能不只做到傾聽與同理

心式回饋或建議、討論，還能更進一步主動地提出行動上的實質幫助，直到問題徹底解決爲止，則堪稱爲頂好的良好夫妻溝通習慣。

也許在任一時代社會裡，商人的頭腦都特別敏銳；在他們眼光裡任何事情都可變爲「商機」，也就是賺錢的好機會。就促進夫妻關係的親密方面而言，餐飲業者會想出各種妙計營造商機，例如：結婚六週年的鐵婚宴、結婚後七年的銅婚宴、結婚滿五十年的金婚餐宴，這些都是從商人的所謂商機來說的，但若從良好的夫妻溝通習慣的觀點來說，爲夫、爲妻的人則可好好地利用這種「商機」來鞏固雙方已有的關係。當然爲了能利用到這種難得的機會，配偶雙方之中，至少有一方能記得他們的結婚紀念日是哪一天，而今年是他們結婚的第幾週年，若某年的結婚日不是上述的鐵、銅、銀、金婚年，那也可用「互送鮮花一朵」的方式來互祝。反正還沒有得到老人痴呆症之前，有心的配偶之一方可想出許多機會使雙方驚喜，甚至喜極而泣的方法給他們的溝通關係注入一劑新的活力維生素。

二、其他類型的人際關係

既然人際關係對每個人的日常生活，甚至整個人生會產生那麼大的影響，我們就應該把各方面的討論推廣到上述四種以外的其他類型的人際溝通關係。其他類型人際關係，若隨著個人的成長歷程順序，逐一列舉下去，則有學生對老師（包括對幼兒園老師、小學老師、中學老師、大學老師、研究所老師、博碩士班的論文指導教授等）的師生溝通關係；每個人從學校畢業而踏入社會以後，必須去做的首要事情是努力尋找、應徵、爭取一份可養活自己或年老父母，並可藉之準備或成家立業的工作。一旦幸運地經過艱辛歷程，找到了合意的工作後，每個人的行爲則開始受到該工作場所或公司所要求的倫理規範之約束；這些規範包含對上司的、對同事的、對部屬的、對顧客的等等，而這些的任一種都不能輕易地把它疏忽不管的。就對直接上司的溝通習慣而言，最重要的是「使命必達」；因爲直接上司上面還有他的直接上司，而你的直接上司有時要靠你「使命必達」的習慣，來完成他對其直接上司「使命必達」的責任。所以如果上司交待下來的工作，你都能如期地完成它，當爲下屬的你，則最好在可行的範圍內加倍努力，例如連續加班把它

如期完成，如此才能使你的上司向他的上司如期完成使命。若有一個下屬，對他的上司經常都有如此表現，我們就可說那個人對上司擁有「使命必達」的良好習慣，而他的上司就很可能特別重視也照顧這位下屬，一有升遷機會就優先考慮他。

1. 下屬上司的關係

根據筆者的職場經驗，有些上司若其下屬是能幹、服從，又常常口口聲聲表示其優良工作表現，乃因其上司的教導有方所賜，則特別保護與照顧此位下屬；但這位下屬開始表現特別突出，也開始受到其頂頭上司的重視，且其重視程度超過其直接上司對他的，如果這位下屬也不再如往常那麼為他說好話時，這位上司就不再處處保護他、照顧他了。後來這位下屬有了機會擔任某學會的主席，要為國家起草一套全國性法案；為了起草法案也要聘請一群委員組成法案起草委員會。在這關鍵時刻這位主席為了草案能順利完成，並通過國家最高機構的核准，並經總統的命令頒布，不知何故地千不該萬不該沒有把那位他最初上司的大名放在法案起草委員名單上。據這位下屬說他的這項作法，為後來的自己找來數不盡的惡果與很深的悔意，但他一直認為為了使命達成，那樣做才是對的。但是若從保持上司下屬的良好人際關係的觀點來說，筆者卻認為他那樣做是不是最好，是很值得檢討的。

2. 關心焦點不相同的親子關係

與異性朋友相處的良好人際溝通習慣也是每個人唱完畢業歌，照完了畢業照，踏入社會一段時間後不能不認真去培養的。這一項關係，除了當事人以外，其家長也很重視，因為渴望早一點「抱金孫」之外，盡快完成子女的婚嫁也是一般家長認為自己的重任之一。在古代社會，家長眼看子女長大，就開始找媒婆為子女找門當戶對的對象，先看雙方的八字是否相匹配，然後以相親的「儀式」，男方擇日到女方家「喝茶」並送紅包。相親後，若男方同意，女方不婉拒，則訂婚，透過媒婆的來回奔走商量好結婚日，最後完成結婚儀式，和其他小儀式等等。

過去，筆者以晤談方式幫助一位主動向我求助的研究所博士班學生。他

的問題是每週末都高高興興老遠地坐火車從臺北回到家，探視父母，他的雙親當然比他更高興地看到這位博士兒子，而且每次晚餐都以魚肉鴨的大餐來補充兒子一個禮拜份的營養。在博士班第五年，這位學生個案順利進入可開始完成學位論文的階段，但遇到一時難解的問題。其指導教授也無法給他所要的破解方法，只有靠自己尋找答案，因為他沒有阿拉丁神燈的幫助，不得不墜入一段頗長的「坐困愁城」的日子，也開始生起別人會給他安慰與鼓勵的需求。每週末回家探望父母時，很盼望他們會給他這方面的關懷與鼓勵；但每次好不容易回到家，他所遇到的是同樣那些很刺耳、極不願意聽到的話。他的父母會重複地說：「兒子呀！你的歲數也不小了，現在你有沒有情投意合的女朋友，有的話能不能把她帶到家裡來讓我們看一看，我們都已經六十多歲了，盼望能早一天抱抱孫子。」聽到父母親這一段話時，這位學生個案心中感受到的是失望與說不出的難過。其實，這位學生個案很想聽到的是：「兒子呀！你最近好像遇到了什麼困難的樣子，每一個禮拜回來你都是愁眉苦臉的，若有什麼困難要不要把它說出來，讓我們聽一聽，也許我們可以幫你一些忙也說不定。」

聽了這位博士班學生個案所遇的是這種困難時，筆者就問他：「那你有沒有把你的困難告訴過父母？」個案回答說：「沒有。」筆者就說：「你沒有告訴他們，但你希望他們安慰你、鼓勵你？」聽了我的回應，他好像才猛然發現到，錯的是自己，不是父母，所以就低了頭，不好意思似地抓抓頭髮。

那時候筆者覺得這位學生的問題不只是這樣而已，應該更嚴重，所以就請他繼續說下去。他接著說：「上一個週末，我的心情很低落，因為學位論文的問題依然沒有著落，但論文計畫可行度的初步口試日子卻一天一天地逼近。回到家，吃了晚餐後大家在大廳坐下來，父母親又像留聲機一樣地問起那一段最刺耳的話。當他又聽到父母親的那一段話時，個案因希望落空而變成一股怒氣像火箭一樣地脫口而出，向父母親他們射過去。他氣沖沖地對父母說，而父母也很驚訝地聽到兒子對他們說了下面一段話：「你們只想抱孫子，但一點也不關心我現在碰到什麼困難，你們太自私了！」他把話丟給他們以後，就氣沖沖地跑進自己的寢室，父母兩個人在大廳也很不高興地說：「真了然（臺語），把你培養長大，成為一個博士生，別人以為你學了什麼

了不起的東西，原來只學了如何和父母鬥嘴。」

　　筆者聽了這一番話後，就對個案說：「聽起來，那時候你的心很急地說了你父母親也很不想聽的一些話……，那你以後怎麼辦呢？以後的每一個週末，你還是要回家去，你怎麼面對父母呢？」個案回答說：「所以，我就跑來，請教老師我的這個問題以後怎麼辦才好？」

　　看起來，這一位學生個案，當前所面臨的是比學位論文問題更是迫切，因為這週末他還是要回家去見父母的，所以筆者就想到使用「角色扮演的晤談技巧」和他對談。筆者首先就說：「你也學了很多年的晤談助人技巧，假如有位個案來向你求救，而他的問題是和你的一模一樣，那你想如何幫他的忙？」因為這樣問，個案不知該怎麼回答才好，所以筆者就更具體地提問說：「如果這週末你回去，父母又提問有沒有女朋友時，你想怎麼回答呢？」個案猶豫了一會兒就說：「我一時也想不出怎麼說才好。」筆者就接著說：「因為上一週，他們又問你有沒有女朋友時，你的表現是那樣子，所以這一次你回去，或許他們就不會再問你女朋友的事了，如果是這樣，那你又怎麼辦？因為他們不再問，而你也不說什麼的話，場面可能變成很尷尬，氣氛也不好受。」個案也說：「情況很可能是那樣子，但我真不曉得怎麼辦才好。」

　　這時，筆者想到為了節省時間，就直接問個案：「現在假想我是你的父親，而我們上一週有了那一個火爆場面，現在你想向父母說些什麼？」個案想了一下，又說不知道該怎麼說最好。

　　覺得這位個案，好像是個老江湖錦囊妙計已出盡，只能把「三問四不知」的對答習慣擺出來；所以筆者就使用「對換角色的技巧」，對個案說：「現在如果我們想像，你扮演你的父親，而我扮演你。這個週末你又回到家，晚餐後，大家在大廳一坐下來，你的父親也就是現在的你又向你，說了那一段話，或大家都靜下來什麼話都沒有說，因而場面顯得很緊繃，每個人都覺得坐立不安。現在我們要用角色扮演的方式來把這場面演出來，所以你把你父親常對你說的那句話對我說說看。個案猶豫了一下，就鼓起勇氣地說：「阿祿（假名）！你年紀已不小了，該結婚了，我和你母親都六十多歲的老人了，每天都盼望你早一天結婚，好讓我們早一天能抱抱孫子。你現在到底有沒有情投意合的哪一家小姐？如果有，看看哪一天就把她帶回來讓我

們看看。」

　　當個案把話對我講完以後，扮演個案角色的我，就接著講：「阿爸、阿母！上一個禮拜六，我對你們講了很多不應該說的話，後來我一直覺得很對不起你們，請你們原諒。現在我就把最近在學業上遇到的困難說出來，或許，你們就會了解爲什麼我會說出那些不孝順的話。最近我要開始寫論文，這是我畢業前的最後一個難關，而又卡到一個問題還無法解決，所以心情一直很不好，你們也看到我一直都是愁眉苦臉，很少有笑容。如果論文的事情解決了，我就會請你們找個媒婆，介紹哪一家小姐我都很願意，很慚愧我現在連一個要好的女朋友都沒有。」

　　把上面一段很長的話說出來以後，筆者就問個案那段話有沒有說錯要修改的地方，個案說沒有，而且實況就是像筆者所說的。

　　所以，筆者當場就請個案把筆者說的那一段話，用個案自己的話再說幾遍，而且再三地叮嚀個案該週回家去的時候，一定要找個機會把這一段話向父母親說出來，而且在下禮拜的晤談時，告訴筆者你父母親對那一段話做了怎樣的反應。

　　一週後的晤談時，個案帶著笑容走進筆者的晤談室，坐下來後，就主動地把上週末回家後他所做的和父母親的反應做了詳細的描述；而最後也說，看起來父母都很高興的樣子，所以隔天他要回來臺北時，父親就帶著笑容主動地說他要用機車送他到火車站，那時母親也準備好了一包香噴噴的食物給他帶回臺北。

3. 如何與一位心儀的異性建立朋友關係

　　上舉的範例可能較是少見到的情況，因爲能擠進大學研究所，尤其博士班進修的人在一般人口中占的百分比還是相當低，況且這一群不多見的青年往往是高智商（IQ）、低情商（EQ）的人。筆者因爲過去一段時間身兼兩職，並且在大學授課，一方面在同一大學的附屬醫院裡兼臨床心理學教職，同時也參與助人工作，所以常有機會見到研究所碩博士班的在校生與畢業生。這些青年人因爲高智商、低情商，所以畢業前後較容易遇到此類型的人際溝通問題。

　　筆者曾經也接到一位高智商、低情商的某大學碩士班畢業個案，他是由筆者的熟友介紹來接受晤談。據這位熟友的描述，個案是他電腦公司的高級技術職員，專於開發顧客所需的電腦程式。筆者的該位熟友，身為公司的董事長與總經理，平常很重視公司職員間的人際溝通關係的順暢與否。他在美國學成公司管理學後回國，獨創這家公司，所以極盼望他的公司事業能盡快地走上欣欣向榮之路，而他堅信要走向此路，公司全體職員間的溝通，必須是頻繁與和諧。他做了一段時間的觀察後，發現這位職員和其他職員很少有「有說有笑」的溝通，雖然他所發展出來的都是頂級的產品，熟友擔心這位職員有什麼不願告人的情緒問題，而最後會離開公司，也害怕自己所擔心的事會成真，那就對公司造成很大的損失，所以決定把他介紹來見我，以防萬一。

　　與這位個案晤談後，獲知他是某一間頂尖大學的資訊研究所碩士班畢業生，個性非常內向，不善於拓展朋友間的人際溝通關係。和別人在一起時，很少主動地做語言上溝通，因為害怕別人認為他之所言無趣，無人會理他，也無人會做任何他所要的反應；此外，在公司每週一次的專題討論會時間，他只聽不發言，不表示對專題的意見。被問為何如此，個案則回答說，怕自己的意見和別人的相左，而得罪了別人，雖然明知是別人的錯，而自己的意見才是對時，也是如此。

　　聽了以上個案之所言，筆者則問他：「以上你所說的，理論上只是你的假設而已；對於這假設，你有沒有以行動，亦即你的發言去驗證你的假設是否對的，也就是說別人根本不理你所說的話。以及在專題討論時，你所提的意見和別人所提的相左時，那位提出相左意見的人，後來有沒有對你不好，關係就變壞了？」個案回答說：「沒有。」

　　以上，筆者之所以採用較理論科學的晤談方式和個案討論問題，是因為他的數理自然科學基礎很強，所以用這方式討論起來較方便，他也容易懂。

　　因為他沒有以實際行動驗證過他的假設，我們就請他試試看，並借用那時候一般大學生都常聽過的胡適之先生的那一句名言「大膽的假設，小心求證」鼓勵他多做求證的行動，以改善和別人在一起都不說話的不良或不利己習慣。雖然很內向，但自己有改變動機，他的不利己習慣也經過驗證行為逐漸有了改善，雖然速度慢。

　　晤談幾次後，個案主動地提出一個和職場人際關係無關的個人問題；他對筆者說：「我有另一個問題，不知道可不可以拿出來請教你？」筆者就鼓勵他先把問題說出來聽聽看。他就說：「我到目前都沒有交過女朋友，但很想有一位異性朋友，不曉得怎麼做才能交到一位？」提出問題時，個案顯得又好奇，又不好意思，但又很期待筆者會告訴他好方法。筆者問他：「你現在心中有沒有一個特別在意和心儀的女性？」個案說：「有，但和她一直都沒有什麼來往，連一句話都沒有對她說過。」筆者繼續問說：「你先把跟這位小姐有關，而你所知道的全部資料說出來聽聽看。」

　　個案就說：「這位小姐也是和我同一間公司的職員，天天會碰面。我知道目前她好像還沒有固定的男朋友。」講到這裡，個案就沒有繼續說下去，筆者就問：「還有呢？」個案回答說：「沒有了。」顯得不好意思的樣子，為了蒐集更多相關訊息，筆者就再問他：「你知不知道她的名字、年齡、連絡電話？」個案就說：「這些資料都可以在我的電腦查到。」筆者就繼續告訴他：「除了剛才提到的個人資料以外，另一個很重要，你也必須知道的是她的所有興趣，因為她的興趣，你可以把它當作為和她溝通的橋梁或管道。」個案問：「怎樣說呢？」筆者就答說：「舉一個例子來說吧！如果她很喜歡看電影，而且特別喜歡看愛情片，你就試著找機會約她一起去看這一類的影片；此外，如果她有興趣某一類的活動，例如爬山、賞花或品嚐某一小吃店的著名小菜，或某飲料店的咖啡或涼飲。如果她的興趣你知道得越多，你就有更多機會先和她在網路上溝通，然後更接近她、了解她，她也有更多機會接近你、了解你。」以上把如何與異性交往的初步方法告訴個案，也請個案務必先以行動驗證這些方法，對他心儀的那位女職員會不會產生所預期的效果。

　　過了一段時間後，筆者的那位熟友因別事又來找筆者商量，同時也提及那位個案在公司的表現，後來有了顯著的進步。

　　由以上所舉二例，我們可看到每個人由學校畢業踏入工作場所後，所要面對的人際關係種類是愈來愈多，內容也愈來愈複雜的，但都要小心去應對，因為這些新關係都會影響個人將來生活的走向，且其影響經常都很深也很廣。

　　繼著，個人邁入了中年以後，每個人又增加一些新的人際關係類型。

一般人都會因子女的婚姻關係而增加一個或以上的姻親關係，包含雙方家長間的、岳父與女婿間的、岳母與女婿間的、公婆與媳婦間的、祖父母與孫子孫女間的、外祖父母與外孫間的。在古代或現代社會，重視子孫滿堂的大家庭，人際關係的多樣化，可說多的如夜空繁星般，是言之不盡的。問題是處在這種複雜人際關係中，我們有什麼準則可用來一方面增加「和平相處」的良好人際關係的數目；另一方面減少「身中異物般互相排拒」的不良好人際關係呢？關於這一點，筆者認為可大膽地提出一項假設性建議，亦則：「良好的人際關係僅能萌芽在同理心的土壤裡，也只能成長在同理心的互動氣氛中」或「互相了解，互相幫助往來的互動中」。這項建議還是一種假設而已，它是不是「金不換」一類的絕對不會錯的假設，那就要靠讀者拿出勇氣與行動去驗證了。

情緒反應習慣

一、良好的情緒反應習慣

在第四講，筆者根據常見於老少男女日常生活中的重要刺激爲題，討論這些刺激會引發什麼反應或應對方式，以及哪些反應方式可歸類爲良好的或是不良好的反應，也討論針對同一刺激做出的一個反應方式出現頻率要高到什麼程度，才可稱它爲習慣性反應或反應習慣。

在這一講，筆者擬把討論議題轉換到良好的情緒反應習慣。從習慣的結構學觀點來講，等於把討論的重點從刺激改變到反應。反應的類型也和刺激的類型一樣，有很多種；但就目前學術狀況而言，和刺激之總數相比就少到用雙手雙腳的全部指頭就可算完的，裡面從簡單到複雜的，依序包括動作反應、情緒反應、感覺反應、意像（imagery）反應、認知反應等十三種。

1. 情緒反應有哪幾種？

既然，共有十三種反應類型，爲何在本講筆者僅講情緒反應一類呢？也許讀者會好奇地如此提問。對此，筆者的回答是：就目前而論，筆者仍堅信，情緒是我們生活最基本的原動力，它和動作反應一樣，從新生兒哇哇墜地那一天，每一個人都會有，而會使每個人對某事、某物、某人，以及對自己會產生執著，不肯放棄，想永遠地擁有它、保存它的。情緒反應並非只有一種，在個人發展過程中，它也和其他反應一樣會經過分化與綜合的演變歷程，變爲目前大家所認知的「七情」，亦則喜、怒、愛、樂、哀、懼、

惡（儒*）或喜、怒、憂、懼、愛、憎、愁（佛**），或喜、怒、愛、思、悲、恐、驚（中醫***）。所以個人成長到某一階段時，情緒反應也使個人感到生活空虛、生命無意義，對周圍任何事物都沒有興趣，沒有那一些也無所謂，寧願離開一切，離得越遠越好，最好讓自己遁入「千古寂寞裡」。情緒反應也會使人感到可惡、可恨，恨不得把一切破壞無遺，使一切銷聲匿跡，永遠不再現形。

2. 判斷良好情緒反應的準則

大家都知道哲人重視理智，詩人、文學家卻重視情感。後者相信有了感情，人生的一切才有活力，有生的美；而前者則篤信有理智人生才有秩序與和諧的美。

由以上一段文學式，沒有大數據的籠統性簡述可知，情緒反應雖然可豐富人生，但它必須表現在某一範圍內，若太多或不足，則不是良好的。某一範圍內，所指的是反應的質、強度、持久性是相當於引發它的刺激。若面對會引發笑的刺激時不笑，反而哭起來，親人逝世已十年後，親朋好友都已恢復日常生活，只有他一個人天天還在傷心流淚，無法振作起來……等，則都可視其為不良情緒反應習慣。

根據上列說明，我們可提出一個良好情緒反應習慣是什麼的判斷準則如下：「凡其內容、強度及持久度都與所遇刺激相配的穩定情緒反應都是良好的情緒反應習慣。」

以下，筆者擬分別以喜怒哀樂的一些良好情緒反應習慣為例，來加深讀者對這個概念的了解。

(1) 喜是一種正向情緒反應。最容易出現於一個人達到或遇到他夢寐以求的目標，包括人、事、物、境的情況時。當這種情緒出現時，當事人會感到一切順暢，肌肉充滿活力，腦中湧進一連串的正面想法，而它們各個都要搶先地表現出來與別人分享。例如參加奧運比賽的選手忘記一切，一心一意

---

*儒：儒家所做的分類法

**佛：佛家所做的分類法

***中醫：中醫所做的分類法

終於奪下一枚金牌，而站在比其他兩人都高的授獎台上，由授獎人掛上咬不破的金牌時，充滿心胸的那一股情緒就是「喜」。當然喜的面部表達方式會因人而異；有的人僅以輕輕的一個微笑表示，有的人則帶著微笑與淚光，有的人則會以喜極而大泣的動作表達。此外，在學校考試後，老師發還評分過的考卷時，有的學生發現自己的得分比預估的高出許多，則喜的情緒會占滿他的心情一段相當長的時間。上述兩範例的情緒反應都可稱為良好的，假如那位得獎的奧運選手與獲得意外高分數的學生反應是冷冷淡淡，臉上什麼表情都沒有，或相反地為了望外的好結果而高興或悲傷了整年，則可視為不良情緒反應。

在日常生活中，或許你偶爾會看到有人做出如下不良好情緒反應。例如，遇到別人激賞他的優點時，不但不表示高興，反而口口聲聲地說，他不配這些讚詞，而且臉部表情顯得更為嚴肅，令稱讚者納悶，覺得他是根據事實，出自於好意說出的，絕不是以冷言冷語在嘲諷他，他怎麼反而不悅起來。若這是那位受讚人的一貫作風，我們則可說，那個人對受讚刺激有不良好的情緒反應習慣。據此，我們可推論說：若有人受讚時，對讚美他的人會立刻說出「謝謝您」一類的反應，也和顏悅色地面對那個人，事後也會以適當方式犒賞自己，則可說那個人對喜的刺激具有良好情緒反應。

(2) 怒的情緒反應經常以「威脅」、「挫折，尤其無理的挫折」、「受辱」、「被騙」、「被逼」或「被誣陷」為刺激。一般人遇到此類刺激時，怒的情緒反應會情不自禁地湧上心頭，而占滿心中，且必須經過一段頗長時間才會平靜下來。

怒的情緒正在發作時，當事人絕對無法同時感到快樂，但若發作得適時也恰當，發作後可能隨之會有「怒氣頓消」一身輕的消極性快樂，有時候也可能看到「怒髮衝冠，使一群小人一個一個畏畏縮縮，夾尾而逃」，問題獲得圓滿解決，想不哈哈大笑都不行的好結果。然而，如果怒的反應不適時也不恰當，反而引發旁觀者的轟批，認為其怒的反應是不負責的、不健康的反應。此類範例可見於 2021 年某次的新冠肺炎疫情記者會，它發生在一位中央官員和報社記者，以及另一位自認為公正無私的市長的反應互動中。

心理治療師認為「在心理治療室使用角色扮演時會產生怒氣頓消，一身輕」，但不一定會導致長久的療效。

怒的情緒反應在生物學上有助於維護怒者的生存，所以是很有價值的反應方式。因為它有嚇阻、嚇退侵入者，保衛本身以及其幼小後代的安全與生活領域的功能；這是因為動物發怒時會本能式地做出怒目、張嘴露牙做出吼叫聲，引起侵襲者的本能性害怕或恐懼情緒反應所致。

由此看來，怒的情緒反應比喜的情緒反應更清楚地具有正負兩面價值，換句話說，一個人發怒時，同時會導致對自己有利與不利，或導致對自己有利對另一個人不利，也可能導致對自己不利而對另一個人有利，或對自己與對別人都有利的「雙贏」等四項後果。

如在前面筆者所提，助人工作者因工作性質與目標之故，經常不得不涉入先站在受助者行為的價值判斷，然後建立一套裡面有兩項內容的工作計畫，包括：受助者目前的心理或生活困難是與當事人的哪些不良行為反應習慣，與欠缺哪一些良好行為反應習慣有關；使用哪些助人技巧可減除當事人的哪些相關不良行為反應習慣；而使用哪些助人技巧則可培養當事人的哪些相關良好行為反應習慣。如果這兩項內容（前者是診斷工作，後者是治療工作）都能有正確的答案，那麼當事人（亦則個案）的心理困難就可迎刃而解。

對於一則行為反應要施以「良好」或「不良好」的判斷與分類，雖然有上述所舉的好處，但容易引起受助者之負向感受，會覺得他像是一名罪犯，只會做不該做的事，而不會做該做的事。為了避免受助人有這種不好感受，筆者認為與受助人討論其問題時，把不良好反應習慣改用不利己反應習慣來稱呼，而把欠缺的良好反應習慣改用利己反應習慣來稱呼；如此改稱，較會使受助人覺得心理診斷與治療工作者，並不是在定其罪與處罰其罪，而較像是在教育他或與他討論該如何做對他較好，不該怎樣做對他較有利。換句話說，受助者會覺得助人工作者所做的一切都是為他好，所以診治者問他什麼就必答，和診治者合作無間才對。

以下，筆者就從良好、不良好習慣觀點而言，討論良好的發怒反應習慣應該具備哪些條件：

①怒的情緒或行為習慣會給當事人帶來放鬆不煩的感受。例如發怒之後，找麻煩的人不再來囉嗦，因此發怒者不必繼續聽到擾人言，血壓會緩降、頭也不痛、緊張鬱悶感消減下去。

②發怒的習慣會導來問題的解決。有些問題是因他人具有「軟土深

掘」、「得寸進尺」，或「欺善怕惡」的惡習而生。與此類專門貪小便宜的一方進行交易或洽談合作時，能適時地對其提出的極不合理要求，做出適當的發怒反應，將有助於嚇阻這些惡思的出現。

③大怒可收一勞永逸之功。良好的發怒習慣能使問題獲得「一勞永逸」，也不會帶來更難纏的麻煩。這種「公正大怒」的習慣實在不易培養，有人另稱之謂「君者之怒」，認為與小人的「小怒」有天淵之別，有大怒的習慣我們可聯想到「大勇」或「道德勇氣」的心理現象。

④怒的習慣有助於他人獲得快樂。這一判準乍看時顯得矛盾、難於了解。一個人挨罵時，怎麼可能不但不哭，反而感到快樂呢？以實例來說明也許較能了解此類現象何以會發生。假如某人遇到一件很難下決定的重大事情，他明知這件大事情自己該做個選擇，但心中有相反的顧慮，所以一直三心兩意，難下決定。此時，若有位長者怒罵他「不該不做該做的事是很不應該」，當這樣挨罵後，他「心中的矛盾」頓消，就可開始做該做的事，心情也放鬆快樂起來。或許，長者的發怒習慣是參雜了不少認知成分，並非只有發怒的情緒，所以也可稱之謂「認知情緒習慣」。

⑤怒的情緒習慣有助於解決他人的當前問題。這種習慣之所以是良好的，可分為兩方面來說明：a. 其內容與上段第 4 項相同，亦即良好發怒習慣的運作，幫助挨罵者心中的矛盾得以消失，進而做出該做的事，懸而未決的難題逐一解決；b. 被怒的人不是受助者本身，而是與受助人相對立或對受助人的問題有關，但一直採取冷眼、袖手旁觀立場的人，在此型「三角人際關係中」因受罵而知自己的冷眼、袖手旁觀，無所作為是不對的，進而伸出援手，受助者的問題隨而解決了。此型反應認真說來，也帶有比前 (1) 項更高層次的認知成分。

⑥將來不會給他人帶來更多問題的發怒習慣。在現實主義治療方法中，有一種技巧是處罰或批評個案時，只處罰個案的不利己或不良反應方式（例如告訴個案：這樣做無法解決問題），而絕對不處罰到個案的人格或為人（例如罵他「你這個笨蛋」）。從習慣觀點而言，如此具體的處罰方式可能改善個案在處理、化解當前問題的技巧，但不處罰他的人格，所以不會留下不易磨滅沒有想到的惡思。人格是每個人非常重視或我們「自我」最重要而且不易改變的部分；所以，這一部分如果被貼上「不好」或「笨蛋」一類

的標籤，一定會使個案覺得治療者在告訴我，我是不好或無可救藥的笨蛋一個，但是如果被貼上「不好標籤」是他所使用的技巧，則表示個案仍是個「可教的孺子」。所以，治療者的發怒表現或習慣可獲得個案的虛心接受，但不會讓個案深受傷害，以致於永遠地感到自己是不可救藥的大笨蛋。

(3) 良好與不良好的愛之習慣

愛的情緒在人類生活舞台上，比其他任一情緒反應都扮演著無與倫比，以及絕對不可或缺的重要角色。幾乎所有的頂尖文藝作品都圍繞著愛的主題展開，且在其過程中，愛的扮演者有時為愛而喜，有時則為愛而恨、而怒、而悲、而傷……等所有七情的最深體驗。有些文學家則說，有愛的地方才有生命，有生命的地方一定有愛，因此，在富於生命的個人生活裡，愛是無所不在的。

愛既然是生命的起源，應該是「良好」的化身，所以不良好的愛在生命現象中是不存在的。其實，我們卻可以枚舉一籮筐不良好的愛的情緒反應習慣及其帶來的悲劇性收場；例如溺愛、偏愛、錯愛、亂愛等這些不良好愛的反應習慣一表現出來都因太強烈，變成「戀」；若其所戀的對象與手段又為當時社會文化所不能認同的，就成為助人工作者的工作對象，這種戀愛型的不良情緒反應習慣為數不少，有如「師生戀」、「戀童症」、「暴露狂」、「虐待狂」、「自虐狂」，甚至於「維安工作者服務對象的情殺罪犯」、「縱火狂」、偷竊異性內褲的「戀物症犯」等。

愛的情緒反應習慣如果是好的，它的刺激是社會文化所認可的「可以愛」的人、事、物、境，它的反應強度也適當；例如父母有生之年公平地愛自己的每個孩子，而每個孩子，從小到大都愛其父母，一對夫妻終生恩愛，其情也天長地久。愛的感情能不能投資在什麼對象，每一時代的每一社會分別有所規定；例如，近代臺灣社會規定一夫一妻，假如一個已婚男性愛上一個未婚或已婚女性是絕不可以的，是會受到他人側目、睥睨與批評的行為。

愛的強度必須是適當，才能算是良好的。其意是，愛的強度不要強到愛與被愛雙方的生活步調受到擾亂，以致於雙方痛苦難堪，反而深受傷害。例如，母親溺愛獨子、父親溺愛掌上明珠，都會導致獨子正常人格發展的偏差；例如過度依賴，無法與人合作，或獨生女的自我膨脹、目中無人。這種母愛與父愛表現都是不良好的父母愛的反應習慣。

　　愛的情緒習慣若是良好的，其質是純眞，不摻雜其他情緒或動機。當一個人的愛情裡也有其他動機及其相關的情緒時，其具體行爲就會變了質。我們常聽說：「愛是占有或控制。」其意是當一個人（甲）男，愛另一個人（乙）時，甲就開始認爲乙是他的人，別人不能接近乙，不能和乙講話，更不能和乙手牽手，更不能擁抱乙，如果有人擁抱乙，甲就會立刻火冒三丈或出手干擾或毆打那個人。一旦愛的情緒受到強烈的占有或控制動機汙染，表面看似愛的情緒表現，就很容易使陷入相愛的二個人受到不同的傷害；例如愛者會時時害怕控制不了或失去所愛的人，而被愛者時時也會感到被控制得快要窒息，淪爲失去自由的「愛的奴隸」。

　　筆者認爲，個人的愛之情緒習慣之良好與否也可以評估的，雖然不容易只用根據前述六項判準。下面就是這個觀點的詳細說明，但還是屬於試探性的討論。

　　良好的愛情情緒反應判準：

　　①會給擁有愛情情緒反應習慣者感到快樂；在我們想像中，愛的感受本身就是快樂的，所以它會給擁有愛的情緒反應習慣者或「正在沐浴於愛河者」感到甜甜蜜蜜之感。這是尚未喝到「愛之純純的愛之苦水」的一般青年男女也能想到的。事實上，被純眞、未被汙染的愛所擁抱時，當事人確實會感到快樂也甜蜜。因爲如此，經驗過愛與被愛的人都永難忘懷它，雖然事實上那種感受的停留都是很短暫的。

　　現實生活裡，愛情反應常常發生在條件複雜的情境裡，以致於純愛的經驗很少單獨存在，幾乎只會發生在難於和痛苦分得開的情況裡。可能因爲這緣故，文學家常在其作品裡，把愛和痛苦的不同故事或經驗放在一起，或一個前另一個後，或與此相反的順序安排起來。也許作家們認爲藉由這三種不同順序的安排，才更能襯托出不同類型的愛之情緒，或不同強度的愛之感受。作家的如此安排，不管是前後或同時，會使一般讀者容易誤以爲愛的經驗不會帶來快樂，而僅是痛苦。其實，愛的情緒感受本身是快樂的，但現實生活裡卻很少有機會只讓愛的情緒單獨地產生，而且繼續一段很長時間。這是爲什麼？

　　這個「爲什麼呢？」可以從主客觀兩方面來加以說明。從客觀立場來說，愛的情緒並不會無端地發生，而也僅在「必須與充分條件」同時都存在

時，才會讓一個人強烈地注意到它的存在，並全心全意地去享受它的美妙、難能與可貴，以及痛惜它的離去。然而，「必須與充分條件同時出現」的那一瞬間或「時空」，卻不常有，也不長留；可用來形容它的美妙與短暫，大概只能用「曇花一現」來形容其全貌於萬分之一。

客觀上，「愛情」的反應不會發生在任何年齡層，猶如櫻花不會綻放於任何季節與任一顆櫻桃樹枝一樣。艷麗的愛情反應或故事只會見於某一生理與心理條件齊備時，它只在一個人的青春或「思春」期開始萌芽。而在青壯年期或中老年期前才盛開，之後其果才會累結。年齡未滿十七、八，或已過六十以上者，在身心兩方面不是尚欠缺，則已失去愛情反應的必須與充分條件，因而對於這兩個年齡群者來說，愛情反應真像是「夏天裡的梅花」、「千載難逢」的心理經驗。

從習慣概念的觀點來說，來得突然、去的匆匆的美妙的愛之情緒反應也無法逃掉「刺激」與「反應」大手掌的支配；換句話說，愛的情緒也是一種反應，它必定也以某一特定刺激存在為必備前提。一般言之，人類的愛情情緒反應都以熟齡的異性為刺激，但不是所有的熟齡異性都會引爆熟齡男性或女性的愛情反應或「來電」經驗。每一個熟齡男性或女性都有其刺激組型（緣份），而遇到這特定刺激組型時，他才會產生「來電」反應。這特定組型的刺激，又不是在周遭環境裡處處有，隨時會出現，所以每個人的愛情經驗有時發生在離家千里外，有時則發生於隔一道牆的某一家。因為愛情反應的引發刺激組型會因人而異，佛家則以「緣份」、「因緣」等詞彙來表示其難於預測，並且把刺激組型中的一部分歸因於雙方當事人與前世種下的果，稱之為「報應」。在近代西方社會則把上述刺激之一部分，歸因到當事人一方幼兒時形成的戀母或戀父情結。

筆者的某位女性個案雖已結婚，但對其丈夫一直無法萌生愛情，雖然其夫為人體貼、盡責，也是自己子女喜歡的好父親。婚後幾年，越覺得夫妻生活無趣，不得不決定勞燕分飛。後來經由徵婚啟事而結識了一位男士，對他的特殊外表，她情不自禁地著了迷，整個心也被撩動了，像強力膠一樣地離不開他，但那位男士反而對她並不十分熱情，不同意與她正式結婚，她也只好與他同居，日子一久，兩人間珠胎暗結。為了使即將出生的胎兒不要成為沒有父親的私生子，這位個案就偷了同居人的私章與身分證，私自到該區戶

政事務所辦理正式結婚手續。過了不久，她才更詳細地知道這位同居男士是極爲自我中心、動作非常粗野的人；更久之後，她又多了一層新發現，這位同居人有虐待傾向又有外遇習慣，而有時會「涉足風化場所」，甚至趁個案不在家時帶回女人過夜，若個案發現他的不忠，而向他興師問罪時，他則發揮其虐待特性，痛打她一頓，然後外宿數天不歸。雖然，遭受如此苦遠多於樂的虐待慘遇，個案對於這位同居男人的「被虐待狂」似的愛情仍然不滅，而她所提的唯一理由可用來說明，對於他的愛情是他瘦長身段在她的腦海裡會不斷地點燃浪漫的火花。

在心理治療過程中，筆者致力於改善其愛情反應習慣，希望她能移情於另一名該時窮追她不捨的有錢男士；他的年齡、職業和個案也相當匹配，她也和他曾有類似「魚水之歡」，但對於他始終不來電，心情淡如水。

筆者本來以爲個案對於修長外表特別迷戀是因爲現實上和其生父有關，但在治療晤談中一直沒有找到此類訊息線索；或許筆者的晤談技巧不夠精煉所致，以致於一直沒有助她解決不好的愛情習慣。

②良好的愛情習慣會使有此習慣的人解決眼前的相關問題。此項的大意是擁有良好愛情習慣的人會愛他可以愛以及該愛的對象，所以他的動機及行爲會得到周圍其他人的充分了解與接納，他的愛情反應就不會受到無端的攔阻，而感到挫折與痛苦。另一方面，他能愛該愛的人（例如自己的妻室與子女），所以挫折與痛苦的問題也就不會發生。

③良好的愛情習慣會使有此習慣的人免於將來會產生與此相關的煩惱。此項所指的是若一個人能適量、適時的愛其所能愛的人，則我們可以說那是良好的愛情習慣；相反地，一個人不能適量地愛其所愛（例如溺愛或愛得過分），或不能適時地表達出愛意（例如愛得太慢或太快，太突然或衝動的，或認識不夠深的愛），都會埋下禍根，將來就會自食惡果。身爲父母，當子女幼小可愛時過分溺愛他們，這些子女長大後就會成爲自主性極低，不成器，做事動輒就要依賴他人；這對於子女、父母而言都是痛苦的事。

相反地，父母若能依子女的年齡與能力，給予適時、適量的愛，給予的訓練代替根本不加琢磨的寬宏大量，又能以溫暖、合乎子女個性的教導代替苛求，則子女長大後，對自己有信心，對別人有信任感，對自己的將來也會有所求，對於諸事都會親自處理，而面對超過自己能力的難事時，也會勇於

「不恥下問」，肯於移樽就教，雙親對子女的這種感情的表達習慣顯然是不能再好的了。

　　當前社會的男女往來規範與封建社會的相比，鬆綁了不少；「一見鍾情」的兩性愛情表達習慣，被一群習於感情用事的人所歌頌。從愛情習慣良窳觀點言之，由「一見鍾情」的習慣所埋下的禍根卻反而遠多於福根；理由是不假於時日，經過多方觀察、了解、審思後才投入愛情而相處在一起所帶來的苦是多於樂，累積的相關問題也多於解決的。

　　④良好的用情習慣會使對方或相關人員感到快樂。若選對了對象，再用情於此人，個人所表達的愛情才能獲得所要的肯定回應。華人社會很久以來重視「門當戶對」、「家長同意」以及「男喜女歡」三條件的婚約關係，若一件婚約具有這三條件，有關的所有人才能感到快樂；不然，所形成的愛情關係會隨著時間考驗，隱藏在關係中的不公平、不適當性，就開始給雙方造成的不快樂就逐一現形。

　　在重視男女往來規範的封建社會裡，擁有浪漫愛情表達習慣的風流才子，及懷著浪漫情愫的美貌才女，往往會把其一生歲月渡在痛不欲生的暗淡生活裡。有人將之歸因於與生俱來的「紅顏薄命」或「水人無水命（臺語發音）」的命理。其實這種現象更可歸因於他們膽敢對當時社會所重視的「門當戶對」或「雙方家長首肯」、「雙方了解至深」的三條件表示反對或不遵從所致。從文學觀點而言，「一見鍾情」會給一部分讀者產生「淒美」之感；從人權觀點而言，令人覺得應予拍手喝采，但從良好習慣的理性判準來審視，那才是會給當事者雙方帶來惡果的不良好用情習慣。

　　⑤良好的用情習慣會幫助被愛的對象或相關人員解決其問題。例如某人所愛的對方，正好在渴望有人來愛他（或她）的人，那麼有人剛好對其示愛，則該人的示愛是良好的，因為他的示愛會被接受；而正渴望有人來示愛的一方也因其渴望的愛獲得滿足，原有問題也隨之消失不再困惑他，因此也對示愛的對方產生愛與感謝。

　　有時候，對某一對象示愛時，幫助對方解決的問題，並非直接與對方渴望被愛有關，而是簡潔地與被愛有關。例如自卑感強但不一定渴望著被愛的人，當他被愛時，所獲得解決的是自卑感的消減；因為那個人可能把被愛這件事解釋為在這世界上既然有人會愛他，那是表示自己有被愛的價值，所以

大大地提升了他的自信心。

⑥愛的情緒反應不會給所愛的對象或與之有關的他人更多困擾。有人說，愛的本質是奉獻、成全，甚至犧牲；但又有人說愛是自私、占有。究竟這兩種完全相反的說法哪一種才是正確的？筆者不想在這裡深論這項「愛的哲學」難題，而只想從現實層面來對它做系統性的剖析。

若從現實的發展心理學觀點來看，嬰兒的愛情反應先從自私，或自我中心開始。包括精神分析在內的心理學界人士都認為嬰兒階段愛的對象或刺激是自己，所以可稱之為「自愛、自戀，沒有真正外在刺激的」、「自我中心的愛」。如果這位嬰兒後來所遇到的所有外在生活環境都是「健康」的，他的愛情反應就逐漸朝向「犧牲、奉獻、成全」，以他人為對象的「成熟的愛」發展，而我們可稱之為「他人中心的愛」。

假如上段所述的觀點是正確的，那麼一位不成熟的人所表達的愛情習慣，日後會給對方帶來很多頭痛問題的。以下舉一個在從這一項判準上看來是很不良好愛情習慣的範例：

筆者曾遇到一位男性個案。他求救於筆者時顯得很痛苦，他說他正熱愛一位同一辦公室的女性，無奈的是她只能把他當為普通朋友。個案為之深感不滿，認為她這樣的態度太不公平，因為他很久以來為她付出了大量的感情，所以她應該以同等量的感情對他作回報。這位男性個案的單戀行為，先從暗戀轉變為單向的寫情書、打電話、請他人勸說女方，而最後演變成寄去強迫性的恐嚇信，甚至於以自殺、同歸於盡的恐嚇電話的單向溝通方式，顯然這是很不利己，甚至於害己害人的不良好愛情反應習慣。

(4) 良好的與不良好的哀傷情緒表達習慣

在日常生活中，哀傷的情緒反應還好不會常有，因為會引起這種情緒反應的重大刺激不會天天出現，但是對地球暖化速度加快的將來五、六十年間，氣象專家就說，誰也不敢保證「重大刺激不會天天出現」的說法還是對的。因為地球暖化速度加快，所暗示的是當氣候變化兩極化時，很可能這個月的氣溫會高到 50℃，中暑死亡者全球有一萬人，而下個月就天天暴風雨，死於水災者全球又是萬人之多，而在又下來的一個月就來了一場重量級的大地震，被壓死者又數以千或萬計。到了那時候，誰還敢說，令人哀傷不已的「重大刺激」不會常常有？

暫不說，地球暖化很可能帶來可怕或「重大刺激」，讓我們把話題拉回來再談哀傷情緒反應的議題。

哀傷情緒反應只會發生在個人感情生活中，突然受到重大損失事件的打擊時，例如所愛的父母、兄弟姊妹、子女、愛人、朋友去世時，才會以個人無法承受的方式毀亂個人的理性世界，使個人一段時間無法輕易回到原來的寧靜。

依據精神分析理論，悲傷有其特殊的刺激，也有其固定的演變歷程。依該理論動力學派陣容學者的看法，一個人遇到所愛的重要他人永離時，最好不要否認因他們的永離，而以必然會產生的全程性悲哀情緒反應去應對才好。這些學者認為，全程的悲哀情緒歷程若能自自然然、順暢地從頭走到尾，包括若個案想哭就讓他哭，想哀吼就讓他哀吼，悲傷者心中就不會留下來不利於其心理健康的未盡事宜；不然，悲傷者會變為嚴重程度不一的憂鬱疾病，而必須煩擾分析者為他費時地治療，始能以婉惜，不是哀傷地追念往昔的相關故事。

①良好的哀傷情緒習慣會使此習慣擁有者能再快樂起來。其實哀傷的情緒，相似於忿怒情緒，是無法和快樂的情緒同時並存的。所以上一句話，乍看之下會覺得矛盾難懂；但它的真正意思是有良好哀傷情緒習慣者不逃避，而會勇敢地面對且以有效方法處理悲傷情緒所帶來的大部分陰影，進而積極地處理哀傷情緒後的輕鬆，並重拾勇氣，累積智慧再與現實生活難題搏鬥。

然而，什麼是有效的哀傷處理方法呢？前段已經說過，動力學派的精神分析專家主張，一個人心中若有強烈的情緒，就把它表達出來，發洩出來，不要把它強忍著，積壓在心中；因為積壓下來的情緒，過一段時間後，就會堆積如山，開始發霉、發臭、腐化、發熱、冒煙起火成災，情緒的徹底宣洩需要合適的環境。

每一文化社會或宗教都分別有一套制式，名謂殯葬儀式、告別式、追思式、追悼式、追憶式；舉行這些儀式的目的是要給亡者家屬、親朋好友提供「良好的場所」讓他們徹底處理，從心中深處激發出來對亡者的又悲又哀或複雜、理不清的情緒感受。據筆者的經驗，佛教與道教混合式的儀式不是一次就完成，至少要重做三次，在儀式中，亡者的家屬就要誦經、唸咒、跪拜、起立、再跪、再拜、再起立好幾次。這樣的重複動作會使旁觀者聯想到

那是亡者家屬在赦罪，赦自己過去不知不覺對於亡者不該做而做的，不該說而說過的罪；那些一跪再跪、一拜再拜，會使他們的赦罪心與悲情更容易消失。

採取認知治療取向的心理治療者，認為情緒反應種類由外在人、事、物、境刺激所決定，而是與個人對那些外在刺激所做的解釋有密切關聯。故而採取這種觀點的治療者認為若一個人對於所遇刺激，能經常依理性邏輯與現實生活實況做了思考反應，他則不會產生大起大落的不適當情緒反應。

筆者認為，精神分析力動陣容的學者與認知治療學者的主張分別有其正確性，若能將他們的主張恰當地前後運用在一起，或許更能解決哀傷這一類複雜情緒反應。

②良好的哀傷情緒反應習慣會幫助此習慣擁有者解決當前所遇到的情緒問題與困難。認知治療者認為，任何問題或困難包括情緒困難，只有正確的思考反應習慣才能把它徹底解決。事實上，有時候適當的發洩性情緒反應反而比它更有效。人際關係的情緒問題，有時不能光憑表情，整理性的口頭說明就能解決；有關者若能以「兩分」理性說明與「三分以上」的運動、訴諸以情的手勢、表情與高昂的聲音，而能獲得其他人的強烈其鳴反應，也會使悲傷情緒反應問題化為無形。此類情形，我們屢見於全國的政治競選活動期間，善於訴諸於情的競選人每說一句話後總要停下來一分鐘，等到「粉絲」群眾的回應靜下來後，才接著說下一句：這樣的競選人，在投票日的得票數則一路領先節節升高，時間未到就可高舉一根掛上紅茱頭宣布自己勝選了！

由以上所述可知，親人往生時，悲從心中來是很自然的心理現象，所以應讓此悲傷情緒順其自然過程去表現出來，情緒有其特有的自然演變過程。當事人最好不要據於某些理由，強加改變，如此有關親人的悲傷問題才能一一解決，不留下類似「一根硬骨哽在喉嚨」的後遺症。總之，親人辭世後，讓自己「傷心到底」是個良好的情緒反應習慣；亡者出殯時，該跪就跪、該拜就拜，不管要重複幾次，而不要為了死守「英雄不流淚」的格言或其他理由，不把悲傷形之於容是不良好的情緒習慣，因為此類習慣對於解決悲傷情緒，不但無效反而會留下後遺症。

③良好的哀傷習慣不會讓該習慣的擁有者製造更多問題。適當的、不太多、不太少的哀傷表現，或強壓哀傷情緒都會在當事人心中留下一個以上很

難拔除的禍根。

哀傷不足所引發的後遺症之一是當事人會頑強地繼續擁抱「親人未死，還健在的幻想」；為了擁抱這幻想，當事人需要花費龐大的精神能量，而且在這樣的日子裡，當事人也要繼續花費不少精神能量於與自以為「他尚健在」的去世親人做溝通。如此一來，對現實問題就無餘力去解決，只能抱著幻想過日。

哀傷過度所引發的後遺症是憂鬱症；因有此症，當事人的日常生活就脫了序，與他有關的家人、親朋好友以及職場人員也受其牽連。此症若嚴重，當事人天天受因親人離世所激盪出來的萬箭穿心之痛，千萬個不甘願，萬谷深的無依感，說不完的己命不好，或周遭環境對他之不公平，以及可能與這些有關，但仍莫名來由的怨與恨。

④良好的哀傷習慣會使當事人的心情恢復到發生哀傷前的狀況。一般人都認為失去親人時，每個「性情中庸」的人一定會墜入哀傷的心境。一段因人而異可長可短的時間，但都會逐漸恢復到原來的生活步調。擁有如此良好哀傷習慣的人會使其親朋好友感到安慰，認為他是心理健康的人，不必為他太操心。

⑤良好哀傷情緒習慣擁有者會幫助他人的眼前問題。每一個人的死亡一定會使他有生之年結識的密切關係人受到衝擊，這些衝擊帶來的後果如何承受解決，當然是屬於那些認識且有密切關係的人的問題。

如筆者在前面某一段已說過，每一個文化社會都有其特有的宗教儀式，處理一個人的死亡給其親朋好友帶來的心理衝擊。在此，筆者擬比前述所說的更詳細地追加說明這些儀式的內容；在這種儀式中，提供解決悲傷情緒問題的專業人員會使用幾種有助於徹底解決這種「心理衝擊」的管道。諸如，擊鼓、鳴鐘、誦經、參與者致哀詞、樂隊的奏哀樂，或唱詩班的合唱……等。使用這些管道時，專業者會提供參與儀式者眾多外在激情性刺激，促使參與者的心情進入悲傷的境界，使未亡人和親朋好友的悲傷做個大清倉。

因為出殯儀式有如此功能，亡者家屬最好自己能參加儀式之外，也對亡者之有關者寄出訃聞，讓他們自己決定要不要前來，一方面表示至深的哀悼，另一方面幫助他們本身清除對亡者的悲傷之情。

⑥良好的哀傷情緒習慣擁有者不會給他人帶來更多的問題。

　　以下筆者舉出兩例分別說明一位著名心理治療師在一位母親身上看到的良好哀傷習慣，與在另一位母親身上看到的不良好哀傷習慣。第一位母親不幸喪失一位她心愛的兒子，但因爲她認爲對這位兒子自己盡了母親應盡的關心、愛護與努力，所以心中沒有留下任何未解決的怨恨或內疚，喪子之痛也隨時間之流逝逐漸褪色與淡忘。當她走出喪子之痛，重新回到現實生活之後，她從尚健在於人間的幾位子女身上更體會到生命可貴，因此更能給他們最恰當的母愛。爲人母者若對子女之死亡能表達出如此良好悲傷習慣，可幫助其子女解決他們對於那位去世的兄姊或弟妹的悲傷之情，因爲母親的良好悲傷習慣，對於健在人間的子女而言是很好的典範。而且母親悲傷後，對於健在的子女表示也終不變的母愛，不但沒有給子女埋下不定時的炸彈，更進一步給子女吞下了一顆藥效顯著的定心丸。

　　第二例的詳細內容可見於耶魯姆（Irvin D. Yalom）所著的《愛情劊子手》（*Loves Executioner—And Other Tales of Psychology*）一書第三章：死錯了人。Yalom 的這位女性個案是很勤奮的計程車司機，她應徵耶魯姆博士的「喪失至親後的心理反應研究計畫」，希望她成爲研究的個案。因爲四年前喪失愛女之後，她一直無法從相關的悲傷心境走出來，可以說，她是個典型的欠缺良好悲傷反應習慣的個案。經過十三次「仁心仁術」的心理治療之後，個案與耶魯姆才得知，個案在喪失愛女的過程中，深悔自己沒有盡到母親的義務，致使她相信愛女一定不能放心撒手人間；個案對自己沒有盡母愛悔意甚強，以至於對愛女之離世感到千萬個不甘願，也一直不肯承認愛女已死之事實。因此，四年如一日，天天把自己關在「與愛女緊緊住在一起」的幻想裡。

　　這個幻想整整地苦了她四年，也害了她的兩個兒子，甚至於剪斷了她和丈夫的婚姻關係。因爲她四年如一日地抱住了「愛女還在」的幻想，並且繼續和死去的愛女進行無人能了解的「靈通」；靈通占去了她的很多時間，因而和兒子的現實生活上應有的溝通都被犧牲了。兩個兒子眼看著母親對於去世的姊姊有那樣「失魂式」的偏愛大感不平；事實上，他們從母親那兒得不到所渴望的教導，結果這兩兄弟最後因不滿與失教都發生嚴重行爲偏差。大兒子犯了刑法而入獄，小弟因染上藥癮而被判進入勒戒所接受管教，而且因

有雜交不良性行為而罹患了愛滋病。上舉兩例分別地指出，一個人的良好或不良好悲傷反應習慣會給他的密切相關人員帶來什麼樣的影響。

　　本書第五講，從助人工作者觀點討論什麼是良好的或不良好的食、衣、住、行、人際習慣。之所以，要把習慣分成良好與不良好兩類是因為助人工作者認為在臨床或職場常見的，幾乎都是擁有不良適應習慣多於擁有良好適應習慣的個案。所以，若要協助他們成為身心健康的一般人，助人者就要先以同理心與推己及人，以及「己所不欲勿施於人」的方法，了解分類診斷這些個案，然後以有效的助人技巧把個案所欠缺的良好習慣培養增多，把他擁有的不良好習慣減少。

　　使用此項工作原則時，助人工作者首先必須取得個案的完全同意與合作；為了獲得這種合作，助人工作者必須盡力避免個案對於良好習慣與不良好習慣兩個用詞有負向聯想，誤以為自己有很多不良好習慣就表示自己是無藥可救的壞人，而會了解那只不過是表示自己用以解決生活問題的技巧不好，並且這些不好的技巧是可經由學習改善的。

　　為了讓個案有這種正向聯想，筆者提出六項準則，以幫助個案逐步了解怎樣的反應習慣可算是最好的反應習慣，而怎樣的就要算是最不好的；簡言之，利己又利人的反應習慣是最好的反應習慣，而不利己又不利人的反應習慣是最不好的反應習慣。

　　為了幫助個案徹底了解如何歸類一個反應為良好或不良好，在討論過程中，筆者也列舉了自己或其他學者所提過的實例。

你知道你擁有的每一個習慣嗎？

　　第五講談到好習慣與不良好習慣的分類方法以外，也談到為什麼要把習慣分成這兩大類。

　　在第六講，我們所要談的是另一種分類法，它包含你能察覺到的與無法察覺到的每一個，以及你會覺察到你擁有的每一個習慣的刺激，反應分別是什麼以及刺激反應間的連結度有多強？之所以要談這些問題是因為它們和習慣改變的難易度息息相關，也是助人工作者不可不知道的問題。

　　我們常聽說：「習慣成自然」。「成自然」三個字所暗示的是你可能不會經常覺察到或意識到它的存在。例如，有位大學生對一位同班同學說：「為什麼上習慣心理學課的時候，你一定會坐在教室第一排最右邊的位置？」被問的同學很可能做出「有嗎？」的一時之間不知如何說才好的反應，像這樣的情形表示被問的同學沒有察覺到他有這樣的習慣。

　　對於一位銀髮族的老人來說，他在幼兒期形成而現在仍然存在的很多習慣，大概就不容易覺察到；如果那些習慣都是良好的，這位老人就可能活得健健康康，受人尊敬、歡迎。若有人對他好奇，請教他有什麼祕訣，他可能只會說他沒有什麼特別祕訣可奉告。如果不幸，同樣是為銀髮族的另一位老人家，自幼兒期就養成而現在還有，然而那位老人無法察覺到的習慣都是不良好的，那麼他就可能每天活得唉聲嘆氣；若一樣地有人對他感到好奇，請教他為什麼活得那麼不愉快，他很可能立刻就回答說：「這是他的命，我就是天生注定的歹命人。」這兩位老人分別有上述兩個不同的回答，很可能是因為他們完全不知道或察覺不到他們年輕時養成了什麼習慣或種下的因，使得現在「能享受健康又快樂的福果」或「活得不愉快，歹命的苦果」。

　　從習慣改變工作觀點來說，依據「習慣覺察度」所做的分類結果具有高

度的應用價值。所以筆者將先說明根據「覺察度」使我們如何地分出十二種習慣，筆者認為這種分類法和由此分出來的習慣，對於臨床工作者和人際關係研究者都有極高的參考價值。

一、習慣存在於個人與他人主觀意識裡

　　一談到習慣的時候，修過普通心理學的人都會很快地想到，行為學派學者的立場，也認為習慣是專屬於行為學派研究領域的議題。對於這種看法，筆者同意但也不完全同意，因為我們並不會知覺到我們自己所擁有的每一則習慣，我們也不一定知道別人所擁有的每一個習慣，因此，並不是所有的習慣都是行為學派的研究議題，也不是行為學派者才能、才會研究習慣。其實從筆者的習慣新定義觀點來看認知學派，甚至於精神分析學派的學者們也都在研究習慣的議題，只是不同學派的學者使用不同的名詞研究不同類型的習慣而已。

　　「不同類型的習慣」一詞，使聽者立刻會感覺到習慣好像有很多類型，並不是只有一個類型而已。如果這種感受是正確的，我們可以問，習慣究竟有幾個類型？

　　「習慣有幾個類型？」這個議題從習慣改變觀點來看，也是相當重要的。因為也許某一類型的習慣較容易被改變，而另一類型的則較難被改變；或許某一類型的習慣使用、認知治療技巧一下子就可把它改變過來，但對於另一類型的習慣，認知治療技巧則很難動其皮毛，更不用說要使它脫胎換骨。

　　由上段討論來看，「習慣有幾個類型？」是很值得繼續深入討論下去的議題，因為這議題直接與助人工作者重視的習慣改變議題與使用什麼技巧較有效的問題有密切關係。

　　迄今，精神分析理論風靡了整個世界約一百多年，那是因為它披上了一條「潛意識」的神祕面紗之故。依佛洛伊德的界定，潛意識心理過程乃指個人本身也無法察覺到，但對於個人行動仍具有影響力的思考、情緒，或希望、衝動而言的這些思考、情緒……等等，之所以無法被擁有者察覺到是因為它們都與代表道德、倫理、法律的「超我」相反，而被超我嚴管著，不得

踏進意識界一步，所以當事人則無法察覺到它們。因為這個緣故，佛洛伊德就把「有沒有被察覺到」當做一件心理歷程是否屬於潛意識的重要判準。佛洛伊德所說的潛意識心理歷程，如果讀者有參加過團體治療的經驗，就會看到或感受到它的存在；在團體治療中，有些參與人會表現出許多他特有的手勢或肢體動作，而這些特有動作，他不一定都會察覺到，但在其他參與人卻會看得一清二楚，而一旦被其他參與人一問：「為什麼談到某一問題時，你的某一手勢就會常跟著一起出現？」而被問的那一位參與人就回答說「有嗎？我從不知道我會做這樣的手勢。」

新的習慣定義裡有「穩定」一詞。這一詞的含義類似「潛意識」，但它們兩者並不完全相同，因為「穩定」所包含的內容遠多於潛意識的「察覺不到或沒有察覺到」的內容；「穩定」包含「非常穩定」、「相當穩定」、「穩定」、「將近穩定」等四個不同的穩定程度，而「潛意識」的穩定度很可能只包含「非常穩定」，或許也包含「相當穩定」的兩種穩定度而已，剩下的兩個穩定則屬於精神分析理論的「前意識」了。所以，若從潛意識的觀點來分類全部習慣時，我們可以區分出五種不同覺察層面的習慣，諸如：①「刺激、反應、刺激與反應穩定關係」三個部分都無法被當事人覺察到的習慣；②只有「刺激」不被當事人覺察到的習慣；③只有「反應」不被當事人覺察到的習慣；④只有「刺激與反應間的穩定關係」不被覺察到的習慣；⑤「刺激」、「穩定關係」、「反應」三個部分都被當事人覺察到的習慣。在下面，筆者就把這五個類型的習慣逐一詳加說明。

1. 第一類型的習慣：刺激、反應及刺激與反應間穩定關係三個部分都不被當事人覺察到的習慣

此類型習慣是精神分析學者所說的無意識或潛意識心理過程。因為當事人無法覺察到「潛意識界習慣」的三元素中之任一個，所以第三者也無法從當事人口中得知其潛意識裡有什麼習慣。

曾經有些評論家就根據這一點振振有詞地批評精神分析理論，他們說：既然無法從當事人口中得到在他潛意識裡有什麼習慣，那麼「潛意識」一詞是不客觀、不具體，而是抽象空洞哲學性的名詞而已。

　　這些評論家之所言乍聽起來似乎很有理，也很有說服力。以前筆者在前來選修習慣心理學學生的作業報告裡，常常看到如下疑問：「精神分析理論早已被判死刑，老師為什麼還要提到它呢？」對這一類疑問。筆者不以為然。因為一個概念之正確與否，或「是否」為科學或客觀的存在體，是不能單憑當事人或只靠被研究對象之能否做口頭報告為最後依據的。如果單憑被研究的對象能否察覺到與能否把察覺到的報告做出來，為決定某概念有否根據或有否科學性，則所有的物理、化學、植物學與自然科學的概念都沒有這些口頭報告的根據，所以不屬於科學，連很多醫學概念也不是。因一般的健康人都無法察覺到在飯前、飯後或飯後一小時自己的血壓究竟有多高。

　　由上段最後一部分的討論內容可知，因研究對象無法被覺察到，所以無法被報告出來；但事實上存在於潛意識界的習慣也可成為科學的研究對象；理由是，只要這領域的研究者對於研究對象的潛意識習慣的刺激或反應，以及兩者關係的任一元素能有所察覺，並能根據所察覺到的資料進行到能以高層次的認知過程進行有效處理，亦則猶如物理學家可獲知不會說話的物體有其察覺不到的「慣性作用」一樣，他們也可確知每一個人都有其覺察不到的潛意識習慣。對於他人行為觀察力不很敏銳，但善於做邏輯推理的心理學者來說，潛意識習慣的存在還是可能的，其可能性猶如地球雖然自己無法報告出來，但實際上它時時刻刻都在發生「萬有引力」作用，把從樹上掉下來的一片片輕飄飄的枯葉，雖然會隨力道較強的秋風飄到較遠的地方，最後終會使它靜靜地掉落在地上的。

　　既然「潛意識習慣」是存在的，則如何地讓它成為人人可看到的心理過程？方法之一是研究者必須具有敏銳的觀察力與很強的邏輯思考力，可從研究對象所說的話意與表現出來的手勢、姿勢、臉部表情變化、說話的抑揚頓挫中，察覺出研究對象察覺不到的一些刺激與反應元素，並由這些觀察資料進一步推論與驗證某一潛意識習慣是否正在運作。包含觀察、推論、驗證三步驟過程會助一個人在無有中發掘出一則肯定存在的過程，猶如大家都認為偉大的物理學家牛頓從極為平凡的事件，猶如牛頓能從一顆蘋果往坐在蘋果樹下的他的頭頂掉下來時，推論出地球具有「萬有引力」的概念一樣。該時地球並沒有向這位偉大物理學家做了什麼口頭報告，也沒有向他說了什麼悄悄話；事實上，地球是永遠不會只對牛頓說話的。對於地球來說，萬有引力

猶如是它察覺不到的潛意識習慣，但對於觀察力敏銳的牛頓，萬有引力是可以不透過地球的察覺與口頭報告，而可以透過具有敏銳觀察力與很強推理能力的人，就知其存在於地球周圍幾公里內的物理現象。

筆者可能因透過不斷寫作與多年思索的關係，最近愈來愈覺得不但每個人都擁有意識和潛意識，而這兩種意識型態時時刻刻都隨著日夜的交替，不但對每一個人心態，也對整個社會歷程產生各種影響；所以雖然每一社會都設有法律網、警察系統、監察系統、勒戒所，但無理的亂罵人、欺騙人、吃了霸王餐後不但不付錢更要搶錢，或偷竊，或一看不順眼就要砍人，或槍殺人等一點道理都沒有的犯罪行為及販毒吸毒等害人害己的行為卻沒有間斷過一天，這些都是人類的意識與潛意識過程的社會化表象。

不但一個人，一個社會也會有如上述所說的意識與潛意識過程的交替，連地球上由人類組織而成的每一國家的領導人或被領導的人也是一樣，他們雖然嘴巴一面不斷地喊著他們如何地愛好和平，喜歡國與國間的合作，愛好救助、愛好獨立的人，另一方面卻大聲地對國人或弱小國家的人呼喚著我回來了，我是你們的老大哥，只要你們聽我的話，我們都挺你們到底……等很幼稚，很自我中心，自我膨脹，井底之蛙型的話，而發動你死我活的大規模戰爭。看了這樣的極端行為，筆者有時都不得不聯想到最近在地球上處處可見的極端型氣候的來襲，也更進一步地聯想到一些宗教家所說的「可怕世界末日」之來臨。

2021 年 8 月 31 日聯合報的 A13 版，刊登了東吳大學社會學系副教授劉維公的一篇文章；該文以「被自己的邪惡打敗」為題，討論若要解決地球正在惡化的極端氣候危機，我們所期望的是，若人類的智慧能夠發揮其最高效用，世間才能禍去福來，萬物生機持續盎然。然而令人氣餒的是，在這關鍵時刻人性中的邪惡卻會刻意地跳出來阻擋我們的希望，使我們無法突破氣候兩極化的危機。

人性中的邪惡念頭好像在掌權者腦中特別多，所以不管有再多再傑出的智者，也無法對抗掌權者特別多的這些邪惡念頭。若以最近肆虐全球人類生存的「新冠狀病毒」為例來說，從客觀的醫學知識觀點而論，政府應該盡速執行的是減緩疫情擴散，急救百姓免於死亡的政策；但是放眼美國的現況，沿襲與追隨川普政治意識型態的佛州與德州兩位州長都威脅，不提供任何教

育經費給規定要戴口罩的公立幼兒園與中等學校。其中一位州長德桑提斯說了一段令人納悶的話：「我自己有小孩，我太太與我不會讓小孩戴口罩，絕對不會。我想看到的是我小孩的笑容，我想要他們開心玩樂。」這一段美麗的話，筆者（亦即上述的劉維公教授）認為這一段話所造成的代價是佛州奧蘭多市的橘郡，大約有 20% 的新病患是屬於五到十四歲的年齡群。劉教授在此文繼續寫說：「政客們自以為是的那種傲慢嘴臉，不只出現在美國政壇，也出現在全球以及臺灣。不尊重科學與專業，已經不能解釋政客的這些百分之百非理性的行徑。想要用理性說服他們做出有智慧的決策，不但是像緣木求魚、對牛彈琴一樣地沒有用，甚至於與虎謀皮一樣地危險。應該要問的核心問題是，為何人們會如此容易接受邪惡的擺布，讓施政者得以搬弄是非、玩弄權術？（答案）是支持者縱容的結果。」

在該文最後第二段，劉教授就舉西洋史文藝復興時期的荷蘭畫家耶羅尼米斯・波西的畫《城市樂園》與米開蘭基羅的畫《創世紀》為例，說明人類有正邪兩面，以及人們要為自己的無知負責，也要為自己的罪惡與道德沉淪接受應受的煉獄般殘酷處罰。

筆者認為劉教授此文的最後一段含義是，每個人都有潛意識與意識兩部分，而當一個人手上沒有權力時，他的行為就乖乖地受到意識的控制；然而，一旦手上有了難於得來的最高權力時，他（不管是男或女）就高興得忘了自己是誰，整個人就掉進了潛意識界，而且為了守住自我權利，他的一切言行就轉由潛意識中的邪惡力量所控制，他的「良知慧眼」就被合理化的邪惡大手掌矇住，而什麼無理的、會傷害道德的，讓他人死於非命的惡行都敢做出來，但對這些惡行的前因後果都無法察覺，必須等到最高權利已去，潛意識合理化邪惡大手掌再也無法為所欲為時，夢才醒過來，有意識的心路歷程才開始又活躍，逐漸察覺到自己擁有最高權力時，對什麼情境做了什麼不利他人也不利己的反應，而自己卻不覺得那樣做是不對的。

2021 年 9 月 1 日同樣在聯合報 A13 版的名人堂，中原大學、臺北醫學大學、中央大學的洪蘭講座教授刊登一文，討論人類為什麼要戰爭。她說戰爭會摧毀文明，使老百姓流離失所，那是人人都不願意看到的，所以才會流傳「寧為太平犬，莫作亂離人」一段話；但為什麼戰爭還是不斷呢？洪教授擬借用洛克菲勒大學教授 Donald Pfaff 從演化神經生物學的觀點來尋找人類

好戰的答案。那位教授在 *The Neuroscience of Fair Play* 一書中說：「人類腦中有善惡兩個力量不斷地制衡著行為，也可以說每個人心中都有黃金法則（Golden Rule），它是道德的規範。只要是人，都有「恐懼心、攻擊性」，也都有同情心和是非公平的觀念。生存的資源充足時，人的善行容易出現；然而，一旦資源缺乏時，例如：飢荒時，惡行就會顯形。這個黃金原則是先天的，未出生前就登錄在人類的基因裡。洪教授舉了一件發生在紐約地下鐵車站的驚險但很感人的事情，有位在候車的黑人看到有位白人跌落月台便立刻跳下去救他，那時火車已經進站，他來不及爬回月台，只好將自己的身體覆蓋在那位白人的身上，讓火車從離他頭上三吋的地方呼嘯而過。事發後，有位記者問他為什麼這麼勇敢去救一位陌生人，他說當時根本沒有時間去想，如果想到那樣做的後果，他便不會去救了。

　　洪教授認為那一位黑人所說的，對自己可能會死一事都不想的救人行為所顯示的是人性的善，而這種善也可見於發生在臺灣野柳漁夫林添禎為了救一個學生，捨了自己性命的感人故事。

　　「善惡」這兩種行為都是演化而來，其力量都很強烈，幾乎成為自動化的習慣，也可視為深藏在基因裡；這種基因化的習慣，不但可見於人類，也可見於猴子、黑猩猩的習慣。因為這緣故，幾千年前在中國就有「性本善」與「性本惡」、「惻隱之心人皆有之」的說法。

　　雖然從演化觀點可把善惡行為視為與基因有關，但這兩種行為會不會從「隱存在基因」的型態變為「顯現行為」的習慣。洪教授在該文說，這要看當時的生存資源是否足夠才能知道，若資源足夠，善就容易出現，若資源不足惡就會優先出現。

　　綜合上述，我們似乎可下結論說，為了減弱人性之惡出現，有兩個方法可拿來用；其一是充實生存資源，其二是透過教育增強善行的可能性，同時也減弱惡行的出現。然而，從人類由古至今的歷史過程來看，只靠上述兩個方法並不能完全杜絕戰爭使其不再出現。就中國歷史來看，元朝與現今的中華人民共和國（中共）的經濟、生活物資或生存資源是很充實的，但為什麼元朝的版圖是那麼廣大，而現在的中國就成為美國心目中的「惡勢力」或可怕敵人，使很多學者認為這兩個世界級大國很可能會擦槍走火，而引發第三次世界大戰？由此可想，戰爭的原因並不只是生存資源的不足，也和人性的

惡有關，應該也和另一個人性「自我獨尊、自我膨脹意識的保存」有關。元朝和中共都不缺乏生存資源，但都被其他國家視為具有侵略性的國家，因為元朝與中國領導人都自認為他不是在侵占別人，而是在領導別人，他是老大哥，而其他的都是小弟，若你們聽我的指示，我就保護你，若你不聽我的指令，我就不管你。「唯我獨尊」聽起來好像是善，不是惡，但若這種說法無止境地發展下去很可能變成「目中無人，自我中心」，若你不聽我的領導，我就要你好看，甚至要你活不下去！換句話也變成「極惡或惡極！」

　　以下談另外一種習慣分類方法。這一種是依習慣改變難易的觀點而分，前面所談的是把習慣分為良好與不良好兩類，一般臨床個案都因擁有比良好習慣更多的不良好習慣才求助於人。所以，助人者所要做的就是增加個案欠缺的良好習慣，以及減少其太多的不良好習慣，若這兩項工作都能進行到良好習慣遠多於不良好習慣時，就可算是「大功告成」。

　　進行心理治療之前，治療者首先要考慮，先以哪一個習慣為要改變對象？答案是，容易改變的習慣為先。何以如此？理由是，容易改變的習慣為先，個案就容易相信心理治療對他確實有用，因而更願意繼續努力去減除自己的不良好習慣、培養更多良好習慣。

　　若是如此，怎樣的習慣比較容易改變，怎樣的則較不容易呢？答案是，刺激與反應間連結很強的「頑固」習慣，是不容易改變的。此外，前一大段所談的「隱藏在潛意識界的習慣」也很不容易改變。因為對這一類習慣，我們根本察覺不到它是以什麼刺激以及什麼反應所組成，也無從察覺到它們之間的連結有多強大等，所以根本無法談它們的改變。

　　所以，要改變習慣時，根據習慣三元素察覺度所做的分類也是很有用的。以下筆者討論就由這法分出來的第二類型。

2. 刺激無法被當事人察覺到的習慣

　　此類型習慣常以如下幾種情緒反應症狀出現，諸如「感到迷惑」、「感到無幸」或「感到恐慌」等。古典精神分析學家常以此類情緒反應做為典型的範例，而主張確實有潛意識過程的存在。處在這種心理狀態時，當事人只知自己反應之其然，而不知該反應之所以然。因此有一些當事人不但會為之

更恐慌不已，甚至以爲自己無法控制自己，自己將「精神崩潰」。

　　筆者的一位朋友，有一天剛起床時，陷入非常接近上述的情緒狀態。這位朋友是屬於銀髮族的長者；他常對筆者說他記憶力最近減退很多，很擔心不久將成爲老人痴呆症。就在上述的那一天一大早就和筆者通電話，很緊張地說：「柯教授我現在很緊張，很想跟你聊一聊，不知道你現在有沒有空。」他的聲音聽起來真的很緊張，所以筆者就回應說：「有呀！是什麼事，讓你現在感到很緊張？」他就開始說：「今天一大早起床的時候，我突然發現我的手提包直立在我床邊桌子上。一看到它那樣地放著，我真的嚇了一大跳，心臟跳得非常非常地快……」，我聽了更確定他緊張到極點，但不知道爲什麼看到手提包直立在他床邊桌上就那麼地緊張起來。筆者就問：「你看到手提包那樣地放在桌上，你就那麼地緊張起來？爲什麼？你想到什麼嗎？」被我這樣一問，他口氣就顯得不好意思地說：「你也知道現在我一個人住，每天晚上都怕小偷又會跑進來偷東西。我以前也告訴過你，有一個小偷從我家沒有鎖好的後門跑進來，然後打破廚房小玻璃窗爬進廚房，偷走掛在客廳牆上的一幅故宮著名的複製品八駿圖。」「我記得，你告訴過我，你也告訴過我，你把這件事最後呈報到警察派出所，派出所也派人到你家了解狀況並做了筆錄，把它存成偷竊案例。所以呢？」筆者的那位朋友就說：「一直以來，我在睡前一定要把我的手提包不是直立放，而是橫放在床邊桌上並小心地用一條小棉被覆蓋在它上面。爲什麼要那樣做，不說你也知道的。」「是爲了萬一又有小偷偷溜進來你的臥房，看到你的手提包，就順手牽羊地把它帶走。」筆者的朋友就很急地又說：「是啊！但昨晚我明明記得睡前有把它橫放後，又覆蓋上棉被的手提包卻直立在桌上，你說我怎麼不會害怕呢？當時全身都發抖了，心中也立刻喊說，天哪！我的一切都完蛋了，然後就想打電話給你！」

　　這時，我第一個想到要緊的是先讓他心靜下來，所以就對他說：「林先生，你不會像你想像地那樣糟糕的，你的上帝會保佑你的（這位朋友是一位教徒）。你先把心靜下來，先深呼吸一下；來，現在我們一起來做三次深呼吸，你聽我說的，也按照我說的做深吸；好～把氣吸進去，深深地吸進去，吸～，現在把氣都呼出來，呼～」

　　做了三次深呼吸後，這位朋友的心情就較安靜下來了，不再是那麼地

慌張，筆者就開始問他：「昨晚你睡前眞的有把手提包橫放在桌上，也用棉被蓋在上面嗎？」他說：「這是我一貫的習慣，絕對不會錯！」「百分之百錯不了？」筆者接著問：「你很肯定，過去都如此？雖然這是你的習慣，但有時候，因爲很想睡，所以看了床就躺下去，接著就睡著了，一直到醒來時才發現沒有把手提包放在相同的位置，你就那麼地慌張起來，因爲你根據你的習慣，相信你確實有把手提包放在應該放的位置，但不記得昨晚因爲太想睡，就不記得有沒有把它放好位置才睡著了也說不定，所以使你慌張的理由是你根據習慣而推論，但你的習慣是昨晚因太想睡而失靈，沒有發揮作用，所以你的推論是錯的，因爲你所根據的是你的習慣，而不是根據事實，但你仍然相信推論是對的，所以就把你的推論到的和所看到的事實之間的差距，解釋爲昨晚小偷溜進你的臥房對你的手提包做了手腳，偷了裡面非常非常重要的東西。有沒有這個可能呢？」這時那位朋友已不是那麼慌張，所以就回答說：「也許有這個可能，聽你這樣說，現在回想起來，昨晚我確實很想睡，不知道爲什麼，但現在我還是蠻緊張的。」筆者就說：「如果緊張，那你就打開你的手提包，檢查看看裡面那個非常重要的東西是否還在。」筆者的那位朋友後來發現手提包裡面該有的東西都沒有遺失，心就慢慢地安靜下來，一場對沒有察覺到的刺激所做的不實解釋，而發生的恐慌就逐漸減弱，最後不見了。

　　和上例有一點相似，但不完全一樣的例子是，雖然當事人不知自己爲何有「難爲情」或「臉紅」的反應，但第三者卻知其因的情形，在臨床神經心理學的文獻裡也可找到範例。例如，爲了治療某類癲癇症，而把左右腦半球分割掉變成半腦人（splithalf 或 desected brain），之後對他做心理檢查時，發現若讓這位半腦人在左視野看到異性裸體照片，而在右視野看到穿著端正的同性人照片，他就會做出神祕害羞的微笑，並且臉也紅起來；當實驗者問他爲何臉紅，爲何微笑時，他卻答不出話，而只能說：「不曉得。」這是一則臨床神經心理學上的範例，最適合用來說明人類心理現象中確實有此類型習慣，而這種「只能察覺到自己有某一反應（例如臉紅），但無法察覺到引發該反應的眞正刺激是什麼」的心理狀況，是有一定的神經組織爲其基礎的。

　　若另舉一例說明，我們就可更進一步知道，有時候我們「知其然但不

知其所以然」的心理現象，並非一看就知道那是完全與神經連結有關，而認為是心態或習慣改變所致。大家有興趣的催眠文獻裡，我們可以找到如下報導：假定一個人接受催眠而進入深度催眠狀態時，接到了催眠者的「指令刺激」；指令刺激的內容是，當他醒過來後，如若聽到鈴聲，他就要找一根木棍去敲打他現在坐的這張椅子，然後讓受催眠者醒過來。之後，催眠者的助理就在另一房間依照催眠指令按鈴；有趣的是鈴聲響起時，果然受催眠者就拿起旁邊的一根木棍敲打自己坐過的那張椅子。像這一例，被催眠者或許不是很清楚地知道，他當時環境中的哪一個刺激是讓他拿起棍子去敲打椅子的真正刺激。

　　在日常生活中，我們常會遇到類似此例的「不見刺激但見到反應」的習慣。例如，某一位女士說，她時常沒有理由地不安起來，或沒有理由地就討厭起某一個人。

　　上兩段所舉出的每一例都是當事人只知道自己有了一種情緒反應，但不知道引起那兩個不同情緒反應的真正刺激是什麼。

　　以艾理士及貝克等人為首，致力推動認知治療理念的許多臨床心理學者都主張，心理治療工作者要盡力協助患者認清楚也了解引發患者過度激烈、不適應性情緒反應的真正刺激，並不是直接的外界某一人、某一事件或某一物體本身，而是隱藏在患者自己腦海中，對那些人、事、物體的某一固定非理性觀念所做的解釋；雖然患者對那些觀念或解釋無法察覺到，但經過一番認知治療過程後才會浮上意識範圍內，而患者才會察覺或領悟到它們。

　　在本講前面某一段所列，關於筆者與其「朋友個案」一例也是屬於經由短暫認知治療過程，助其友認清楚什麼才是引發他那一段恐慌情緒反應的真正刺激的一個例子。

3. 其反應的某一部分無法被當事人所察覺到的習慣

　　一談到這類型習慣，筆者就很想先問讀者中哪一位與筆者一樣，對於一個人在參加座談會或辯論會時的手勢、姿勢的表現有興趣的？

　　最近，新冠肺炎疫情嚴峻，全球的政情因美軍自阿富汗撤退後變得很多端，在電視畫面上，因此出現不少相關的辯論會或座談會。諸如在電視第

56頻道幾乎每天晚間八點到九點半都有趙少康主持的「少康戰情室」座談會和「國民黨主席競選人辯論會」等。觀眾可看到相同的那幾位參與人輪流出現在座談會或辯論會上，他們會對主持人提出的議題分別地發表意見，也會做出不同的手勢。有的人體格不大但手勢卻非常地驚人，大到全身都動起來；有的人體格大，但手勢反而小到若不特別去注意，則好像不會做什麼手勢，靜坐如泰山；有的人兩個手掌不斷地向下切；有的人有時把兩個手掌上下切以外，還會左右切；有的人兩個手掌往外撥；有的人手掌往自己的身體撥回來；有的人則常用右手或左手的中指伸出來，好像在指責想像中的某個人；有的人則在辯論進行中，用自己的左手或右手的手掌貼在自己的胸部；有的人在自己的辯論時間快用完時，就高舉右手握著拳頭好像在喊口號，他一定要做什麼似地；有的人則把拳頭很快地畫著圓圈一直往前面伸出去，好像要在對方身上鑽一個洞。除了上面所說的，還有其他很多不同的手勢，筆者就不說了。但是我們可以好奇地問，在這樣的座談會發表意見時，參與者對於自己的哪些反應會有所察覺，而對哪一些則根本不會有察覺。雖然理論上，我們可以根據習慣的三元素和察覺度，區分出這第三類型的習慣，迄今卻尚無科學文獻指出，哪一類的話中所做的手勢是話者自己能察覺到的，而哪一類的則是話者自己根本不會察覺到的，以及哪一類手勢與什麼思考內容有密切關聯的。

　　在觀察上段所提的那些座談會其參與者所做手勢時，筆者另外也注意到每一參與者對其他參與人的注意力分配情形之不同；而在這一方面，筆者也發現每一位參與者也會顯示出其特異性。例如，有一位參與者在座談會中，可算是最高齡者，所以其他參與人都尊稱他為「C老大」；這位老大發表意見時聲音大、手勢大，也很注意其他參與者有沒有在注意他；而最特別的一點是，他會特別注意常坐在他右手邊的參與者，有沒有在注意到他所說的話。C老大的這種表現做得太清楚了，令筆者不得不覺得，C老大對右手邊的人「很依賴」。

　　雖然筆者舉了那麼多例子，或許讀者中會有人覺得當事人不可能無法察覺到自己所做的每一個反應。但以目前的情形而論，筆者只能說若有這樣的讀者，我不能說他們不該仍有這樣的懷疑，因為我們還沒有實驗證據可拿來反駁說這種懷疑是不該有的。

　　目前科技很發達，上舉的一些問題可以透過錄音及錄影機、肌肉緊張度測量器、指溫計、心跳數測量器、血壓與脈搏測量器、耳溫槍等，把我們的意識因為無法控制也無法察覺到，而由交感與副交感神經系統控制的身心各方面的反應。這些精密儀器會清清楚楚、一項不漏，不管當事人願不願意看到，都會老老實實地同時以具體數字呈現在研究者與受測者的眼前。

　　上述對於自己的反應無法很準確地察覺一事，更容易出現在個體疲倦、酒醉、接受麻醉、被催眠、心情不穩定、身體有病，尤其在睡眠狀態時。這是因為「察覺自己所作的反應時，當事人必須注意力能集中，注意力範圍要夠廣」；但個體的身心狀態處在上述幾種注意力難集中狀況時，亦即個體的注意集中度及廣度皆屬不佳的時候，所以，我們不能因為察覺不到自己所做的反應，就說自己並沒有做那些反應。

　　相信學生讀者與當過學生的讀者都有過如下經驗；亦則因身體疲倦、心情昏昏欲睡，但為了爭取時間能趕完一篇隔天不可遲繳的報告時，會寫出許多同音不同義的錯字；但正在寫這些錯字時，個人卻一點也不會注意到或察覺到自己所寫的是錯字，而類似此類的錯誤也會發生在文章的結構上。但在隔天早晨是頭腦最清楚的時候，若把昨夜趕完的報告重讀一次，就會發現文不成章，文章某些部分出現不知所云的狀況。類似的情形也可見於夢中，夢者不但不察覺到夢境的不合邏輯，卻會把每一夢境信以為真，一點也不懷疑它，而且隨著夢境而害怕、呼喚或傷透心情，甚至淚溼枕頭。醒來如果還能憶起夢的一些內容，就會在本來那麼逼真的餘夢裡，找出一籮筐不合理，脫離現實的點點滴滴。所以我們可以說，在夢者雖然清楚地察覺到夢境內容的視覺因素，但很習慣地不去察覺到這些因素間有著脫離現實，不合理的關係。

　　總之，處於某一心情或心態時，個人只會察覺到自己反應的某一部分；之所以如此，目前較清楚的原因是如前面所述相關腦神經組織或其運作過程有了變化所致。另一原因是不被察覺到那一部分內容才會具有強烈的威脅性，如果去和別人詳談，去察覺到它的內容，威脅性就會減弱。例如在2021 年 9 月 19 日聯合報 D 版家庭副刊有「萬一」一文，它乃由雲林布衣所撰。她寫說，「日子一向過得幸福平靜，卻時不時會冒出念頭來，萬一發生什麼變故怎麼辦？」她又寫說：「這種想法是結婚後才開始冒出來的……」

之所以有這樣想法的改變是因為撰寫此文時，她與丈夫相依住在美國中部，離家八千里，又沒有孩子，要是有什麼「萬一」發生，單獨留下來要怎麼面對？我不只擔憂，且沒有勇氣，深思那些「萬一」帶來的問題，也因迷信於若說出口會「一語成讖」的說法，於是始終不敢與丈夫認真討論這類話題，只是自己想到便心慌，一直到我們看《父親》這部關於「阿滋海默症」的電影時，我才開口與老公談到所擔憂的「萬一」。那時老公只淡淡地回答，「未來是無法預測的，我們能做的只有在我們還有能力的時候，努力作預防性的事情，例如賺錢儲蓄，保持身心健康，如此問題才能解決。」雖然他所說的都沒有錯，但問題是萬一老公發生的問題是失智呢？那時老公突然變成另一個人，不認識我，那多可怕、多磨人？我這樣一問，老公就簡單地說「求助專業的人，不必獨自面對這個問題。」奇妙的是，當和老公把話談開後，我對「萬一」的擔憂，便如濃霧受到陽光照射一樣地消散了，我的心情也豁然開朗起來。最後，此文作者就說，當我們正視了以往不敢正視的那些「萬一」，我們才發現我們沒有自己想像中的那麼無助。

4. 刺激與反應間的穩定關係不被當事人覺察到的習慣

有些人遇到某一刺激時，一定會做出一個習慣性反應，但他本人卻不會察覺到自己確有對某一刺激一定或常常做出某一反應的行為表現。如果由他的好朋友把他的這件刺激與反應間的穩定關係指出來讓他知道，某些當事人就會承認之，並說自己確實有這樣的情形，但某些當事人對朋友的這種指陳會感到無比的驚訝，不能立刻承認並對這種指陳的正確性保持強烈的懷疑。

精神分析師在治療病患時，會遇到不少此類刺激與反應的「分裂現象」，一般的心理治療師也會遇到，筆者在助人工作中，也遇到過不少此類個案。其中一位的表現如下，因為治療晤談過程中必須了解個案與其父親與母親的關係，分別對於個案的臨床症狀形成什麼影響。有一次當筆者問及這一位個案與他母親的關係時，個案好像沒有聽到我的提問似地談到別的問題；個案那樣「答非所問」的回應方式，筆者首先以為自己問得太小聲，所以他繼續說他想要說的，以致於話題就沒有回到「個案與母親互動」上面去。

在下一次晤談，議題很自然地又發展到個案母對個案的將來有何期待

的內容，但個案又不談它，而把話題又帶到別的內容。因爲又不談它，或可說「避談」他與其母的關係，筆者就開始懷疑會不會他與母親的關係就是關鍵性問題，所以無論如何必須把該話題深談下去。在該次晤談要結束時，筆者就對個案說：「今天就談到這裡，但有一件事你要離開之前，我很想告訴你，就是不知爲什麼，當我們談到你和母親的互動關係時，你就會把話題跳開而談到別的內容。這樣的情形在這一次談話中發生過一次，在上一次談話中也發生過一次，不知道你有沒有注意到這一點？」筆者這樣問的時候，個案就說：「有嗎？我怎麼都沒有注意到？」而且說這句話時他表情顯得茫然。

奇妙的是，下一次的晤談一開始，個案就主動地說：「上次老師提到我會跳開不談我和母親的互動關係這件事，今天要來這裡之前，我也發現確實有這樣的情形發生。以前不知爲什麼我很難和別人談及我的母親，今天，我要來這裡之前，就決定要和老師好好地把我對母親的感受、看法和想法說出來，說個徹底。」聽了個案的這一番開場白，筆者就鼓勵他說：「很好，我也很希望你能夠把你能想得到的，和母親的關係從小到現在的情形統統說出來看看，我認爲這樣做是很好的事。」以下就是個案所說的大略內容：

個案是一所頂尖大學的外文系三年級學生，由他級任導師介紹而來找我，因爲個案一直有失眠的症狀。他是一個小家庭的獨生子，在他是小學生的時候，父親就已去世，他不清楚父親去世的原因，母親也沒有告訴他，他也沒有問過母親。父親去世時留下一筆可觀的財產，那時母親仍然美貌、年輕，但沒有再婚，一直以來，母子相依爲命。母親精明能幹，尤其在金錢的處理方面有她的一手。

個案是由母親一手撫養長大的。在個案的印象中，母親好像沒有和親戚朋友來往，一直是獨來獨往地過日子，記憶中母親也沒有鼓勵過他要多交朋友，所以他幾乎沒有任何深交的男女朋友。母親好像特別交代過他不要交女朋友，因爲女朋友都把兩個眼睛盯放在「你口袋裡的錢」，愛情是騙人的。

從這裡開始，個案就深入地談到他自己的內心感受，他的雙眼也開始紅起來，也閃了一些淚光，頭也往下看，用自己的手帕擦了眼淚，但突然無法控制地哭了起來。筆者聽到這裡也看了如此情況，就同理心式地感受到個案心中有一股悲傷的難受之情，就對個案說：「聽你這樣說，在學校裡你一直沒有朋友，感覺很孤獨、很寂寞嗎？」當筆者這樣輕輕地一問他時，他一面

點點頭、一面更大聲地哭著說：「不好意思！」筆者接著說：「不要緊，想哭就哭，我覺得你現在一定很難受、很寂寞，都沒有朋友。母親都不讓你交朋友，雖然你很想有朋友。」個案接著說：「她不但不要我有朋友，我生活的各方面都要管，把我管得緊緊地，我覺得很不自由。我的母親把我養得好好地，讓我不愁吃、不愁穿，能安心地唸書。」「聽起來，你母親盡心盡力地照顧你，是一位好母親，但是你卻反而覺得很不自由？」這時，個案突然很大聲地喊說：「太不自由了！有的時候，我覺得她像一個巫婆，用魔法在控制我，所以我覺得她一定有個可怕的計畫。」聽到這裡，筆者心中感到不自在，而聯想到個案會不會有妄想觀念。所以，就接著說：「對不起，在這裡我要請教你一件事，那就是我記得你的級任導師介紹你來和我談時，對我說過你有嚴重的失眠問題。所以我很想知道，你的失眠和你懷疑母親是個巫婆有什麼關係呢？」筆者之所以拋出這疑問是因為個案可能是一位需要轉介到精神科醫師去尋找幫助的個案，所以才使用「尋找資料間關係（making a connection）」的提問方法，以澄清這疑點，以免耽誤了個案的治療方向和時間。

　　當筆者提出這樣疑問時，個案就說：「這是很有關係的；因為我一直弄不清楚為什麼母親要那樣地對待我，所以最後才會把她想成一個巫婆。」這時，筆者鼓勵他繼續講下去。

　　下面就是個案說出為什麼母親那樣對待的想像內容：「母親對我那樣做，使我懷疑她像一部小說裡面的一名巫婆，要把我養成白白胖胖的小男孩，將來有一天趁我在睡覺時，把我放到滾燙的開水鍋子裡煮熟，然後把我的肉一塊塊切下來吃。」「你對母親有這樣的想法嗎？」「是呀！」「是常常有這樣的想法或偶爾才有一次？」「當然偶爾才有。」「你相信這樣的想法絕對沒有錯，或只是一種假想而已，母親並不是真的巫婆？」個案說：「雖然會這樣想，但並不相信她真的是巫婆。」「那麼對母親的這種偶爾才會有的想法，和你的失眠或晚上都睡不好有什麼關係呢？失眠的問題是你級任導師介紹你來的主要原因。」

　　對這疑問，個案回答說：「在讀國中時，因偶爾會有母親可能是巫婆的想法，所以晚上睡覺我都不敢掛蚊帳，因為掛了蚊帳，巫婆來，我就很難從蚊帳裡跑出來。巫婆會用蚊帳把我整個人包起來，把我弄死，以後就把我放

到鍋子裡面煮熟後吃掉我。所以養成了習慣，睡覺時不掛蚊帳，但是夏天晚上不掛蚊帳睡覺，就會被蚊子叮得睡不好一直翻來覆去，所以常常失眠。」

以上把這位個案所說的寫到這裡，至於對這位個案，筆者如何幫他成為沒有失眠也沒有嚴重母子關係問題，心裡更健康就說來話長，筆者就不再說了。但特別需要強調的是，若個案在晤談過程中，常常或兩次以上察覺不到自己所做反應的某一重要部分。例如以「避答或不回答」治療者的提問，治療者則要以「making connection」或「confrontation」的提問方式提醒個案這一點。就筆者的經驗，個案的避答反應是一種潛意識防衛機轉，個案雖然察覺不到自己有這種反應方式，但是他是因為這種方式不面對會使他非常焦慮的重要問題。所以，晤談者要很注意這種反應的出現，而在他與個案的治療關係已夠穩定時，可用尋找「資料間關係」的提問方式，幫助個案不再以避答方式拖延問題的澄清。

5. 刺激、穩定關係以及反應都被當事人察覺到的習慣

這一種是我們每一個人都很了解的習慣，因為當事人對於習慣的每一個元素都有充分的察覺，所以他知道自己做了什麼反應，為什麼做了這反應，而這反應是和哪一個刺激有關。因為對於習慣的三大元素當事人都有所察覺，所以當他發現，對於所面對的某一刺激自己所做的某一反應，憑自己的良知來說並不適宜或既不利己也不利人，而最好有所改變的時候，要把自己做過的反應更改為更利己又利人就不會有太多的困難。從習慣心理學的觀點來說，假如一個人所具有的絕大部分或全部習慣都是屬於這一類型的，我們就可以說，他是一位心理健康的人。

把當事人和第三者的立場考慮在一起的習慣分類方法

在第六講，筆者將可能存在的全部習慣，從個案能不能察覺到自己所擁有的不良習慣，以及所欠缺的良好習慣之某一元素觀點進行分類，而分出五個小類型。心理治療工作不是個案一個人的事，而是他和治療師兩個人一起進行的；所以若能從他們互動立場做習慣分類，所得結果對於習慣改變或心理治療，應該更有理論基礎與應用價值。鑒於此，在第七講，筆者擬嘗試此種分類法，相信這種人際關係分類法，不僅對於心理治療工作者更有用，對於一般兩個人之間的互動關係，例如父子間、母女間、夫妻間、朋友間等的互動關係探討與改變也應該很有用。從下一段開始，筆者就根據這觀點區分出來的習慣類型逐一加以說明與討論。

1. 雙方（包括當事人與第三者）對當事人所遇到的刺激，對該刺激所做的反應及這兩者間的關係都不察覺到的習慣

乍聽之下，使人覺得此類習慣根本不會存在。既然當事人無法察覺到自己有這習慣，連其他任何人也都無法察覺到它的存在，那麼如何證實它的存在呢？那不是所謂的子虛烏有的習慣嗎？

在科技尚未發達時，此類習慣的存在性的確是可疑的，但在各種檢查儀器都一一被製造出來的現今生理心理診斷學領域裡，屬於這一類型的習慣就如在第六講所說，再也無法遁形，而會和你的五指一樣清清楚楚，一個不漏地顯現在雙方有關者的眼前，等著你去分析研究它們。舉一個很簡單的例子來說，受過傷或有過病變的人都知道，我們每一個人身體裡面都有血液，而由內科醫師量過血壓的人都會進一步知道我們身體裡面的血流狀況會受到血

管的彈性、心跳的快慢、心情的緊張，和其他因素例如飯前飯後的胃脹狀況的互相影響，而產生血壓高低的不同；血壓很高時會感到頭痛，血壓低的時候會昏昏欲睡；然而，一旦被問你現在的血壓有多高時，有醫學常識的人大概都會猜想而說：「也許是 120 上下吧！」，如果他當時沒有發燒，沒有頭痛，也沒有昏昏欲睡。但是如果被問到究竟舒張壓有多高、收縮壓有多高，而心跳每分鐘有幾次，以及額溫、耳溫有幾度的詳細數字，則非靠相關的測量儀器不可了。

近幾年來，因新冠病毒肆虐，人人自危，家家都備購簡便的額溫槍和血壓器。筆者的女兒也替我購買了這兩種，而筆者剛開始時則請外傭替我早晚各量三次；早餐與晚餐前各一次，餐後也各一次，每次服用不同高血壓藥物後也各一次，共六次。大概持續三個多月後，已經很清楚地知道自己每一次的血壓平均值有多高，也知道每天飯前的血壓最高約 120 至 130 之間，飯後就一定降下來，而早餐晚餐後服用高血壓藥一小時後量的血壓就更低，都低於 100 以下。首先不知為何這位外傭若看到血壓低於 100，她就會焦急起來，如果再量的血壓還是低於 100，無法再提高到 100 以上，她就不把測量的結果用手機分別轉載到筆者兩位女兒的手機上，而要我站起來在客廳裡來回走幾次，用兩手搬搬桌椅，試著讓血壓升高到 100 以上。雖然筆者告訴她好幾次血壓有多高就據實轉載有多高就好，不一定要 100 以上才能轉載，但她還是心不甘情不願，不肯依我的話去做。但若血壓高於 135 以上時，她就不會有這樣的表現。

因為這位外傭那時來臺灣已有五年之久，從事的工作都是照顧體弱多病或病重長久臥床，起居三餐都需要她陪伴細心照顧的年長病人，而來臺五年間的前兩年，她所照顧的一位老人最後病重而去世。據筆者所知，她來照顧筆者之前，所照顧的那位老病人在其臥病末期時一直躺在病床，而左手日夜一直插著針筒輸進藥與營養混合液，而她也要定時地量他的血壓，將測量結果報告給病者家人。所以筆者料想，這位外傭一定有機會看到那一場令人又害怕、又傷心、又恐慌、五味雜陳的最後鏡頭；易言之，她照顧的那位老弱病人血壓計的數字從 100 一直不停地往下滑，滑到 90、80、70、60……最後為零，很難形容，也很難忘記的傷心鏡頭。因為心中有了這樣的想像，有一天筆者就問了這位外傭，她的名字叫做阿娣，她一直都叫筆者為阿公。

　　筆者問她：「阿娣，阿公問妳，妳看到阿公的血壓低或血壓高的時候，妳比較不喜歡看到高呢？或低呢？」因為我突然問起這個問題，她就沒有馬上回答，而只說：「……哦……啊」我就把問題重說了一遍，她還是猶豫了一段時間之後，她才吞吞吐吐地說：「不喜歡看到低血壓。」筆者就接著問：「為什麼不喜歡看到低血壓呢？」……過了一段又是猶豫一段時間之後，她終於很小聲地說：「血壓低到 100，……以後……就沒有了……，有危險。」筆者就說：「100 下面還有 90、80、70 呀，怎麼沒有呢？其實，血壓高到 130 以上，例如 150、160 也有危險啊。」阿娣就說：「160 以上還有 170、180、190……。」以上，兩個人的「問與答」到這裡一切就很清楚了，為什麼阿娣那麼不願意把筆者的血壓低於 100 以下的數字轉載給筆者女兒的理由。

　　雖然目前的醫學實驗診斷儀器科學，如上一例所示已有驚人的進步，仍然還有一些疾病因其在人體裡疊疊深層地隱藏在其他器官的角落處或被它們所包圍，例如胰臟的癌症在其發病初期較難以症狀方式被診斷出來，也難以被現代醫學檢驗儀器把它清楚地呈現出來，所以當事人的病者及第三者的醫師都難確認其刺激（病因）的存在，至於其兩者間的穩定關係的察覺就更不用說了。

　　雖然如此，我們仍可以說，不僅理論上、事實上還是存在著此類型的疾病習慣。

2. 其刺激、反應以及它們兩者間的穩定關係都不被當事人察覺到，但都會被第三者察覺到的習慣

　　對患者進行心理診斷時，筆者一定會不厭其煩地實施一整套心理測驗，包含①班達測驗、②畫人測驗、③智力測驗、④墨跡（Rorschak）投射測驗，以及⑤習慣、人格、健康量表或簡稱（HPH）五種測驗；而實施這些測驗時，筆者也會很注意並把個案所說的話，所做的動作和表情一項一項詳細地記錄下來。在這些紀錄裡，筆者常常會發現個案會做出一些屬於這兩類型的習慣性反應，例如在進行典型的視覺投射測驗中，有位精神分裂個案對幾張墨跡卡片（例如一般受試者常說，那像是男性的性器官，或女性的陰

部）就會呈現出傻笑的表情，或在回答筆者的提問時，會把上下嘴唇緊閉起來，同時把兩邊臉頰像青蛙一樣鼓起來。如果測驗後，由筆者把個案的這些無意中所做的傻笑、鼓嘴動作，或表情反應做給患者看，個案就會強烈地不承認他看圖片時做了那種傻笑的表情，也不會承認他曾把嘴頰鼓起來過，當然也不會說那是因爲他在墨跡卡片上看到「陽具」或「女人的性器官」。

　　屬於這一類的習慣，觀察力敏銳的第三者能察覺到，所以借他的正確動作模仿或詳細的語言描述，當事人可以把自己無法察覺到的刺激、反應及兩者間的關係都察覺出來，對它們進行更深、更詳細的了解並做應有的改善。

　　至於當第三者的治療師如何做細述與模仿當事人的病患所做的表情與動作，或者什麼時候做這些，當事人才願意面對以及改變這一類習慣是很重要的問題。一般而言，若面對本來不察覺到的習慣三元素時所引發的焦慮不太強烈，當事人較敢早一點去面對，若引發的焦慮很強烈，則可能要等到更長時間之後。

　　爲了幫助當事人能更清楚、更快、更多次地看到、聽到原來察覺不到的習慣三元素，心理治療者可使用錄音錄影機、皮膚感應器、指溫耳溫額溫、血壓器或其他儀器；這些儀器的具體指數當場就會以具體的數字、聲音、影像，讓當事人聽到自己所說的每一句話，看到自己所做的每一動作與表情，以及引發他這反應的主要原因（刺激）。

　　這些儀器所顯示出來的，可拿來和心電圖、肺部 X 光照片、產科、婦科所常使用的子宮內胎兒的位置與活動狀態觀察的畫面相比。這些照片或畫面都把由眼睛看不到身體內的內臟器官的病理狀況和新生命的所有狀況，可以用視覺的方式呈現得一清二楚。如果加以助聽器的測量，那簡直像是把一位醫師傳送進個案當事人的身體或器官裡做檢查一樣地逼真。

　　幫助患者去察覺本身察覺不到的習慣三元素，心理治療學把它稱爲解釋工作（work of interpretation）。假如心理治療師能把這項工作做得盡善盡美，個案就能了解他有看到、聽到、感覺到，想到什麼，所以才做了那些自己原先沒有察覺到的動作或其他反應，也了解原來那些反應都有其理由的，不是莫名其妙地發生的，是自己可了解、可控制的，並不可怕，更不表示自己快要瘋掉了。

　　經過治療師的那種「穿針引線」的細心解釋工作，個案可逐一了解，察

覺到以前他不覺得存在的許多躲在心中暗處的「隱約習慣」或「潛在於意識下的習慣」。一旦個案獲得這一類新的了解或察覺時，心理治療師就把它稱爲個案獲得了「領悟（insight）」。心理治療師的主要工作可說是使用與個案晤談的方式，使個案的幾個隱約或潛意識中的習慣逐一變爲清楚，不但治療師自己能看到它的存在，也要協助個案看到它的存在以及它對於他生活產生了那些不利的影響，進而培養另一利己性更高的良好習慣來取而代之。

　　理論上，在心理治療過程中，個案和治療師的努力方向應該是如上段所說的，但對於個案而言，一種屬於隱約型或潛意識中的習慣，雖然經過治療者幾番解釋和個案的領悟而知其存在，還是不容易在短時間內就成爲個案不太費力地就可察覺到，且願意去改掉的「不良習慣」。可以說，一個潛意識中的習慣要透過個案幾番努力再努力的艱辛心理過程，才能逐漸猶如金蟬脫殼式地成爲一則完全可意識到，也被認爲應該袪除的不良習慣，也要依靠治療師能巧妙地運用不同但適合的提問方式，去提高個案對於一個習慣三元素的不同部分的覺察度。

3. 習慣刺激不被當事人察覺到，但可被第三者察覺到

　　在心理治療晤談過程中，我們較不容易找到很典型的範例做爲此類習慣的絕佳說明資料。因爲在普通晤談過程中，當第三者的心理治療師很難判斷當事人是否眞的無法察覺到某一刺激，但他卻確確實實地看到個案做出了和該刺激極可能有關的習慣反應；但僅憑當事人口頭報告說，他並沒有察覺到什麼刺激而引發了他的反應是不足爲充分證據的，因爲當事人的口頭報告不一定百分之百誠實可靠，關於這一點，筆者已在前面討論過。

　　較接近這項情緒反應的範例是本書前部分已提過的，因要治療癲癇症而不得不接受腦部手術，把腦胼胝體（腦梁）切開的患者；此類者因爲左右腦半球被分開，可以看到只出現在左視野的異性裸體照片時，無法把相關資料也傳送到左腦語言中心去接受進一步的處理，所以導致患者雖有臉紅難爲情的右腦生理情緒反應，但沒有「我看到不該看到的異性裸體照」的語言反應。如此個案我們可以描述成生理或神經學上，他雖然看到了異性裸體照片，但心理學上卻沒有看到它；然而從神經心理學者的第三者觀點來說，確

實有一張異性裸體照片被呈現在個案的左視野，所以他可以百分之百肯定，雖然患者沒有說，他看到一張異性的裸體照片的語言或說話反應，但是他有看到這樣的照片卻是事實，而無庸置疑的。

4. 習慣的刺激與反應間的關係被當事人察覺到，但不被第三者察覺到

這種情況若從第三者的立場來說是所謂的「知其然而不知其所以然」，或「莫名其妙」的現象，但也容易引起第三者的好奇心，去追究其真正原因何在。在一般的心理治療晤談過程的初期，治療者較常會遇到這種情形，而據於好奇心，先以回饋的方式讓個案知如此行為表現，然後問個案為何有那種行為表現。

可用來證實這類現象確實存在的好例子是如下所述的一位小學三年級男生；這位小男生每次遇到班上的女班長時，一定會粗言惡語地嘲笑她，使她難堪、生氣，有時甚至憤怒，因為該位女生是班上公認的好班長，對那位每遇到必嘲笑她的男生，並沒有做過值得讓他可藉機發揮上述的不友善行為。所以班上無人能了解那位男生何以有那樣的怪異習慣，後來，該男生對一些同班男生說，他之所以那樣做是因為他喜歡那位女班長的緣故；他也說他如果把「他喜歡女班長」的話說出來，班上其他同學會嘲笑他太早熟，小小年紀就會愛上小女生。所以他就把「這件內心祕密」以完全相反的話和動作表達出來。就這例子而言。那位男生自己知道得很清楚，連結那位同班女班長與他自己所做的嘲笑行為的關係（因為喜歡）是什麼，但是班上其他同學和那位女班長卻都不知道到底是為了什麼。

屬於此類的習慣雖然常見於臨床工作職場，臨床工作經驗深的人卻不會為此而感到困擾。資深的臨床工作者都會先以回饋方式一次又一次地讓個案知道（個案）他有這種行為方式，而當個案完全認同他確實有此類行為表現時，進一步提問「為什麼呢？」就這樣這項問題就不再是問題了。

5. 當事人反應不被當事人察覺到，但被第三者覺察到的習慣

在本書前一講，筆者已經提到，我們人類的心理反應不只是可看得到的

動作反應一種而已，還有我們看不到的情緒、感覺、意象、認知，和一些人際關係，以及生理或使用藥物之後的一些反應。筆者因使用觀點之不同，把反應一共分成十三種之多，比 Lazarus 所提的七種多了六種。

由筆者所提之心理反應中，有幾種是較細微的，第三者很難靠雙眼就直接可觀察到它們；例如，情緒反應、冷熱反應、意象反應、認知反應、注意反應，以及自我概念等六種，而其他七種諸如：動作反應、大部分的人際關係反應、意識反應、意志力反應、性反應以及睡眠反應，則較容易受到當事人與第三者直接察覺到。雖然大體上是可以如此地說，然而在下述特殊情況下，當事人還是不容易察覺到自己所做的全部動作或行為反應；例如一個人酒醉時，其中樞神經系統因有病變（包含受麻醉時）嚴重而意識很不清楚時，或很疲倦而很想睡時，在當事人心中都留不下它們被察覺到的痕跡。此類型的習慣是負責取締酒駕的交通警察，以及醫院內的麻醉師和開刀房內的醫護人員最常看到的。

6. 當事人不察覺到自己的習慣刺激與反應間的關係，但第三者會察覺到該穩定關係

下述一例可拿來說明此類型習慣確實存在。某一日晚餐時，A 教授聽到還在廚房忙碌的太太對他以半埋怨、半鼓勵的口氣說：「依據那位你也很熟悉的非職業性八字相命廚師先生說，你明年有文書方面的財運，所以只要有機會與條件，你就大膽地把自己已經有的學術著作物提出來申請獎助，你一定要把握這一次的好機會，如果錯過了這個難得的好機會，以後就不會再有這樣的好運氣了；像你這樣的人啊，一天到晚都把時間用在研究工作，都不留下一點時間和我講講話，結果呢？到現在，大的、小的什麼獎都沒有，你對學術大獎來說好像是絕緣體一樣！住在我們後面的那位 B 教授雖然比你年輕好幾歲，過去五年內，就已經得了兩次，每次金額都高達三十多萬，真令人羨慕死的大獎！」那時，這位 A 教授邊聽內人說著令他心痛的怨言，邊喝一大碗的米粉湯，同時滿身也流著大粒小粒的汗。雖然那時，已經是接近晚秋初冬的季節，氣溫也低到 20℃ 上下。擦了額頭上的汗後，A 教授就說：「怎麼搞得氣溫如此地熱，害得我流了這樣多的汗！」聽了 A 教授如

此說，廚房內的太太就轉過身來面對他說：「怎麼了？我剛才說的那些話，讓你不好意思起來了？」Ａ教授立刻回答說：「才不是呢！有什麼值得不好意思呢？我自認為自己盡力地在做研究，也提出過申請，但負責審查的人沒有眼光，不知我正在發表的知識有多重要，哪有什麼辦法呢？或許，真的，不是巨額獎金我拿不到，而是時機還未到。我才不是聽了妳剛才講的那些話不好意思起來才變為滿身大汗，我不是那樣沒有自信心的人！」Ａ教授繼續說：「會滿身大汗是因為氣溫高，而且我又喝了一大碗熱米粉湯。」這一場窮教授夫妻的對話，聽起來蠻可憐，也蠻好笑的。

　　上舉一例的刺激與反應間關係不被當事人察覺到，其原因之一是對該關係的承認會打擊當事人的自尊心，所以Ａ教授使用「不是自己的學術著作品質差而是審查人沒有眼光」的心理機轉與「剛好在喝了熱米粉湯」的客觀事實，來「否認」自己的滿身大汗和他太太的那一段鼓勵與埋怨參半的談話是有關的。所以，對於具有明察秋毫辨識力的人來說事實上那是「否認」，而不是「不察覺到」。

　　比上舉Ａ教授與其太太對話更好的另一範例是距今五十年前，以少量燒減碳方式發電而累積巨額資產的企業家，與 2021 年兩位諾貝爾物理獎得主的關係。這兩位得獎人是氣象學家，他們在五十年前就開始研究「溫室效應」或「全球暖化」現象。當時，除了「全能」的上帝，全世界尚無他人相信「全球暖化」現象會成真。因而，除了一群有工廠的大老闆為了每年收益的大增，不管汙染空氣會加害生活在煙囪下的小市民肺臟健康，日夜大燒煤炭，另外也有一群為了獲得這些市民的選票，泯滅良知與良心的政客們也以「燒煤炭無害，更多的煙囪才能保證國家的強大、人民的安全」等口號，來反對立法防止汙染環境。

　　現今看來，我們百分之百可把那兩位諾貝爾物理學獎得主與資本主義的大老闆、政客分別比喻為習慣心理學的第三者，與當事人來看，因為那兩位物理學獎得主在告訴那些大老闆與政客們說：「你們在破壞空氣，汙染市民的肺臟，也讓地球暖化，讓全球氣候極端化，使全球的生命體逐一消失」，但本身為當事人的這些大老闆卻全然不察覺到他們有這種不良習慣；他們只知道自己在燒碳，也知道國民的肺臟健康比以前的差，全球的氣候變化不如以前那樣有規律、有可預測性，但他們卻不知道，燒碳的刺激與肺臟健康，

和全球氣候極端化之間有何因果關係。現在，他們終於知道了，但時間已晚！只能盼望還可挽回地球暖化的過程，但如何挽回或如何讓它緩慢下來呢？

為了提高世人更能察覺到自己的生活習慣，透過這樣的管道和全球氣候的變遷發生關係，聯合報特於 2021 年 10 月 16 日 A 六版的「前進 2021 年 COP26」專欄，刊登如下相關資料：「氣候變遷的『蝴蝶效應』正在席捲全球；看似微小的一度升溫，迫使北美洲的雄蜻蜓，透過演化機制，褪去翅膀上的黑色紋路，更讓太平洋的鯊魚和魟魚遊上滅絕之路。人類也正在承受自己親手造就的惡果，平均每年五百萬人死於酷寒與熱浪。」

2021 年第二十六屆氣候變遷大會召開前夕，國外研究機構提出各種警訊，小至昆蟲演化，大至南極冰蓋崩塌危機，全球暖化對動植物和自然環境的衝擊。《美國國院公報》的研究指出，雄性蜻蜓為了能適應上升的溫度，逐漸褪去翅膀紋路的黑色素。由於華麗的黑色翅紋是它們吸引雌性蜻蜓交配的關鍵特徵，科學家擔心，這將使得雌蜻蜓無法辨認出雄蜻蜓而無法交配繁衍。

對其他動物來說，氣候變遷則直接影響其生死。「國際自然保護聯盟（IUCN）」日前公布年度更新，將原本列為「存活觀察名單」的 28% 物種，改列入更嚴重的「紅色名單」代表物種的滅絕風險升高。澳洲蒙納許大學研究指出，2019 年至 2000 年全球的死亡人口中，高達 9.4 % 可歸因於極端天氣所致；研究團隊也分析了四十三個國家死亡率，估算每十萬人中至少有七十四人死於極端高溫與酷寒。科學家預估，一旦全球升溫超過攝氏兩度，將會對地球上的生命帶來致命性之災難。

因應歐盟預計 2026 年開始對高碳排產品課徵碳關稅，臺灣地區也將修法徵收碳費；大概受到上段所述之影響，環保署昨日表示費率的訂定，將考慮出口競爭國標準取平均值，進一步細節則要經過經濟部討論並留子法訂定，最快後年開始徵收碳費。

由上述三段之陳述可知，第六類型習慣的時空使用範圍是相當廣泛的；時間上可以包括到五十年前的氣象物理科學與資本主義工商集團與政治家的互動關係，而空間上可以包括地球上的人類日常生活習慣與大自然的氣象間的互動關係。

7. 當事人對於自己習慣的三元素都無察覺，但第三者都察覺到它們

在一般生活中，此類習慣互動不多見。乍聽之下，唯一能想得到的情況是「布袋戲」的傀儡和玩弄傀儡者間的關係。傀儡沒有生命，當然沒有自我意識，更不會察覺到自己所接觸到的刺激，所做的反應及兩者間的關係。然而，一旦木偶玩弄者把它們套在手上，演戲的鑼鼓一響它們就顯得生龍活虎，有自我意識，不但習慣三元素俱在，對三元素的察覺度也在。

在一般正常人的生活中，此類型習慣可說是見不到的。但它可見於夢遊症者在此症發作時；在催眠術表演中，受催眠者受到催眠指令所做的動作表現時；以及癲癇病者在症狀發作時。

一個人在情緒反應過分劇烈的時候，或許會短暫，或一段時間陷入任憑情緒控制自己的一切心理活動的狀態，而理智活動無奈地讓了主位，因此，對於自己習慣三元素都無法產生完善、充分的察覺。

8. 第三者對於當事人的習慣三元素都無所察覺，但當事人自己卻對於它們都能很清楚地察覺到

這是常見於兩個都心理健康的陌生人，剛開始互動溝通時的現象。畢竟他人並非自己，我們不可能和初相識的人在初見面時，就能完全知道或掌握到對方遇到了什麼刺激時，會據於什麼理由做出什麼反應，但當事人的對方大部分的時候對於自己之所覺、所為以及介於自己之所覺、所為以及介於自己之所覺、所為間的關係卻知道得很清楚。

雖然如此，完全陌生或初相識的兩個人，亦即互相不了解的關係也很難維持很久。因為善於人際溝通技巧的一方為了打破互相面對但彼此無語的情況所引起的緊張感，一定會很快地運用靈活的觀察與對話技巧，掌握到對方的一些習慣，然後根據自己已掌握到的對方之習慣，繼續尋找對方的其他習慣。當然無法否認地，無論怎樣地擅於與人際溝通關係的第三者，還是無法徹底地了解當事人所有習慣，尤其情緒、思考、意象、感覺、注意等刺激或反應的習慣，因為這些習慣刺激或反應都需要依據當事人的敏銳自我觀察和一項不漏的誠實報告，及第三者的超強的推論能力，才能使第三者完全察覺

到當事人的每一「內隱習慣」三元素。

　　心理治療師和其個案的初次晤談，比較類似此型習慣溝通狀況。因爲未曾相識的雙方初見面時，等於典型的一對陌生人，所以任一方對於另一方的許多或全部習慣的三元素都落在一概不知的範圍內，但每一方對自己習慣三元素都有某程度的察覺。在這種習慣互動關係中，心理治療師都會儘快地要完成三項工作：①不斷努力增加對於個案習慣領域的了解；②也幫助個案了解他自己習慣的廣度與深度；③幫助個案培養更多有助於面對與挑戰良好適應的習慣三元素，也能幫助個案培養更多有益於將來生活刺激的良好習慣。能夠把這三項工作做得快速的心理治療師，可稱爲優良的心理治療師。

　　以上關於當事人與第三者習慣三元素互動討論，一直假設當事人爲另外一個人的觀點進行之。若願意，其實你也可把當事人視爲一株植物或一件無生命的地理事件的觀點去討論，亦則人類與植物，人類與事件，包含天文、地理、氣候的互動關係。

　　首先，我們用上述方法試論人類與食物習慣的互動關係。筆者的胃腸活動狀況隨著年齡之增加，近幾年逐漸變爲有時還算滿意但有時則不如意，更有時則因教學、研究工作忙碌，而發生排便困難頻繁發生的情形。明明知道這情形之所以如此頻繁起來，是因爲還沒有養成良好的習慣，一日至少喝下 1,800 cc 或最好 2,000 cc 以上的白開水習慣所致，爲這種排便問題而苦惱了多年之後，在某種機會由大女兒，她也有排便問題，得知當時市面上所推銷的「益生菌」有助於胃腸蠕動與排便。所以實驗性地使用了「益生菌」一段時間後，確認該廣告之不假，多年的排便苦惱也因而似乎解決了。但最基本的飲水習慣沒有紮實地培養成功之故，尤其到了多天，因較不容易感到口乾，僅靠益生菌，舊問題還是偶爾就來敲敲我的肛門。所以再往後就不得不請教於胃腸與肛門科醫師，定期地每天睡前服用一顆 senoside 助便藥劑。試來試去，最近才發現，晚餐後或睡前服用兩顆 senopure 後再喝四分之三的馬克杯木瓜牛奶，再加上 ½ 的馬克杯益生菌，排便問題才算更改善。

　　至此，筆者突然地心生如下一種從未有過的新奇想法：亦即我們可把資訊理論納入習慣理論裡來做統整性應用。換句話說，把物質細菌、植物、動物、人類都一律視爲在不同進化階段產生出來的資訊體，而不同階段資訊體所擁有的資訊總量，資訊間連結的複雜度和精緻度也都不一樣；其中人類的

資訊總量最多，資訊間的連結最複雜也最精緻；在這些方面，動物的次之，植物的再次之，細菌的更次之而無生命體的殿後。每個人的資訊體也都不一樣，而同一個人的資訊體也隨著學習經驗、神經系統的發展與退化而產生變化。就學習能力而言，人類比排在它前面的物種都強，所以人類資訊體在質量、複雜、精緻度方面的變化也最多。透過學習過程，人類可和動物、植物、細菌、無生命體溝通，且逐漸強化或提高溝通的精準度。例如訓練動物的專業人員，或農夫和其飼養的牛隻可以用口令、眼神、手勢、姿勢的變化來訓練不同動物；植物栽培專業人員可以選擇不同的地段、土壤、肥料、水分、剪枝、剝皮方法與季節，讓木瓜樹長得更快，更健康，更早開花，結下更多木瓜果實，使它們的味道更甜，外皮更好看。

　　最近令人類最害怕的致命性新冠病毒在全球肆虐，聽說有位印度「男神童」有能力預測以後的新冠病毒在人類社會蔓延的情況。這項報導雖屬於神奇類，但以後若證實其預言確是真的，我們就不能不說，那是因為該位神童的資訊體是可和新冠病毒細菌的資訊體溝通之故。

9. 第三者對於當事人所接觸的刺激並無察覺，但當事人卻察覺到它

　　此類型習慣溝通方式是第三者常看到當事人做出某一類反應，但根本不知道什麼刺激促使那個反應常出現。例如，我們在某一繁華大街道上會看到有一位打扮非常不恰當的中年婦人對著快車道上一輛又一輛，排放著黑煙急駛過去的公共汽車揮著手，也像是喊叫著什麼，但事實上也聽不到她喊叫的聲音。換句話說，第三者因為無從知道什麼是那位婦人上述異常動作反應的主要刺激，所以只有靠多方面的觀察結果來推斷究竟什麼刺激促使她做出那種令人難懂，怪異的動作。

　　如果根據多方面的觀察結果，還是找不到任何有關外在刺激，我們就可想到該刺激是內在的，同時也想到那位中年婦人的心理過程可能是不正常的。

　　類似的行為表現不但常見於有其他異常行為的人和別人的關係中。例如，專偷女人皮包、內衣、內褲、手錶或專門搶銀行、擾亂金融秩序的行

爲，或專門以美工刀刺破機車坐墊，或以汽油燒毀別人機車的行爲。有此類犯罪行爲的當事人對這些外在刺激可能有些特有聯想才犯了這些罪行，但目睹這些罪行的第三者，亦者一般社會人卻很難知道他們的犯罪行爲，爲什麼千篇一律都僅以上舉那些「刺激」有關，而不涉及其他的。

10. 第三者沒有察覺到當事人做了什麼反應，但當事人卻察覺到自己所做的反應

在本書前面幾講所列的 BASIC-ID-CAW-3'S 十二類反應中，有些是第三者的五官無法接觸到的，包括當事人的微弱情緒反應、五官感覺反應、意像反應和思考反應……等。

因爲當事人的這些反應爲第三者所察覺不到，所以當事人做出反應後就不受第三者的任何干擾。但敏於當事人內在反應的第三者可借用巧妙的提問方式，讓當事人不得不說出第三者察覺不到但想知道的反應。生活經驗豐富的第三者也可以運用推己及人與同理心的知人技巧，間接地了解到當事人對於某一刺激可能會做出哪一類反應。

若要舉一例來說明，則有如下情形：戀愛中的雙方在墜入情網之初，都不太願意讓對方知道自己是多麼地喜歡或愛慕對方，所以每一方都非常願意付之天文數字的代價去購買任何有關訊息。但有時爲了封鎖自己向對方有愛意的「風吹草動」訊息，有的男女故意往逆向表達，故意用恨、無所謂，或挖苦對方的方式，去隱藏自己心中對對方擁有的眞正感受。這一類例子，筆者在本書前面已提過一位國小三年級小男生「愛上班上的女班長」。

心理治療過程中，如果遇到此類個案，治療師則逐一施展腦中所有的錦囊妙計，試著讓個案把只有他知道的那些反應全盤托出。例如，先與個案建立友善，互信關係；因爲一旦良好治療關係建立起來，個案就不再擔心治療者會嘲笑、批評他，因此願意遵照心理治療基本原則，以自由聯想方式，自由自在地說出他或她心中所思，所感受到，所覺知到的一切，唯有如此，才會進入「所知或所覺無不言，言無不盡」的心境。

在法庭審判案件時，被告人爲了保護自己，以避免受到重判，也會對自己的一部分反應守口如瓶，以「不說」、「拒說」、「忘了」、「不知道」等

可用的方式，讓原告的辯護人察覺不到案情發生時自己的真正情緒、動機及思考反應等。對此，原告辯護人會動用、說服、面質、強烈暗示、引誘、動之以情等辯護技巧，試著減弱被告人的心防，掀開其話匣，使其說出原先守口如瓶的那一部分。

11. 第三者無法察覺到當事人所遇到的刺激與所做的反應之間的關係，但當事人知道這關係的性質以及含意是什麼

這一種情形也在日常生活中常出現，面對這種情形時，當為第三者的人也常做出幾種不同的猜測，並巧妙地使用上述所列的晤談技巧，使當事人說出何以每次遇到那種刺激，他就會習慣性地做出那樣幾乎相同的反應。

或許在一群好奇的第三者中，有人會憑藉他們認為相當靈驗的第一印象，就很有信心地說那個關係的內容究竟是什麼；當然也有態度較冷靜的第三者，則就會依照科學家解釋自然現象的方式，使用客觀、理性、邏輯性推理的方式，先設立一個或以上的假設，然後小心翼翼地蒐集有關資料，藉以驗證他大膽設立的哪些假設才是正確者。

雖然對於同一個刺激與同一反應的關係，每個人可憑著其習慣，做出一項很完美無暇可擊的解釋。但原則上，同一人、同一時的同一刺激與反應間的關係，極可能只有一個解釋是完全正確的，而其餘的有些則不中也不遠，有些則不中但也不近，但有的則離得不但不中，還離得甚遠；所以，若僅憑靈感來解釋當事人的一則「刺激—反應」習慣的關係，第三者可能冒犯彎大的解釋錯誤。

若舉一項例子來說明，或許讀者更能了解前段所說的習慣關係。當筆者正在撰寫上段說明時，筆者沒有關掉的電視節目正在播放一則關於一位正在建築工地工作的員工抱起一位孩子，那個孩子是剛好走到該工地的婦人牽著走過來的。這時那位婦人突然大聲地喊叫：「你為什麼要抱走我的孩子！我要告你強抱走我的孩子。」像這樣的場面，你可以說那位婦女所說的是對的；但你也可以說，她所說的和那位員工心中所想的完全相反也說不定，因為工地危險，工人只想幫助那位婦人把孩子抱到安全的地方而已。

12. 當事人與第三者都察覺不到當事人所遇刺激，或所做反應，或 刺激與反應間的關係

有一個案例的內容似乎接近這一類型的兩者間的習慣關係。其內容如下：有一天筆者和某位國中生晤談，他來談的主要目的是想要解決他的一個害怕；他所害怕的是過路的人看到他在自家房間裡的一切活動。問他究竟哪一類的活動是他最怕被看到的，他回答說，任何活動他都害怕被看到；再問他害怕被什麼人看到，他的回答是被任何人看到他都會害怕。

繼續問那位國中生為什麼他怕被人看到他在自家屋內的活動，以及他想到別人從屋外看到他在屋內所做的活動（刺激）與他感到害怕（反應）之間有何關係時，個案也很快地回答說：「不知道。」問他：「當你想到有人從窗外窺視你在屋內的活動時，你有什麼聯想？」他也很快回答說：「沒有！」所以，就這個案的情況來說，第三者（治療者）和當事人（個案）都能察覺到刺激與反應之間有「其然」的關係，但不知該關係之「所以然」，所以雙方都一樣感到迷惑，而個案的害怕反應也不得解決。遇到此類型問題時，如何打破雙方的迷惑感覺是極需第三者（治療者）費思量的。

寫到這裡時筆者想到，為了解決上述問題，治療者尚需問個案其他相關問題，諸如：①個案何時開始有這項不安；②當開始時，他生活上有什麼特殊問題發生？③既然害怕別人窺視他在屋內的一切活動，他有沒有把房間的窗簾關起來？④過去有沒有看到真的有人在窺視他的屋內活動？⑤他的哪一種屋內活動是他最害怕被看到的？⑥他的吃飯活動他怕不怕被看到？

13. 其他類型的兩者間的習慣配對

當事人和第三者對於當事人習慣的哪一部分有沒有察覺到的配對，尚有其他類型。例如雙方都知道當事人有頭痛的反應，但雙方都不知道什麼是引起當事人頭痛的刺激。因為這些其他習慣配對類型若要逐一都討論下去，恐怕尚需可觀的篇幅，所以筆者想把這項工作保留到以後有這需要時再做討論。

第八講
習慣的改變

　　屈指算來，習慣心理學課程我已經教了十多年。前來選修這門課的學生總數也將近一千人以上；看到有那麼多學生對於此課有興趣，授課幾年後，我就好奇地開始問他們：「為什麼要來選這門課呢？」而在他們作業裡看到的大部分回答是，想知道如何改變自己的不良好習慣和培養別人有而自己一直沒有但很想有的良好習慣，諸如運動習慣和早睡早起的習慣等等。看到學生有這種需求，我也開始想，何不增開習慣改變這一門應用課程，讓有這種需求的學生一方面滿足心願，另一方面也助他們改善心態，促進自我心理健康；此外，也想到也許開設了「習慣改變」的課程後，我可獲得學生課後的一些回饋資料來修改習慣理論的錯誤，彌補其不足，以提升習慣理論的品質。

一、什麼是習慣改善團隊？

　　有了這項「一舉兩得」的想法後，在 2020 年，我就真的鼓起勇氣開設「習慣改變團體」課程。前來選修的學生人數也不少。因為這門課是以小團體為單位，當年也請不到上過這門課的研究生來擔任助教，所以剛開始時，把兩個小時的課程分為兩個階段，在第一小時的上課方式，使用講解團體治療的相關理論與實際或具體的操作技巧，而在第二小時則進行實際演練。第二小時的實際演練過程，通常都以「互相認識，自我介紹」為起點，而第二次與以後的互相討論，則開始努力減除各自選定一個不良習慣和培養一個良好習慣。

　　在第二小時的互相討論階段，當團體領導人（團領）的筆者，向團體

成員說明為了使團體運作能產生最高功效，每位成員都要遵守團體運作的第一個原則，那就是每位成員都要養成互助互敬，互相以誠相待，心中有話必說，並言之不盡，也不隱瞞；但團體內所發生的一切活動內容，對團體外的人，則絕對保密，守口如瓶。筆者記得，那時，為了幫助成員更能了解此原則之真正原意與具體做法，筆者一方面扮演團領者角色，另一方面也扮演團體成員的角色。所以，那時候，筆者常常將自己與內人之間的不良好溝通習慣說出來，並努力去改善它，也說出努力的結果。

當習慣改變團體課程續開了兩三年後，有些修過這一門課的碩士班學生就可以擔任這門課的助教，帶領一組團體。所以該時，這門課可以有一個以上的習慣改變團體活動同時進行了。

續開這一門課三四個學期以後，筆者就累積了不少經驗和實際資料，把這些經驗和資料整理以後，初步形成如下述改變習慣的十九個步驟。以下，筆者就對這些步驟詳做說明；讀者也可以根據這些說明，試改你自己的習慣。但有一個比較理論性的問題，卻是在開始說明改變步驟之前必須澄清的。這項理論性問題就是：習慣能改嗎？

乍聽之下，或許讀者會感到納悶，而會立刻提問，這不是多此一舉的問題嗎？既然已經具體地列出了十九個改變步驟，這不是表明習慣是肯定可以改變的？筆者之所以提出這個疑問，是因為過去有不少學生在他們報告裡寫說他們的習慣改變努力慘敗的經驗，因此筆者才提出習慣到底能不能改變的問題；另外也有學生提問說，有些書的作者主張二十一天則可以改變一個習慣，這是真的嗎？除此之外，筆者另一方面很少在學生的作業報告裡，看到他們成功地改變了習慣的喜訊。據於上述諸多理由，筆者才認真地提出習慣能改變嗎？這個聽起來似乎是多此一舉的問題。

「習慣能改嗎？」這問題，筆者的回答是：「能改，但有難易之分」。既然有難易之分，那麼根據什麼？我們可以辨別哪一個或哪一類型的容易改，哪一類型的就不容易改？這個問題的答案是刺激與反應之間的關係連結強的較難改，要花費較長時間或較多次的努力與嘗試才能改變過來。此外，還有一些重要的因素也會影響習慣之容不容易被改；這些因素包括有幾個習慣三元素可被當事人察覺到有關，若當事人對於習慣三元素都不能察覺到，該習慣是屬於在前面兩講所談的潛意識習慣，要靠當事人本身去改變它，是

非常不容易的事。或許當事人僅知自己有所不對勁，或僅模糊地感覺到莫名的不安，但不知什麼是使他不安的主要原因。此類的習慣，若當事人強烈地想要改，那麼只有求助於資深的心理治療師了。

　　從察覺度觀點來討論習慣改變難易度時，最容易被改變的習慣類型是當事人本身對於該習慣的三元素都有頗高的察覺度。此類型習慣，當事人自己也可試加修改，只要他知道修改的方法或在此第八講後面部分所要說明的十九個改變步驟。

　　除了對習慣三元素的覺察度多寡之外，當事人的習慣改變動機之強弱也是不能忽視的因素；這項因素與任何改變都息息相關。動機愈強，改變成功的可能性就愈高，反之亦然，這是每位讀者都知道的，但有不良好習慣的人不一定都想要改變它們。同樣地，知道自己欠缺一項良好習慣的人，也不一定都很想把它培養起來，這是為什麼呢？

　　欠缺改變動機的理由因人而異，有些人可能是因為不良習慣造成的壞處還小於它所帶來的好處。例如，有位修課的護理系女生在作業裡寫說：「甜食是她最愛的食物，吃了它之後立刻帶來的滿足感，真是令她感到人生至深的幸福，雖然也知道吃了甜食之後體重增加，大麻煩一定會隨之慢慢來找她；所以看到甜食排在眼前，尤其下班後，又累又餓的時候，眼前甜食的誘惑力之大，則勝過其他食物。」所以，身為習慣改變團體的帶領者也要很注意如何增強每位成員的改變動機之問題，而在改變過程中，設法強化改變動機的步驟。

二、習慣改變的十九個步驟

　　步驟 1：要改變哪一個習慣？空喊要改變習慣，不管你喊了多久，還是沒有用的。所以習慣改變團體的帶領者讓成員相互認識，也讓他們了解團體互動的基本方法與原則之後，就要設立一個機會讓每位成員分別地又具體地說出要改變他自己哪一個不好的習慣以及培養哪一個當時欠缺的良好習慣。這等於幫助成員確立以後他要努力去達成的目標，目標的確立，在某一程度上是有助於強化改變動機的。

　　步驟 2：確定改變習慣的目標之後：領團者就讓每位成員以輪流的方式

說明為什麼他要改變那個習慣，假如不改變有什麼不好以及改了有什麼好處？這一類的說明也有助於強化改變動機。在這些步驟，領團者鼓勵每位成員聽了其他成員說出的改變目標後，若有任何想問哪一位發言成員，都可以問，而被問的成員也要儘量詳細地回答被問的問題，除非不知如何回答或被問到太隱私的問題。

　　步驟 3：也是改變習慣過程中很重要的部分，是關於要培養一個怎樣的好習慣或減除一個怎樣的不良習慣？在第一個步驟，如果一位成員僅說要改變原有的晚睡晚起的不良睡眠習慣，雖然也可算是建立了一個改變的目標，但是這個目標定得模糊，不夠清楚具體；若要把它付諸行動每天照它勵行，則難判斷他所做的是否達成目標了。所以在步驟 3，若把這模糊的目標說成「我每天晚上十一點鐘上床，早上七點鐘起床」就可說是訂得夠清楚夠具體的目標，開始實行以後要計算有沒有達到目標，就可具體地算出成功的百分比。

　　步驟 4：對訂定出來的具體習慣進行評分。在此書的某一講，筆者已說明過，習慣不但可依據六個準則加以質的分類，而且分類後的習慣還可以更詳細地計算它的分數，然後就可用得分的高低來和另一習慣做比較，藉此不但可看出該良好習慣比另外一個良好習慣是更好的，也可看出高出幾分。經過如此評分之後，我們就可根據分數的高低清楚地看出哪一個現有的良好習慣的得分，遠比將要努力培養的另一個新良好習慣低很多，所以要去培養的該習慣是真的很值得去努力培養起來的；同樣地也可看得出，如果把現有的不良好睡眠習慣改變成另一個良好睡眠習慣的話，自己的日常生活可以從這項改變得到多少好處。例如，在《歐洲心臟雜誌》普藩斯博士發表一篇論文，其中說：「最佳入睡時間是在身體二十四小時週期中的特定時間點，提前或延後都可能對健康有害」；針對就寢時間與心臟病關聯而言，比起男性來說，這現象在女性身上更明顯，理由可能是由於荷爾蒙差異和更年期所致。研究也發現，每晚十點五十九分入睡的人罹患心臟病的機率最低，晚上十一點至十二點入睡的人則風險高出 12%，午夜後才就寢的人則高出 25%，而在十點前就入睡的人，則其機率高出 24%。由這些發現，我們可說晚上十點至十一點是入睡就寢的「黃金時段」。這項研究的受試者年齡在四十三至七十四歲之間，人數為八萬八千名的英國成年人；這項研究資料是參考聯合

報第七版，2021 年 11 月 14 號王郁婷報導得來的。由以上說明可知，習慣的評分有很多優點，在習慣改變過程中應有這一步驟，才能使此項工作變為更具體、客觀化，而且憑此進一步拉高習慣改變者的動機。

過去，聽過習慣量化這一部分內容的學生中，有不少人在其報告作業中寫出其疑問「這項習慣量化工作聽起來雖然很好，但是做起來卻很費時，既麻煩又很主觀，因為一個反應所引來的結果，到底好不好，會因人而異，所以雖然結果用數字去表達，這數字還是相當主觀，不是完全客觀」。有些學生則寫問：「寫出來的數字是個案自己的感覺，或個案和治療者兩個人經過討論後的結果？」除了這兩種疑問之外，也有些學生甚至寫問：「這是治療者一個人的主觀分數呢？」對這三項疑問的答案，當然只有的一個，亦則那個分數的高低是由做這項評分的人來定的。因為只有個案知道自己的適應問題是因自己某一或不良的習慣才有關。個案在這評分表所寫出來的分數和他們在其他自陳量表上所勾選出來的分數都代表著完全相同的意義，也代表著又主觀又客觀的含義。所以，如果你想知道臺大的男學生和臺大的女學生對於晚上十一點鐘上床，早上七點鐘起床的睡眠習慣所給的分數有多大的差異，你也可使用這個評分表讓他們分別進行評分，而最後可分別算出臺大男生組與女生組的得分平均值和標準差，然後計算出兩組間的平均值差異是否很顯著。由上述方法所得的平均值，在此時也可稱謂「相當客觀化的主觀分數」，而這項均值會繼續存在不容易變，除非臺大學生的讀書或生活文化發生了顯著性變化。

步驟 5：列出現在要給予改變的習慣刺激以及它的反應和它在哪一點不好列出來，而列出的愈具體愈好，再來就要列出要改變成哪一種反應，也列出的愈具體愈好。最後也列出要改變的穩定度是什麼以及它在哪一點不好，同樣也列出的愈具體愈好。若以飲食習慣來說，醫界與營養界，為了不讓糖尿病發生與惡化，所建議的良好三餐習慣如下：此建議的一部分，由記者王郁婷於 2021 年 11 月 14 號聯合報的世界糖尿病病因，由美國《預防》雜誌轉載於聯合報第六版。Rebecca Danison 博士說，要在起床後一到兩小時內吃早餐，而後每三到六小時吃點心或正餐，維持血壓正常。關於最好的食物分配所做的建議是，不含澱粉的蔬菜應該要占滿餐盤的一半，另一半則是蛋白質和全食物碳水化合物的組合，如糙米、藜麥、豆類、小米等穀物，此類

複合碳水化合物比白米、麵包和義大利麵等加工過的碳水化合物含有更多纖維和營養素，而纖維有助於維持血糖的穩定。

　　早餐要吃得好，中餐要吃得飽，晚餐要吃得少，這三句話是我們常聽到的口頭禪，而它與西方社會的一句好笑的諺語似乎有關；該諺語是這樣說的：「早餐吃得像國王，中餐吃得像王子，晚餐吃得像乞丐。」雖然睡前吃一百至二百大卡的小點心是可允許的，但確保晚餐要在睡前四小時內吃完。「有證據顯示，愈晚進食，身體需要分泌更多胰島素調節血糖，愈可能增加肥胖和糖尿病風險。」有位《前驅糖尿病飲食計畫》的作者則說：「晚餐除了份量較少，最好也限制白飯、義大利麵等碳水化合物的攝取量。」《計畫》的作者們建議說：「吃的全食物」碳水化合物，要平均分配在三餐攝取，如此就能減少胰島素持續分泌的負擔，減少血糖驟降。

　　第五步驟的重要性可再舉另一例來加深讀者對它的印象；此例是 2021年 10 月 31 日在英國格拉斯哥舉行的聯合國氣候變化綱要公約第二十六屆締方大會（簡稱 COP26），它在 11 月 13 日落幕。在此大會，約有兩百個國家代表經過十五天馬拉松式談判，終於達成如下籠統性「格拉斯哥氣候協定」，它明示各國需在 2022 年底前強化「2020 年訂下的減碳排目標」，加速「逐年削減未使用碳捕捉技術的燃煤發電」，淘汰「無效力的化石燃料補貼」，並對碳交易市場規則訂定協議，除了以上總協議，另有三項是一些國家間訂下的較具體協議；其一是美國與中國宣示未來十年加強合作應對氣候的變遷，大陸首度同意甲烷（Co）減排並至 2026 年起淘汰燃煤；其二是一百多國同意減排甲烷，而且也是首次在會後公報中直接點名甲烷；其三是美國、英國、俄國、巴西、中國等一百多國同意，2030 年起停止濫伐森林。

　　雖然在格拉斯哥會談之前，聯合國已訂定三個成功標準，結果卻是以一個標準都沒有達成的慘狀收場。這三個標準分別是①2030 年前減少全球二氧化碳排放達半數；②富國援助窮國一千億美金；③並確保半數資金用於協助開發中國家適應氣候變遷最糟的影響。主持此次峰會 COP26 的英國籍主席夏瑪，因為最後協議措辭在中國大陸與印度堅持下，不得不將原本草案中「分階段淘汰（禁止使用）燃煤發電」改為較消極的「分階段削減（減少用量）」的措詞而哽咽。此措辭之改為消極，引發歐洲國家與島嶼小國之強烈不滿。所以聯合國秘書長古特瑞斯對此次峰會協議的聲明稿中，幽默地寫一

篇文說：「脆弱的地球仍搖搖欲墜，我們人類仍以玩具的小塑膠槌在敲氣候災難的鐵製大門。」

　　由以上所舉二例，讀者一方面可看出，不管是個體或全人類的生活習慣，若要改變都不是一次就可完成的；猶如「習慣成自然」這句話所隱含，已有多年背景的個人習慣或二百多年的人類用碳習慣，都已擁有相當程度的固著性、吸引力或「被依賴性」，所以要改變它之前，必須先以某種方法先把這些黏著力弱化到某一程度才可以。不然，冒然地一次就把它全然改變，很可能引起該習慣擁有者的強烈莫名不安，也引起相關的防禦性反彈；另一方面由第二例可知，改變習慣之前，最好先訂出要改變成另一個怎樣的目標性習慣。唯有如此，才知道改變有沒有完全成功或僅成功了百分之幾，而尚有百分之幾要繼續設法努力去完成。

　　步驟6：列出要改變成為怎樣的刺激以及它在哪一點比原來的刺激好，也要列出改變成怎樣的反應及穩定度，以及它們在哪些點比原來的好，所列出的那些點也是越具體越好。

　　步驟7：在第5、6步驟所做的改變計畫進行好了以後，就以冷靜地自問：「所計畫的改變會不會太難，很難達標？」也要以現實的態度告訴自己：「改變的唯一目的是要使自己達到目標時，能活得更快樂、幸福。」自問之後，若發現計畫不容易達標，而硬要去完成，反而會招來更多痛苦，則把目標降低到稍微努力一下則可抵達的程度。

　　過去，筆者帶領一個習慣改變團體，而活動進行到這一個步驟時，就發現一位成員的改變計畫很明顯地出現「好高騖遠」的情形。聽了這位成員的改變計畫之後，其他成員就紛紛提出疑問說：「你每天要花十個小時來複習，預習功課固然很好，但你的計畫中，要花多少時間在睡眠、運動、交友、育樂、休閒，以及洗澡和閱覽每天的重要新聞呢？做課業的時間要比花在其他活動的多一點，當學生是應該的，但睡眠、運動、人際關係也不應該被忽略，不然做功課的效果反而帶來不好影響也說不定！」聽了其他成員的這項建議，這位同學也覺得他們說得蠻有道理，所以就把原計畫修改得更富有人情味。

　　由以上說明看來，第7個步驟的「自問」是很重要的。因此，帶領習改團體活動時，筆者都會告訴成員要養成一則內語習慣，而不斷地對自己說：

「不要想一步就到位，那是比一步就要登天難，也會帶來更多的痛苦，不如一小步一小步不停地走，走久了，總有一天就會成功。」

　　步驟8：要從哪一天開始執行改變計畫？有一句話說：「光說不練是不行的，那等於是還在原地踏步」，所以必須訂定一個開始執行計畫的確切日期，而那一天一到，就一定按照計畫一步一步進行。

　　步驟9：哪一天要達成改變的目標？這一步的訂定也是很重要，絕對不能忽略；如此，事情才會變得有頭有尾，有始有終，不會是「虎頭蛇尾」。所指的目標不一定是最後目標，一個階段一個階段的目標也可以。如果習慣改變團體活動是長期地進行，所訂定的目標可以是最後的總目標，如果不是，而是像筆者過去所帶的團體成員都是選修這一門課程的學生，故而只能以一個學期為單位，所訂的目標不能太高，最好在一個學期或四個月內可達成的階段性目標或總目標為宜。

　　一旦第八與第九步驟都慎重地走過以後，習慣改變當事人的改變動機就又強化一些。這是因為改變的日期已經清楚地排在眼前，所以已然形成有一股無形力量從背後推著他往前動，而最後的目標也從前方拋過來一條粗大的鐵鏈拉著他往前動。如此，一推一拉，雖然萬事起頭難，當事人就像一艘船一樣開始，在海上向心目中的遠方海港啟航了。

　　步驟10：做宣誓。雖然人類一生下來就是一個好奇心格外強烈的「好奇寶寶」，尤其在兩三歲能確定自己是在母親視線範圍內時，什麼調皮搗蛋的事都敢試試看；如果相反地，父母仍是一對不夠成熟的成人，不知如何給子女一張安全的保護網，子女的好奇心就可能不萌芽，或一萌芽就被壓碎，變成畏首畏尾，什麼都不敢試的「膽小鬼」或「無膽小兒」。

　　習慣改變團體就針對「人是社會動物，需要他人的掌聲，需要他人的認可」這一點，以「向全體成員舉手做宣誓」的具體方法，把當事人的改變動機加強。宣誓這項動作，在人類歷史中，自古以來就常見於不同場合裡。諸如在三國演義中著名的「桃園三結義」；金庸小說裡丐幫幫主就位時向天宣誓、飲酒、灑酒、擲碗的隆重宣誓儀式；一直到現代每一國家總統就任儀式中不可或缺的宣誓儀式等。宣誓儀式的基本意義是要宣誓者貫徹自己所宣誓的每項使命內容，不然願意受到見證者的嚴厲處罰，借此嚴厲方法，國家或團體強化宣誓者把宣誓內容執行到底的決心。一個人做宣誓時，原則上心中

知道自己向誰在做這種宣誓。例如，在習慣改變團體所做的宣誓是向全部成員（包含團領者和宣誓人自己），而宣誓的內容是：「從幾年幾月幾日開始一直到幾年幾月幾日止，我（某某）向諸位成員誠心地宣誓要努力培養某一良好習慣，以及努力消滅某一不良好習慣；如果這兩方面的努力都成功，我要讓自己受到某種獎賞（例如吃一大碗自己最愛吃的牛肉麵），而如果努力沒有成功，我就要讓自己受到某種處罰（例如請每位成員一支冰棒）。」宣誓儀式之前，團領者先印好一張正式的宣誓書，可讓每一宣誓人拿在左手並舉起右手大聲地向全部成員將它內容照著唸，唸完以後，就讓每位成員在宣誓書見證人的地方簽名，宣誓人自己也在宣誓人簽名的地方寫下自己名字。

　　大家都簽名完以後，把這張宣誓書複印幾張，讓每位成員都有一份宣誓書副本，以後需要時，可隨時把它拿出來使用。

　　步驟 11：走過前述十個步驟以後，每位成員就依照宣誓的日期與方法，開始進行良好習慣的培養，以及不良習慣的改變，不得拖延，並在每一週的習慣改變過程中，把一個禮拜的進度情形向團體成員做具體及詳細報告，以後每一週，習改團體的活動就這樣地繼續運作下去。雖然團體成員每週只有見面兩個小時（如果這是兩個學分的課程），但對每位成員而言，每天都要按照計畫下來的方法繼續努力。如果某位成員的努力目標是每天要早睡早起，並睡足八個小時，而他的早睡是在晚上十點至十一點之間（不能在十點之前也不能在十一點以後），一定要上床躺下去，而早上七點鐘一到（不能比七點鐘更晚）就要起床。

　　為了幫助自己把改變過程進行得更清楚也更有效力，在這時候成員就要開始寫習慣改變日記或週記，是很值得一併進行的。有關撰寫習慣週記的事宜，在步驟 19，筆者將會做更詳細的說明。

　　除了撰寫習慣週記之外，在習慣改變過程中，筆者發現，有些學生也會利用鬧鐘或手機一類工具幫助自己。若要以培養早睡早起的良好睡眠習慣為例來講的話，例如決定晚上十一點鐘就一定要上床，有些學生就把鬧鐘設定讓它在十點三十分響起一次，預告他就寢的時間快到了，要準備上床了。如此，有了鬧鐘的幫助，努力早睡的成功機率就較容易提高，不會睡前又因為忙於別事而錯過該上床的時間；同樣地，若能善用鬧鐘的幫助，依計畫及時起床的成功機率也會提高。

　　依照改變計畫以及憑藉善用相關工具繼續努力一段時間以後，成功地達到所訂習改目標的次數就愈來愈多。如果自己決定有了三次的成功，就一定要給自己一次獎勵，則請不要忘記一定要給自己計畫好的獎賞；這一步驟，（步驟 11）是非常非常重要的，也可以說是培養良好習慣的關鍵點。

　　至於給自己什麼獎賞呢？這一點，成員的當事人可以依照自己當時的需求做決定，過去有些成員就說，到臺北市最有名的牛肉麵店吃一碗牛肉麵，有些成員則說去觀賞正在上演的奧斯卡獎影片。主要的是，能讓自己深知自己的努力成功了，自己也更快樂了，所以自己的這一番努力很值得受到如此大的獎賞。「努力學習」後「緊接著來」一個「快樂的強化物（reward 或 reinforcer）」是促進學習進步或成功不可或缺的要素，這是具有現代常識的成人所皆知的。所以習改團體活動進行到這一步驟時，習改團體都設有這個機制，讓團領人及時拿來使用，以便強化成員的學習動機與提高效果。團領人可由他或某一成員帶領團體全部成員給這位努力成功的成員一分鐘，可震撼到該成員心中深處的大掌聲，若有其他成員願意送給當事人小禮物（例如一支著名的原子筆或一本很好的筆記簿），或大聲地喊一聲「恭喜！」也都可以。

　　＊最近筆者為了養成每天一定要喝 1,000cc 以上白開水的習慣，就在大賣場買了一支容量 1,000cc 的水瓶，每天早餐後把它裝滿，放在書桌右手邊，晚間上床睡覺前把整瓶喝完，如此地每天執行，隔天早餐後的如廁就更順暢多了。

　　在此，筆者很願意偷偷地告訴諸位讀者關於筆者的一則小經驗；那就是筆者正式退休以後，仍一直以志工方式繼續在臺大心理系授課，輪流地開授「夢心理學」相關課程，與習慣心理學相關的幾門課程。在某次下課後，有位選修習慣心理學的碩士班學生就到我的研究室送我一支派克牌鋼筆，並說，筆者所開設的課程她都選修過，而她覺得那些課程內容對她改善生活品質都很有助益，因為學期快要結束，所以就特別來向我致謝並送派克鋼筆一支。筆者雖然是教學將近六十年的老教員，遇到這種，也算是來自學生的感謝式鼓勵，也讓通常平靜的心情不得不湧起很大的漣漪。可見，不管任何形式的「掌聲」對於什麼人都有鼓勵作用的。

　　步驟 12：努力成功後絕不要不給自己獎賞固然很重要，若沒有努力而

失敗時，也要給自己某程度的懲罰，也同樣地不要被忽視。有了及時，也適當的由自己或來自他人的懲罰具有警告的意涵，警告當事人你絕不可以把沒有做成功的行為表現當作不是一回事；沒有做成功一定有其理由，你一定要檢討是不是你不夠努力或沒有做了足夠的努力次數，或把目標訂得太高，或你選擇的改變項目對你來說根本不重要，意義不大，所以沒有引起夠強的動機等等，然後應該給自己適當的自我懲罰。

　　所以因沒有努力而沒有成功時，要給自己宣誓時所說的方法來懲罰自己是很重要的。在此舉一例來說明這一點，有一位男生成員在活動結束的檢討會時說：「懲罰的步驟是非常重要的，它的功效是等於突然喚醒了整個自己，去看到一直以來存在的「什麼事都應付應付，馬馬虎虎就好，何必認真」的心態，也知道這種心態是要不得的。這一次我以好玩的心情把改變的目標訂得太高，也把自我懲罰的內容訂得太嚴，所以現在雖然學期快要結束了，我目前的睡眠習慣卻還是晚睡晚起，離開原訂目標仍然遠得很，所以我要懲罰自己，但懲罰的內容又訂得太高，所以要給諸位每人吃一支義美品牌的紅豆冰棒。雖然這品牌的一支只有十元並沒有很貴，我自己也常常吃，下一週我會買十五支來，諸位每人一支，但我自己沒有，我要用這方法來強化自我懲罰的效果。十五支也要一百五十元，我母親每週給我的零用錢也只有一百五十元，這也表示，下一週我什麼其他的零食都不能買了，想起來也好慘喔！不過經過這次的團體討論，我才真正地了解，早睡早起的重要性；這習慣真的會給每天生活帶來很多方面是以前沒有注意到的不好影響。雖然這一次我沒有達標，但以後我還是會繼續努力做下去，因為我已經知道要用什麼方法了。」

　　步驟 13：由步驟 10 與 11 的舉例說明，諸位讀者已經更了解，獎賞與懲罰對於習慣改變活動成效的影響力有多大。因為上舉的幾個例子都以習慣改變團體活動為背景而言的；故而，也許有些讀者就想問：「習慣改變一定要靠團體嗎？」答案是：「不一定，一般的一對一晤談法，甚至當事人自己一個人也可以做，但要有夠強的改變動機，最好也要有本講前述的十二個步驟。」

　　若當事人要靠自己進行改變習慣，筆者建議最好把你的改變意圖與計畫事項告訴父母親和兄弟姐妹，他們可能會成為你的見證人，也會成為提示人

或鼓勵的人。若當事人是大學生，不住在家中，而和其他學生一起住在校內學生宿舍或在校外合租生活在一起，則可告訴這些室友你的習改計畫，說不定他們也願意當你的習改（習慣改變）提示人或見證人，鼓勵人或懲罰人。

　　步驟 14：認真檢討、分析習改沒有成功的所有相關因素並減除它們，也分析與找出習改成功的所有相關因素，並若能則再增多或增強它們。例如，若檢討的結果發現到，沒有成功的主要理由是會忘記自己的習改計畫，則以毛筆用較大的字體寫一句用以提醒自己的話：「務必晚上十一點前上床，早上七點前起床」，而把這寫有大字的這張紙條貼在自己書桌上或透明玻璃板下或電燈的開關處。如果需要的話，每週準備一張表，在上面你可登記自己努力習改結果是成功或失敗。過去的研究結果也都指出，這是很具有鼓勵作用的好辦法。

　　步驟 15：在努力習慣過程中，同時培養正向的相關內在語言，並消除負向的相關內在語言。所指內在語言就是一個人對自己小聲說的話；這種話只有當事人自己在靜下來的時候才會聽得到。例如，當你努力習改一個時段之後，發現習改的成功率不如預先所訂的那麼高，也許你就會對自己說：「唉啊！努力又沒有成功，真糟糕！不知怎麼辦才好！」也許你不會對自己說這樣洩氣的話，而會說：「這是第一次的嘗試，還沒有達標，不是失敗，表示還需要繼續努力下去，加油！」前面的一句話是負向的內在語言，它會影響當事人不想繼續努力習改；然而後面那一句是較正向的自我內在語言，它會讓當事人對他自己說：「感受到失敗不算什麼，成語不是說失敗為成功之母嗎？加油，再加油！」

　　以前帶習改團體的時候，筆者常常對團體成員說：「一步登天不容易，但每天想到了就要做，而且要做得對，天天做，今天剛要做，目標還在一百步遠的地方，但如果每天走一步，一百天後，目標一定會在你的眼前。」

　　步驟 16：勤寫習慣改變日記，在習改努力過程中，日記要天天寫。要寫習慣改變日記的理由，由步驟 11 的說明，讀者大概都已經很清楚了；其中的一個理由就是你可以把它用來檢討與修改自己所做所為，是否與達到目標有關或背道而馳。此外，也可把它當作鼓勵自己，加強習改動機的資料之用。在此再舉一例說明之；目前，筆者正在努力完成這本《生活藝術心理學十三講》的過程中，讀者也知道這過程一定要走很長的一條路，要走完它，

並不是一兩天就可完成的。筆者自己也不確定完成的日期在將來的哪一天，目前只知道這本書對自己、對可能有緣的讀者來說是很重要的，所以內心知道一定要完成它的動機很強，連晚上深睡時也出現相關的夢境；目前，為了鼓勵自己，暫時把完稿的日期訂在明年三月底，而以這為天天勉勵自己的手段。因為我把每天所寫的一字不漏寫在稿紙上，所以可把今天所寫的字數和昨天所寫的字數拿來相比，這樣比較無形中就成為前面所討論過的獎賞與懲罰自己的依據；而依據已經寫完的份量自己也知道我快要寫完這本書的一半了，天天有更接近最後的目標的喜悅。用登山者的心情做比喻的話，我快要走到山頂了，剩下要寫的就是等於是走下坡了，這樣想心情就更輕鬆起來。

所以把努力過的資料留下來當為檢討、修正、鼓勵之用是很好的方法。

本來在開授習慣改變團體時，筆者都對成員說整個過程可分成十九個步驟，現在重新看起來，這十九個步驟是可簡化成為以上所講的十六個步驟。這是因為原來的第 17、18、19 的三個步驟可分開安排在上述的第 10、13、14、15 和 16 步驟裡分別說明清楚。當然如果擔任團領者要特別強調最後的這三個步驟，也可以把它們逐一拿出來做如下說明。

步驟 17：以標語、客觀刺激，或告訴親朋好友你正在做習慣改變計畫方法，以得到他們的提醒、鼓勵、建議或其他協助。

步驟 18：遇到習慣改變的瓶頸時，所想到的各種解決辦法，拿來試用看看，以確定是否有用。

步驟 19：繼續寫習慣日記，以便發現自己所有習慣，包括動作、情緒、感覺、意象、認知（包括內在語言）、人際關係……等等，以及這些習慣之間的互相關係。

第九講
近代名家對於習慣的論述

　　本書第一講的主要目的在於詳論筆者在美國密西根大學心理學研究所取得臨床心理學博士學位後，心中產生強烈自我要求，渴望在臨床心理學領域，甚至在心理學領域裡找到或創立一個基本概念，並以它建立一套層次高於任何既存的心理學體系，藉此可描述所有心理現象以及它們由何而來，可往何方演變以及如何改變、控制它們。此壯志可能令聽者感到未免把目標訂得太高，像是痴者在做白日夢！

　　不管是痴者的白日夢，智者的希望夢，過去四十年來，筆者真的活在這場夢世界裡，一面提出主張，一面接受批評，一面修正，一面補充原有的想法。

　　時至今日，雖然所夢想的完美理論尚未完成，人卻早已年過九十；為了不使努力成果成為無人所知，所以過去筆者已寫了兩本相關書籍，也開授了相關課程十年有餘。

　　若要把既有的努力成果列舉出來，約莫有如下幾項重點：

　　1.創立新的習慣定義：把習慣界定為刺激與反應之間的穩定關係，此定義與原來的定義大不相同。之所以要改成這樣的新定義，是因為筆者在兩場演講裡大膽地說出：「不論是正常人與不正常人（包括所有心理不健康人）的行為現象，都可以使用習慣概念來做解釋與說明」，這項主張引來當時在座的精神醫學界評論人的不同意。這兩場演講，有一次是在臺灣心理衛生協會成立 60 週年年會裡，另一次是在日本東京齒科大學精神科學會裡。兩位評論人都不約而同地提到習慣是學來的行為，但心理症狀，包含某些精神官能症者的症狀和精神病患者的大部分症狀都與體質、遺傳、基因脫離不了緊密關係，尤其是精神病患者的更難，僅從習慣或學習觀點做圓滿解釋。因為

該兩位精神醫學專業者都提出如此相同的批評，由我自己臨床心理學的觀點來看，他們的反對也是一針見血地指到關鍵點，所以經過一段仔細思考後，才好不容地想出需要把習慣概念新界定為「刺激與反應之間的穩定關係。」

對於此新定義，前來選修「習慣心理學與其應用」的學生首先也都表示議論紛紛，但經過解釋後，逐漸接受這項新定義；很多學生都表示新的習慣定義，使此概念的運用範圍擴大到「包山包海，無所不包」。若認真地想，確實是如此。但，這也是筆者本來所想要的！

2. 習慣的新定義確定後，宇宙間的萬般現象都可被納入這定義之下接受分析研究，不但大自天文現象，小至細菌活動，所以此概念也可被不同研究領域學者拿去使用。不但研究我們五官所能感受到的心理現象，也可以拿來研究複雜人際關係的當事人能意識到，但他者無法感知到的意識以及精神分析者特別有興趣的前意識、潛意識等心理現象。

3. 習慣的分類：科學家研究自然現象，人文科學家研究社會人文現象，而他們之所以冠上「科學」這一頂「帽子」的理由，是他們把工作目標鎖定在描述其研究對象的目前狀態，然後預測其研究對象的將來狀態。

也可以說，雖然所有現象都不斷地在變，沒有停止的時候，那麼能不能在其中找到一些現象是變化得比較快，另一些是變得比較慢，而有些現象則根本不變，一直維持在同一狀態，好讓我們能在萬象不斷變化中，獲得一份安定感與控制感。科學家就是為了這目的就創立了一套「現象分類學」。有了這一套分類學，天文學家試把宇宙間不斷變化的星體運作，分成太陽系、銀河系、哈雷彗星系等，然後再把每一星系分成第二級的系統，例如地球的系統，或金星、水星、火星的系統等。有了這種星體分類學以後，人類就開始知道，為什麼地球上每年都有春、夏、秋、冬四季之變化以及這四季為什麼一年十二個月一定依序而來，不會亂來。天文現象的周而復始的變中之不變的循環現象，給人類帶來安定與變中的可預測感，也鼓勵人類把活在生活周邊的那些為數多得算不完的植物、動物兩界，根據門、綱、目、科、屬、種這六個等級依序加以分類，而分類之後，植物學家就可以準確地預測在什麼條件刺激下，哪一類植物就會表現出哪一些反應。例如，凡是屬於植物界的東西，都不會動來動去，都有向光反應，這反應是對光線刺激而產生的，而對地球的萬有引力刺激則有逆向引力反應，對水分刺激就產生向水反應。

因為分類會帶來許多方便，所以每一支學門都少不了分類學這一門學問，因為分類學有「化繁為簡」的功效之外，也有增強研究者對研究對象開始具有預測力、控制力的感覺，這是科學家最重視的一項。

由上所述，我們知道分類學的重要性。過去筆者在習慣研究過程裡，為了習慣分類學也花了不少時間。因為習慣的定義已確定，筆者就根據習慣定義三元素做了三套分類系統；第一套是根據刺激之不同做分類，第二種是根據反應之不同做分類，第三種是根據刺激與反應間關係的強弱做分類。

做了這三種分類後筆者就發現，不同的分類會導致習慣心理學的不同用處。例如，以刺激之不同而做的分類（包括：食、衣、住、行、人際關係……等）除了有描述性功能以外，還能指出習慣與年齡、性別、身分、社會地位、健康有連帶關係的事實。若以反應之不同做分類（包括：動作、情感、感覺、意象、認知、人際關係……等），則馬上可看出當事人的人格特質，人格特質組型以及這些特質會給有這些特質的人，生活各方面帶來什麼影響。換言之，此分類方式可帶來預測性，再來若以刺激與反應兩者間關係的穩定度做分類，則可用於辨認出某一習慣，若要加以改變，其改變難度有多高，要花費多長時間；其意就是，此項分類法在習慣改變過程中必須優先考慮的。總之，不同的習慣分類法暗藏著不同的用處。

所以，若從識人與助人為主要內容的助人工作者立場來看，在習慣分類法中，我們還必須增加另一種分類法，亦即依據習慣，對於健康、生活快樂、適應、幸福的助益程度做分類；若有助益於生活，我們就可把它歸為良好習慣一類，若沒有助益而有壞處，則可把它歸為不良好習慣之類。

為了設立一套簡單可行的此項分類法，筆者也花了一段頗長時間，最後擬出含有六項準則的良好與不良好習慣辨別的系統。

習慣分類工作完成之後，接著開展出來的是習慣心理學的應用。首先可想到的，當然是習慣的培養與習慣的改變，再來就是習慣概念之可否應用於人格心理學、人際關係學、發展心理學……等的研究。

習慣的培養與改變是臨床心理學的兩大領域之一，另一是習慣的辨識。從習慣分類學觀點我們可以說，心理健康的人就是擁有良好習慣遠多於不良習慣的人，而心理不健康的人是擁有不良習慣遠多於良好習慣的人。所以負責辨識個案「擁有哪些良好與不良好習慣」的臨床心理師，首要任務是

先以在本書所描述的幾種管道，辨識出該顧客所有強於一般人均值的顯性習慣，以及顯著弱於一般人均值的隱性習慣，然後把這些多出的顯性習慣和隱性習慣逐一歸爲多出的不良好習慣、多出的良好習慣，以及缺少的良好習慣三大類，而進一步寫出一份「習慣診斷報告書」做爲習慣改變或心理治療之依據。

一般所謂的「心理治療師」從習慣心理學觀點來說，筆者認爲改稱爲「習慣改變師」較爲適當，而他就根據上述「習慣診斷報告」內容尋找如何減除多出的不良好習慣的途徑，以及如何培養增多所欠缺的良好習慣的途徑，並依這些途徑，幫助前來的個案減除他所擁有的全部不良習慣，以及培養增多個案所欠缺的全部良好習慣爲止。

如讀者所知，在本書第八講，筆者已講述改變習慣的十九個步驟，所以臨床心理師可以依據這一套步驟進行其助人工作的「神聖」任務。

本書的內容分爲三大部分：第一部分主要介紹筆者心目中的「習慣心理學與其應用方向」，而且把其內容分爲前述八個主題。第九講開始把議題轉到其他近代名家對於習慣議題提出的主張。

第九講所要介紹的是由 James Clear 於 2018 年所撰，由方智出版社邀請蔡世偉翻譯，而於 2019 年出版的一本書《原子習慣》。一年後的 2020 年 8 月該書就有了五十三刷的銷售紀錄，可見在臺灣它是一本超級暢銷書，好評載道；在美國則有亞馬遜、紐約時報、華爾街日報、今日美國報、出版人週刊皆把它稱爲暢銷書，商業雜誌則評其爲 2018 年度七本最佳商業書之一，商業內幕則把它選爲 2018 年最佳自我成長書籍，而職涯網站 The Muse 推薦它爲最能幫助你增進工作效率的書。

在臺灣，此書目錄就有三名作家的推薦序。第一篇由理財與勵志暢銷作家艾爾文所寫，其題目是「一本可以實際運用的習慣指南」；第二篇是由溫美玉所撰，其題目是「別挑戰人性，培養良好習慣不靠意志力」，她是一位知名作家，全臺最大教師社群「溫老師備課趴」創辦人；第三位謝文憲是知名講師、作家、主持人，其題目是「原子習慣威力無窮大」。

第一位推薦者說：過往我就讀過許多跟「習慣」有關的書，只是多數的內容偏重習慣對人造成的影響，談到較多的理論而不是實際的運用，本書最大的不同，就是除了說明習慣如何影響，更著墨在如何利用習慣改變自己。

　　第二位推薦者則說：這本書，從科學與心理學的基礎，教導你從微小行為、想法改善開始，慢慢讓計畫的目標不再失敗。與印象中的勵志書籍不同，這不是一本激勵你拼命和本能搏鬥，用意志力苦撐到目標的書。不必擔心書中會怪罪你的失敗來自「自制力不足」，它反而說人的本性都是如此呢！這也是本書讀來如此親切的原因。

　　第三位推薦人，以此書與他戒菸的成功契合處有四點來表示《原子習慣》說得有理也好應用。契合處的第一點是提示（隱而不現），使用的方式是，他開始不去超商買菸，把家裡的打火機、菸灰缸都送給朋友；第二點是使自己不再有機會渴望，因為菸癮來襲時，他開始想像那些吸菸者的恐怖嘴臉與身上奇臭無比的異味；第三點是離開外商職場之後，遠離可以拿到伸手牌的機會，買菸更顯得不便，這是利用改變環境的方法；第四點是利用得不到獎賞反而使自己不悅，讓自己看見街道，馬路布滿菸蒂，公共場所充斥似有若無的菸味開始顯得不悅。

　　這位推薦人謝文憲說，他的菸癮已二十年之久，而只用了三個月的努力終於成功，並繼續維持了十二年，迄寫此序時。

　　由以上三位推薦人的序言，以及其他的推薦言，筆者相信讀者已了解此書說的是哪一些，以及是否值得一讀。

　　作者 James Clear 在《原子習慣》的前言詳述他的一段既可怕又可貴的經驗；因為那段難忘的經驗與此書之得以問世有密切關係，所以筆者就把它們摘要下來，並把它們當為作者的「其人其事」，與《原子習慣》有何因果關係的最佳說明。

　　James Clear 描寫說，在高中二年級最後一天，他被球棒迎面擊中的事件。那是某個同學用全力要揮打來自投手的好球時，球棒卻從該同學手中滑脫，而朝向他飛來，最後猛烈地砸在他兩眼之間。把鼻子從旁邊扭成一個 U 字型，大腦的軟組織隨而猛烈地撞上顴骨內側，使得腦袋瞬間充斥一股腫脹之感；檢查結果是他的鼻樑斷了，顴骨有多處的骨折，兩個眼窩也碎了。到了學校保健室，護士問了三個神經心理學關於時空人物定向的問題，其中他答錯了兩題，另一題則花了十秒鐘才勉強答對。這些都表示受傷很嚴重，所以最後由直升機把他轉送到一間大型醫院。到了醫院不久，情況更惡化，呼吸完全停止，也隨之癲癇發作，所以必須輸送氧氣，他的父母也很快趕到醫

院，醫院派了牧師和社工人員來安慰父母。在醫院的第一夜，他只能靠幾部機器勉強維持生命。

　　除了以上所述，還有其他令人擔心的嚴重身體症狀，筆者就不另詳細轉述，而僅提述，八個月後，他才能再度開車，一年後才能重新踏上棒球場；原來，James Clear 的夢想是有朝一日能成為一位職棒選手。而在這一年中，他好幾次陷入憂鬱狀態，自我懷疑。然而，他也很努力相信自己，至少他知道若要讓自己情況轉好，只有靠自己！

　　幸運地，他所盼望的人生轉捩點出現在受傷兩年後，是他進入丹尼森大學時；也就在這時空點，他初次發現微小習慣的力量是夠驚人的。以下James Clear 描寫在丹尼森大學遇到的事。

　　第一，他進入了學校的棒球隊，這是他夢寐以求的。

　　第二，他知道短期內不可能躋身球隊先發，於是他先認真讓自己生活重回正軌。當同儕們每晚熬夜打電動的時候，他則建立起良好的睡眠習慣，每晚都早早就寢。

　　第三，在學生宿舍的雜亂世界裡，堅持讓自己的房間要保持整潔。

　　第四，培養三個良好習慣，習慣數雖然微小，卻讓他有了「自己的生命是由自己掌控的信心」，而這種信心逐日增強，也波及到上課的時候。因此也讓他開始改善讀書習慣，使得大一那一年，他每科都取得優秀成績。

　　第五，他被選為丹尼森大學的最佳男性運動員；那時是他被球棒擊中臉龐，接受人工昏迷一系列治療後的第六年，同時也入選 ESPN 的全美明星陣容，那是全美僅有三十三人可得的殊榮。

　　第六，畢業時，他獲得了總統獎章，這是該校最高的學業獎項。

　　列舉上面六項在丹尼森大學的這些聽來會令人嘆為觀止的經驗之後，James Clear 說，他不是為了自我炫耀，而完全是出自於好意希望他的《原子習慣》概念也能讓讀者充分發揮了原來不相信自己也有的潛能。在（前言）的最後，James Clear 寫了一段很動聽的結論；他說：「在一生中，誰不會面臨挑戰？那是不可能的！」拿他自己來說，那次的嚴重受傷就是他面臨的大挑戰，而那一份經驗也教了他至關重要的一課。若將它簡言出來，就是「只要你願意堅持多年，起先看似微不足道的改變，終將像是複利計算一樣，利滾利，滾出非比尋常的結果。生命的品質往往取決於習慣的品質，習

慣不變，所帶來的結果就不會變。一旦有了更好的習慣，更好的事就會隨之而來。」

有了上述對人生的結論性看法後，他進一步把這看法當成一項假設，並把這假設付諸實驗，看看假設能否通過。他以下列方式做了這項驗證工作：

1. 2012 年 11 月，他開始在自己網站發表文章。這些文章是關於他多年來執行與記錄的習慣實驗結果；它們是已準備好可公開出來和有緣人分享的。首先，James Clear 固定在每週一與週四發表一篇文章，而這個簡單的寫作習慣，讓他的電子報訂閱者人數在幾個月內就達到一千人，到了 2013 的年底，訂閱人數就已超過三萬人。

2. 2014 年，訂閱人數飆升到十萬人。自己的身分認同感也從「自己像冒牌貨」逐漸變為眾人所認知與自居的「習慣專家」身分。他說這個新標籤讓他興奮，也有些不自在。

3. 2015 年，訂閱人數增加到達二十萬人。所以他和書商簽了合約，開始撰寫這本書。因為讀者群增加，工作機會也隨之而來，其中之一更是常受邀到頂尖企業演講，講述習慣之形成，行為改變及持續改變的過程。此外，也不斷地在美國與歐洲的會議上做專題演說。

4. 2016 年，他的文章開始定期出現在《時代》、《創業家》與《富比士》等刊物上並且，不可思議地有超過八百萬人讀過他的文章。國家美式足球聯盟、美國職棒、職籃大聯盟的教練們開始閱讀他的作品，並在他們自己的球隊與隊員分享。

5. 2017 年，James Clear 創立了「習慣學院」。對於想要在生活與工作場所建立好習慣的人與組織來說，那是最佳訓練場所。所以，名列《財富》五百強的大企業及成長中的新創公司都紛紛地開始幫他們的領導者報名，並訓練員工。整體算下來，有超過一百萬名領導者、經理人、教練，及教師從習慣學院畢業。

6. 2018 年，訂閱電子週報的人數已接近五十萬人。

看完了從 2012 年到 2018 年的這些數字上一直成長的變化，各位讀者大概都會做瞠目結舌的驚訝反應。難怪，James Clear 本身也說，那些數字超過他的預期太多了。

本來，筆者不知道在臺灣的書籍市場也有這本 *Atomic Habits* 的中譯書

正在暢銷中，而從詳讀前來選修「習慣心理學」的學生作業報告中才知道的。看了書名，筆者首先以爲是某位學者從物理學觀點討論習慣現象，所以好奇心驅使，筆者就請在保險推銷公司工作的女兒代爲購買一本，殊不知她老早就買了一本當作推銷保險工作之參考。眞想不到！此書一到手，筆者迫不及待地看作者的背景，才知道作者是一位運動家、棒球隊員也是頂頂有名的企業家，這些又是另一種驚奇！

以下，筆者就 James Clear 的《原子習慣》做個介紹：

1. James Clear 說，所謂習慣，就是對於規律執行，而且很多時候是不假思索的行爲或慣例的稱呼。這一段話是 James Clear 對習慣所下的定義；此定義與筆者的不同點是它僅指出「反應」的規律性，而沒有很清楚地說出引發這些規律性反應的是什麼東西。但是 James Clear 的習慣定義中有一段很值得我們去注意的是：「而且很多時候是不假思索。」這一段話的涵義是「習慣並不是百分之百」，不管什麼時候都不假思索，而有時候也會發生思索之後才會有的行爲反應。

2. 由 James Clear 的另一段話，我們也可看出來在他心目中，習慣是如何養成的，他說：「只要你願意堅持多年。」這一段話在強調習慣要靠不斷地重複做出相同的行爲反應才能養成的。

3. 先由上述較模糊的習慣定義與如何培養習慣說起，到了後來，James Clear 就想到要撰寫一本手冊，清楚地告訴有意培養習慣的讀者，如何建立持久性好習慣的系統化寫作方法。而在手冊中，一個步驟一個步驟地，他和讀者分享如何建立，不是只有幾天或幾週，而是一輩子的好習慣。

4. James Clear 也清楚地表示他的建議都是根據已經存在多年的生物學、神經科學、哲學與心理學實驗與論證過的資料之綜合體而提出的，因此相當可靠實用。由此看來，他的《原子習慣》並不與物理學有密不可分的關係，而僅用來表示習慣的最原始、最單純的一個單位。

5. 討論到此，James Clear 就說到構成《原子習慣》內容的骨幹；他把它稱爲「習慣的四階段模型」，包含提示、渴望、回應、獎賞以及從中演化出來的「行爲改變的四個法則」。

6. James Clear 認爲上述第五點所提的「習慣的四階段模式」是類似於在 1930 年代行爲主義學派創始者（Skinner）所提倡的「刺激、反應、獎賞

模式」。不過 James Clear 卻也指出，Skinner 的刺激僅含外在刺激，還沒有把內在刺激包含在內，例如我們的思考或思想、感覺、情緒、信念……等；James Clear 認為這些也都是很重要的刺激，所以在其四階段模式中，他也把這些都放進去。就這一點而言，James Clear 和筆者的觀點是完全一致的。

7. 在「建立持久好習慣的系統化實作手冊」的最後，James Clear 說了一段相當富於哲學與肯定意味的話。他說：「人類的行為一直在變，在每個不同的狀況中，在每個不同瞬間的行為都不同，不過此書所探討的是「不變」的部分，是「人類行為的原理」，是能讓你年復一年仰賴的法則。」所以依靠著這些概念，你可成就一件蒸蒸日上的事業，可建立一個和諧快樂的家庭，也可創立自己幸福的人生。James Clear 也說此書所涵蓋的策略都不容錯過，若你很想把健康、金錢、生產力、人際關係或以上全部一步一步去改變的話。

《原子習慣》這本書的主要內容由基本原理、法則一到法則四，以及進階策略等六個部分所構成，而在最後有「結語」部分。以下，筆者就從第一部分的基本原理依序做簡介。

在基本原理部分，以「為何細微的改變就會帶來巨大變化？」為題，James Clear 由三方面說出可能的理由。第一方面，作者以英國自由車協會在 2003 年有驚人的命運改變的事說起。這一件事以布爾斯福德之受雇於該協會教練為起點，受雇之後，他就異常地投入其所堅信的「微小增長的總和」哲學理念；該理念主張，當你要做任一件事時，你就在那件事中找到一個可改善的微小空間。「若把這理念應用在當時騎自行車所有負面的分析時，若把分析出來的每一負面都加以百分之一的改善，然後把所有微小的改善都加起來的話，就能得到可觀的成長。」所以，布氏的教練團體做了如下八個小改變，包括：①改善單車的坐墊，讓騎車者坐起來更舒服。最近筆者也發現，臺大校內很多腳踏車坐墊和以前不一樣了，是否受到布氏的影響所致？②在輪胎上塗抹酒精，增加抓地力；③請選手穿上電熱式緊身褲，感覺更舒服；④以生物回饋感應器監控選手對不同訓練的反應；⑤測試不同布料，讓參加室外比賽的選手換穿室內比賽服，那更輕、更符合空氣力學；⑥使用能讓肌肉最快恢復的按摩油；⑦請一位外科醫師來教導選手如何洗手，減少感冒發生；⑧為每位選手找出能使自己產生最佳睡眠品質的枕頭與床

墊。

　　這八項都是小小的改變，在短短五年中，就使英國自行車隊在 2008 年的北京奧運稱霸，拿下六成的金牌。而這佳蹟在 2012 年的倫敦奧運變得更稀奇，英國自行車隊空前地創下了十九項奧運紀錄與七項世界紀錄，而此類佳績持續到 2017 年。

　　James Clear 說，我們往往以「巨大的成功必定來自巨大的行動」這句話來說服自己，無論是減重、寫書，都會給自己增加壓力，認為唯有如此才有驚人的進展。

　　相較之下，微小的改善就不被重視，但其意義卻可大了，尤其把時間拉長來看時，加總在一起的微小改善所能造成的總改善是非常驚人的。

　　一般言之，改善的步調是緩慢的，短時間內看不到其結果，所以缺乏耐心、毅力的人就很快地放棄改變的努力。不幸的是惡習卻在這時緩慢地長出它們的根，一年後，情況就變成好習慣沒有增多，壞習慣卻開始蔓延。為了說明習慣改變對個人生活造成的影響有多大，James Clear 非常相似於另一位習慣心理學者 J. Covey 所提的偏離航行軌道的例子，做了如下說明：

　　James Clear 假設性地說：「如果飛機要從洛杉磯飛向紐約，而在洛杉磯機場起飛時，將飛機的航向往南調 3.5 度，最後飛機就不會抵達紐約，而會降落在華盛頓特區。機首的偏移在起飛時，幾乎難於察覺到，但若把飛行的距離放大之後，降落的地方就相差了好幾百哩。同理，若目前的日常習慣有了微小改變，幾十年後也能將你的人生帶到非常不同的目的地。可說，造就你將大成功的高度是你日常的努力習慣，絕不是一次性的大轉變。」

　　在人生路上不管是何時，你所能得到的都是你習慣停滯後的指標。易言之，目前擁有的財產是你過去財務習慣停滯後的指標；現在的體重是你過去飲食習慣停滯後的指標；知識是你過去學習習慣停滯後的指標；房間是否整潔是你過去整理習慣停滯後的指標。

　　既然習慣與生活品質的關係是如此密切，為什麼良好習慣那麼地不容易培養起來，而不良好習慣會那麼不容易地被減除？James Clear 回答說，這個是他不知被問了多少次的問題。而答案是因為在改變過程的前一段時間，努力結果多半還是不明顯，所以在這一段時間，一般人就會墜入「失望之谷」，並放棄努力，這是很可惜的事但卻是事實。因為明顯的努力成果，只

能在先前的努力與行為所產生的潛能累積到夠多，而能跨越一個關鍵門檻時才會突現，可看得見的強大成果總是姍姍來遲。這樣的變化模式不但可見於癌症的進展、毀滅性的地震爆發，也可見於常態的植物，例如竹子的成長過程。

讓讀者了解培養習慣過程必經的階段之後，James Clear 就說：「所以請別太管目標，而專注於系統就好」，這個建議聽起來不易懂，但了解如下說明後，你就會覺得很有道理。James Clear 說，他從史考特‧亞當斯學到，目標是你想要達到的成果，而系統是讓你達到成果的過程。若舉例來說，假想你是籃球隊的教練，把目標定在拿到總冠軍，此時你的系統就是如何徵募球員、管理助理教練、如何帶隊練球的方式。所以「系統」相似於如何達到目標的方法。

但是如果徹底不管目標，只管系統，還能達成目標？James Clear 說當然不是，目標有助於確定方向，但系統是進步的最佳解答。所以目標、系統都要，但若花費太多時間思考目標，而花太少時間在思考系統的問題，就會產生如下四個結果：

問題一：贏家和輸家都有同樣的目標，但英國自行車隊未做八項微小系統改變之前與之後，卻產生全然不同的結果，為什麼？

問題二：假設你的房間一直都很亂，有一天你設定「要清理」的目標，也花了時間做清理的動作，結果房間清潔了，但若讓房間亂而不管的惡習不改，你的房間又開始又髒又亂。這是因為你只管目標，而沒有改變背後的系統，可見，目標並非那麼重要，真正重要的是改變達到目標的系統。

問題三：任何目標背後都隱含著如下假設，亦即：一旦達成目標，我就會快樂。因有這假設性想法，你就會把這快樂放在達標之後，這是人人都很容易掉進去的陷阱。此外目標也會創下另一種衝突，亦即，若沒有達成目標，則等於我失敗了，所以一定會感到令人失望的。

如何破解目標優先的心態所造成的衝突與失敗，其失望感到最後導致放棄努力呢？James Clear 說系統優先的心態會提供這顆解藥。

James Clear 說，若把心態從目標優先改為系統優先，一個人就不必等到達成目標時才能感到快樂。而且系統有很多種，猶如「條條大路通羅馬」這句話所說的，你就不會那麼容易感到失敗與失望，而放棄努力。

　　問題四：目標優先不如系統優先的心態那麼好的另一個理由，是因為它會造成目標實現後，完全失去繼續努力的動力，而又會重拾惡習。系統優先心態之好處就是在於不斷精煉與持續改善習慣的循環。

　　以上把目標與系統的含義與好壞說明清楚後，James Clear 就做了一段重要的結論；他說：「習慣就像人生的原子，每一個習慣都是造就你整體增長的基本元件。這些小小的習慣看起來不怎麼重要，但它們很快地就會互相堆疊，統整起來激發出比以前更大的作用，一個作用又會和另一作用相加，甚至相乘之後就變成你根本不會想到的巨大作用。每一個習慣雖小，力量卻無窮，這就是「原子習慣」一詞的真義，它是一個微小而容易做出來的規律性習慣，卻是不可思議大的力量之來源，也是可以組成複合式成長系統的元素。

　　在基本原理的第二部分，James Clear 就開始討論如何改變習慣，這是每一個習慣理論的最重要部分。所以，在每一學期的習慣心理學第一堂課，筆者就會要求學生以「你為什麼要來選修這一門課？」為題，寫一篇家庭作業，而都發現一半以上的學生會寫說，希望在上完這一門課後，就能學到如何改變自己的不良習慣和培養所要的良好習慣。可見「習慣改變」是習慣理論的核心議題。

　　一開始討論這項核心議題，James Clear 就拋出「為什麼重拾惡習那麼容易，建立好習慣卻如此地難上加難？」這疑問。筆者認為在每位讀者心中這項疑問一定蟄伏已久，而仍然沒有得到所要的解答。

　　小時候，下課後或暑假時，筆者常陪著父親下稻田跪著「撫草（臺語）」，亦即拔除田中的雜草。在工作中就常聽到父親口中唸唸有詞地說「惡種不斷，好種不傳」這句話；其意是對稻米有害的雜草在稻株間不斷地長出而拔不完，但好的稻株卻長不大，天天都一樣地那麼矮又黃黃地像是營養不良。我父親的那句話和 James Clear 的那句大哉問可說是異曲同工！

　　討論改變不良好習慣之所以如此不容易時，James Clear 好像心中已有答案似地說出兩個理由，其一是因為我們試圖改變的對象不對，他說每一種改變都可分為三個層次。第一個層次的改變是改變你要得到的成果或目標，包括體重變更重或更輕或寫出一本專書；第二個層次的改變是有關於改變你達標的方法、習慣或過程；第三個層次是關於改變你的身分認同，這一層次

的改變對象是比較抽象或廣義的，例如你的信念、世界觀、自我形象，或對人的評價。

　　James Clear 說，許多人把習慣改變的重點都放在第一層次，要達成什麼習慣，這是結果取向的改變。如果把改變的重點放在以養成什麼身分認同，則是第三層次身分認同取向的改變。Clear 也說無論是個人、組織或社會都有如下的行為模式存在，這個模式是①每個習慣的背後都有一組信念與假設；②習慣背後也存在著一個身分認同；③身分認同與信念及假設息息相關；④若舊的身分認同不改變它，則會破壞習慣改變的努力；⑤所以身分認同有了改變，習慣則較易改變。由此可知，與身分認同不符的習慣改變不會持久，例如你想要有錢，倘若你的身分認同是傾向於消費與享受，而不是要創造收入的人，你就有享受口福，要駕駛百萬跑車的消費習慣。易言之，就很難改變過度消費的習慣。

　　過去，筆者遇過一位強迫觀念與強迫行為甚強的男性個案，其症狀存在已有三十多年。他是家中唯一男孩，有一位姊姊和一位妹妹，從小他的母親就一直寵愛他，使得他養成了一個很特異的身分認同，認為他是「生來享受的」；穿的、吃的、住的、行的都要最好的，而這些最好的都要由母親、姊妹們提供，不必由自己工作就可獲得。若她們不提供，則不顧親情，以棍棒痛打她們，讓旁觀者覺得他有虐待狂症狀。個案求助於筆者好幾次，筆者也每次都努力試著改變其強迫症與「坐享家母、姊妹的經濟援助，而自己不出去工作的習慣」。筆者多年對他的習慣改變工作的成績一直不出現，目前憶及這個案的惡習改變結果幾乎為零，筆者就深覺很可能從頭到尾一直沒有致力於改變個案的「生來享受」的身分認同之故。

　　既然身分認同改變對於習慣改變，具有如上述的密切關係，那麼如何進行身分認同的改變？James Clear 在《原子習慣》為這項工作舉出兩個步驟。

　　步驟一：若說得更精確，習慣就是由身分認同的具體化而來的。所以每天起床後，一定要把床鋪整理好，就是在把「一個有條理的人」這個身分認同具體化；相同地，每天要寫作，就是你在把「一個有創意的人」這個身分認同具體化了。可說，愈是重複某一行為，就是在強化與那個行為相關的身分認同。易言之，通往身分認同改變的最佳道路是由改變你做的事，並持續地重複目前在做的事。

　　步驟二：要自問而弄清楚「我想要成為什麼樣的人？」清楚知道之後你就可以踏出一小步，並繼續去累積可以強化你想要得到的身分之證據。例如，若有一個人很想要成為健康者，他就靠著隨時自問的習慣，問自己「一個健康的人會怎麼做，才能成功地減重一百磅？」也每天把「健康的人」當作行為的指南針問自己，要走完這一段路時，一個健康的人會選擇走路或坐計程車？要吃早餐時也自問，一個健康的人會點墨西哥捲餅或沙拉？

　　James Clear 認為習慣與身分認同這兩個概念會成為一個回饋迴路；其意是，你的習慣會形塑你的身分認同，而你的身分認同又回過頭來形塑你的習慣。但重要的是，驅動這個迴路的力量是價值觀、原則與身分認同，而非成果。所以談到習慣改變，最好把重點永遠地放在你要成為某一種人（亦即身分認同），而不是要得到某一種成果。

　　追根究底，習慣之所以重要，是因為它能夠讓你變成你想成為的那一種人。透過習慣這一條管道，你可以一步一步地開拓自己的信念或身分認同。

　　在《原子習慣》基本原理的第三部分，James Clear 就建立了養成良好習慣的四個步驟。首先他舉出心理學家愛德華・桑代克在 1898 年所做的著名研究，亦即貓在迷籠中以「試與誤」的方式，學習壓下操作桿就可以逃出迷籠而享受一碗食物的學習過程。桑氏發現這項學習過程重複了二十到三十次後，若再被放進迷籠，牠要壓下操作桿的動作就成為自動化，也可以說習慣化了。

　　所以 James Clear 就借用桑氏所言，把習慣化的學習過程描述成如下一段話：「會帶來可喜後果的行為反應往往會被重複，而帶了厭惡後果的則不會被重複。」這一段話，可視為提供了探討各種生活習慣形成的基本典範，同時也提供了解答：習慣是什麼，大腦如何建立與習慣相關神經迴路的問題。

　　在《原子習慣》第 20 頁，James Clear 就寫道：「習慣乃被規律執行，很多時候不假思索的行為慣例。」在第 63 頁，他又說「習慣可讓你騰出自由思考與創意的心理空間」，這兩句話乍看，似乎有矛盾，其實不然。因為在第 20 頁他也說到「很多時候」，而不是「什麼時候都不假思索地」。

　　一般人誤以為習慣會把一個人變成一部機器人一樣地不自由，但是 James Clear 對習慣卻有相反的解讀；他認為習慣的形成可以讓你騰出

自由思考的心理空間。他說：習慣形成的過程開始於「試與誤（trial and error）」。在生活中每遇到全新的狀況時，大腦就必須思考該如何做反應？他會先從嘗試各種做法，試試哪一種做法才有效。此時大腦的交感神經系統非常活躍，在試這個或試那個，籠內又不好過，焦慮感節節增強時，碰巧遇上解決方法，不但能跑出籠門，心情能隨之快速地平靜下來，也能享受一碗大餐。

　　第一次遇上如此意外獎賞後，大腦會立刻記錄獎賞出現前的行為，下次若又遇到相同情境，解決的行為就更有策略，不再有第一次的先「亂試」。這就是人類所有學習行為背後的過程；它的主要內容包含：①嘗試，②失敗，③學習，④做不一樣的嘗試。透過如此含有四個內容的過程，無效的反應就一個一個被省略下來而不見，而有效的則被「強化」留下來，良好的習慣於焉形成。習慣一形成，大腦的認知負荷量就減輕不少，同時釋放出心理空間與時間，可把注意力分配給其他活動。

　　討論到此，筆者就想到束縛與自由的議題。若一個人所學的很多事情都依習慣做，我們不就成為一部機器人，一切要按照相同順序，相同動作進行，像是背後有人在操弄我們，而我們就成為根本沒有自由意志的一隻動物？其實習慣不是這樣，習慣是一個人經過有意學習得來的，也是他願意保留下來的一套動作，要把它保留下來，是因為它可幫助解決要花費很長一段時間的問題，所以可把節省下來的時間自由地用於解決其他問題。易言之，好的習慣使一個人更自由，只有那些不良好的習慣才會使一個人不自由。所以 James Clear 對於「習慣與自由」的議題，說了一句很中肯的話，他說：「習慣不會限制自由，而會創造自由。」

　　以上把習慣的相關性重要議題都談完後，James Clear 就開始談及習慣形成的四個步驟，依序為提示、渴望、反應、獎賞。他說這四個步驟是形成所有習慣的骨幹，同時在腦內某些組織也形成相關的順序。這四個步驟的詳細內容如下：

　　提示促使我們的大腦開啟一個行為反應，同時也預示獎賞的相關資訊，諸如哪裡有食物、水、異性等日常生活中不可或缺的主要獎賞。James Clear 不使用「刺激」一詞，其實他所採用的「提示」一詞是含有豐富與刺激內容等同的相關詞。James Clear 進一步說：「因為提示會促使我們往獎賞

更靠近的重要指標，因此也有動機或渴望的意涵。」

　　渴望是第二個步驟，它是所有行爲背後的動力；每個行爲所渴望的是該行爲可能帶來渴望獲得滿足的狀態。例如吸菸行動「可能」帶來的放鬆感；刷牙行爲可能帶來的口腔清爽感覺，每一份渴望都連結著可能改變當時內在狀態的慾望。每個人的渴望都不一樣，所以相同刺激對不同人而言是不同的提示，因爲提示要透過每一個人的詮釋與解讀之後才有的，也才能刺激一個人產生渴望而進一步採取某一行爲去滿足這個渴望。

　　回應或反應，這是第三個步驟。它是一個人爲了滿足渴望而產生的一項心理活動，可能以想法、情感或具體行動表現出來。至於會不會有明顯的反應產生，則取決於個體受到的刺激有多強，以及刺激與反應的關係有多密切；若兩者的關係剛成立，或關係仍不密切，反應就不發生。

　　獎賞是第四個步驟。它是前面每一步驟的終極目標，具有兩項功能，其一是立即滿足渴望；其二是教育功能，告訴做出反應的人哪些反應值得被記住，以備將來之用。

　　以上是所有習慣的形成所必經的步驟；簡言之，若沒有提示性刺激，習慣的形成過程就不開啓；若沒有渴望，就沒有足夠動機去行動；若沒有簡單易於做出的反應方式，接近獎賞的行爲就不會出現；而若沒有能滿足渴望的獎賞，就不會有再一次次相同反應的出現。更簡言之，若沒有前述三個步驟，行爲反應就不會出現，若沒有第四個步驟，行爲反應就不會被重複。

　　James Clear 將上述四個步驟再簡化爲第一個的問題出現階段（包括提示和渴望，也就是外在和內在刺激），和第二個的問題解決方案階段（包含反應與獎賞），然後，他說這兩個階段形成無止境的回饋迴路，不但在實際生活中，同時也在大腦不同組織中，無論問題刺激是外在或內在的，每個習慣的目的都是要解決出現眼前的問題刺激。

　　在其書第 71 至 72 頁，他做了一個表，而在表中提示欄的地方，James Clear 就列出生活中經常會遇到的六項重要事件，包括①你的手機鈴聲響了，提示著有新的訊息進來了；或②你在回覆電子郵件；③你起床了；④你走在辦公室旁的街道上時，聞到從甜甜圈店飄來的香味；或⑤你在某個工作專案遇到困難；⑥你走進昏暗的房間等；而在表中的「渴望」欄上針對第⑥項提示，James Clear 就寫說，你想要清楚看得見室內的一切，在「反應」

欄上 James Clear 則寫下你把燈打開，而在「獎賞」欄則寫「你滿足了想要看見一切的渴望」，所以把電燈打開的「反應」與走進昏暗房間的「提示」就開始連結在一起。根據這一個表，我們就可清楚地看出，在日常生活中，我們遇到內在或外在問題刺激或提示時，會用什麼反應方式試著解決那些問題刺激；久之，那些反應方式因為能滿足內在刺激的渴望，所以和外在刺激就形成密切連結，於是一則良好習慣就建立起來。

在接下來的章節中，James Clear 就繼續以刺激（提示）、渴望、反應、獎賞的四個步驟為基本概念，討論如何去培養良好習慣與減除不良好習慣的方法。他把這些方法總稱為「習慣改變四法則」。

建立良好習慣的四大法則是：①讓刺激提示明顯易見；②讓反應具有吸引力，亦即會滿足渴望，值得去做；③讓反應簡單容易做出來；④讓獎賞夠好，令人滿足。

至於相對應的減除不良好習慣的四大法則是：①使刺激提示隱而難見；②使反應不能滿足渴望，不具吸引力；③讓反應複雜，難於做出來；④使後果令人不滿意。

James Clear 說，上述四法則幾乎可適用於任何領域，從體育到政治，從藝術到醫學，從戲劇到管理。

在詳述法則一的部分，James Clear 把其內容分成四個小部分，而在第一個小部分就專談「習慣改變的過程始於覺察」的議題；其意是「改變是具有目標的動詞」，所以必須先覺察到目前自己所缺的良好習慣和擁有的不良好習慣是哪些。若察覺不到，就不知道要改變什麼了。

但如何才能察覺到好但所欠缺的，以及不好但自己有的習慣呢？James Clear 認為他在日本新幹線車站學到的「指差確認」與「習慣計分卡」策略是值得仿用的好辦法。這兩個辦法可助任何人去辨認出目前自己擁有的習慣是哪一些，及觸發這些習慣的提示是什麼，而「指差確認」的實施方式是透過大聲地說出自己正在做的動作，等於把不意識到的習慣拉到可察覺到或可意識到的層面來；習慣計分卡也具有相同的功效。

在法則一（使提示顯而易見）的第二部分，討論如何開始養成良好習慣的最佳方法。James Clear 根據英國運動心理學家所做的一項研究結果指出「能對自己與別人說出，在何時何地自己要確切地做出某一行為的人」比較

可能真的去執行良好習慣。換句話說，當「某情境出現時，我就會做出某一反應」的執行意向，是能開始養成良好習慣的要素。

筆者過去幫助一位女性個案時也使用這策略，逐漸改善她和母親的惡劣互動關係，筆者告訴個案，「從明天或後天開始，晚上垃圾車會來的前幾分鐘，妳就把家裡裝滿的垃圾袋拿出去丟。這是妳母親希望妳替她做的事，或許妳養成這個習慣後，母親就會覺得妳是個會幫忙家事的好女兒，不是懶惰的女兒。」考慮了幾天以後，個案覺得這行動並不難，所以開始做這動作。不久，其母就不再說個案的不是，個案也覺得這方法有效，所以把它應用到晚飯後，替全家洗碗和清潔廚房的兩項工作。

筆者過去一段時間，因為工作、升等忙於研究，忽略內人為家事辛勞，使她累積不少怒氣。終於有一天在煮晚餐炒菜時，她就對筆者暴怒地說：「你喜歡吃青菜，但不來洗菜，還要我花時間做這些，真莫名其妙！每天我要準備晚餐時，你就躲到書房寫你的書！」她也把怒氣發在煎匙，用力地敲打鍋子。後來我就告訴她，以後先告訴我妳要煮什麼青菜，我就先把它準備好，筆者也說到做到。內人看到筆者改變了，所以，後來筆者問她還有什麼要我做的，她就笑著說：「沒有了，去寫你的書。」由上述，也可知「執行意向計畫」的有效性。

談完「執行意向計畫」的有效性後，James Clear 就談到他最喜歡的一招，叫做「習慣堆疊」，它可另稱為「狄德羅效應」。它指的是，一個人若取得一項新的所有物，該項所有物往往會帶來一連串的消費反應。例如，一位婦人若新買了一件洋裝，就需要買一雙可與之搭配的新鞋和新耳環。易言之，每一個行為都會成為引發下一個行為的刺激性提示。這項行為模式處處可見，所以建立新習慣時，我們就可利用它。

利用的方法如下：①先找出自己現有的每日習慣；②然後把新的行為堆疊上去。若把它寫成公式則成為：「做完『目前的習慣』之後，我會執行『新的習慣』。」可舉兩例說明如下：第一例是靜心，每餐之前我會閉目靜心一分鐘；第二例是安全，穿上慢跑鞋之後，我會發一則訊息給家人或朋友，告知他們我會去哪裡跑步，跑多久。關鍵在於把想要培養的新行為跟每天在做的事情綁在一起。依這基本架構，你就把小習慣串連在一起，創造一個大的習慣堆疊。

在法則一的第三要件，James Clear 以「環境往往更重要」為題，繼續論及如何培養良好習慣。他以波士頓麻省總醫院安妮‧桑代克醫生的一項研究為例說明這一點。這位醫生相信在完全不涉及刺激本身品質下，也可改善醫院員工的飲食習慣，其第一步是改變飲料的擺放方式。原來，餐廳結帳檯旁的冰箱裡有各種汽水，所以，她就多放進一個新選項，瓶裝水。另外，在各食物區旁也放一籃瓶裝水，汽水還是只擺在冰箱裡，但現在所有飲料區都可拿到瓶裝水。

研究發現，該院餐廳三個月內的汽水銷售量下降 11.4%，瓶裝水的則上升 25.8%，後來，研究人員對於餐廳裡的食物也做相同研究，並得到相似結果。

所以，習慣養成或改變也取決於一個人置身在何處。因為環境是一股力量，會影響置身於其中的人的行為，在某些環境條件下，個人的獨特行為很容易被大家都有的行為取代；例如，在教堂裡，人人都會以耳語小聲地交談。1936 年，社會心理學家 K. Lewin 用一個簡單的方程式 $B=f(EXP)$，表示行為是人（P）與環境（E）的函數（f）。幾年後，該方程式就被試用於商店裡貨架擺設貨品的放置技巧。Lewin 的想法很相似於經濟學家霍金斯史騰的「建議性衝動購買」專有名詞所描述的顧客購買行為；他說：「有時顧客購買產品，是被這些產品的呈現方式所引起；總而言之，我們的許多行為都不是只受制於目的性動機或選擇，也會受「顯而易見的因素所決定」。

James Clear 是好學的人，為了寫這一本書，好像參考了很多不同類生物感覺器官神經組織特徵的文獻；例如，老鷹的非凡遠距離視力，蛇的高敏感嗅覺等。他說：「人類的視覺是五官中最強的，因為人體擁有的壹仟壹佰萬個感覺受器中，視覺就占去壹仟萬個；可見視覺提示是人類行為的最強催化刺激，也可由此做合理的推測，所見到的視覺提示稍有不同，就會激發很不同的行為」反應；也可以由此進而推論說：「身為人類的你，不必完全淪為受制於環境擺布的動物，而可脫身成為主動積極的生活環境築構者。」

在這一段話以後，James Clear 開始談到你如何執行就可成為生活環境的建構者，而在其中養成良好生活習慣。他首先舉出 1940 年代的一位諾貝爾獎科學家 Nicolas Tinbergen，以黑脊鷗與灰雁為對象的動機研究，而最後創造一個新的基本概念，稱之為「超常刺激」，意指該項刺激會引發比平常

的刺激更強烈的反應。James Clear 認為現代食品科學研究的主要目標之一是製造更多、更能吸引消費者注意力的產品，而這種研究結果所造成的飲食過量的不良習慣，可拿來當作驗證行為改變的第二條法則，亦即「讓習慣具有吸引力」。換句話說，若第一次的嘗試機會能帶來強大的吸引力，該嘗試行為就會成為習慣。現代社會充斥著高度設計過的環境，不但在飲食環境、在促銷衣服的店家、在手機的線上，連在模特兒的表演會都是如此。它們使用的共同技巧就是把原本的幾種特質吸引力因素特色誇張化，使我們的本能發狂，迫使我們養成許多不良習慣，諸如：過度購物、過度迷上社會媒體、浪費時間看 A 片、過度攝取某種飲料與食物，因而造成肥胖症、環境汙染，最後殃及人類本身的生存。

　　James Clear 喜歡自己是言之有據的人，故舉出 1954 年關於「大腦多巴胺驅動回饋迴路」的研究結果來說明上段他所說的。該類研究結果指出，若在老鼠腦中植入電極阻止多巴胺的分泌，老鼠就失去所有的生存意志，包括不進食、不交配、不渴望任何東西，幾天後就渴死了。在另一項類似研究，研究員就在缺乏多巴胺的老鼠嘴裡滴了一些糖水，讓牠嚐到美味的東西，老鼠臉上就浮上笑容，還是和以前一樣喜歡糖，但不再想要更多些了。若讓多巴胺再充滿牠的大腦獎賞系統，牠則又以極快速度，表現出原有的習慣，而其速度快到一小時八百次。

　　可見，習慣與多巴胺系統關係非凡；吸毒、吃垃圾食物、打電動、瀏覽社群媒體都與該系統不無關係。現在我們知道，它不但在動機、學習與記憶，懲罰與厭惡，甚至在自發行為等都扮演核心角色。在習慣形成上其關鍵點是，不但在體驗愉悅時，連在預期愉悅時也如此。因此可說，讓我們採取行動的是事前預期，而非獎賞的實現時。有關的研究者也發現，接受獎賞時，腦中開啟的獎賞系統與預期時所開啟的是同一個，但期待某個經驗的感覺往往比獲得那個經驗時更美好；因此，科學家就說字典裡我們需要「想要」與「喜歡」二詞。

　　有了以上的洞見，我們就更了解為何要「讓習慣行為變得更有吸引力」。這就是行為改變的第二個法則，它的實施方法之一是「誘惑綑綁」。James Clear 舉下例說明如何運用「誘惑綑綁」，讓習慣對你具有吸引力。

　　羅南・拜恩是一位電機系學生，他覺得自己的運動量不足，所以應用

已經學到的知識改造自己的腳踏車，把腳踏車和筆電與電視連在一起，並寫了一個程式，讓自己愛看的 Netflix 只在他把腳踏車踩到一定速度時才能播放，若速度慢下來太久，節目就停止。拜恩就是利用「綑綁」，讓運動習慣變得更有吸引力。

由此例可知，所謂誘惑綑綁，就是在順序上把「想要做的事」綁在「必須做的事」後面。心理學有一個理論，稱爲「普氏原則」，其意與「誘惑綑綁」相似；該原則也說：「出現率高的行爲具有強化出現率低的行爲的功能」。

利用讓習慣更具吸引力原則，以學習良好習慣的另一具體方式是加入每一成員都擁有該習慣的團體。James Clear 說，這是因爲人類是群居動物，欲與他人建立關係，贏得同伴的尊敬與肯定。如同達爾文說過，「在漫長的歷史演變中，歸屬感成爲人類最深的慾望之一」，而這慾望對現代人仍有強大的影響力，因此能助我們融入群體的行爲，自然就具有吸引力。我們每個人都有模仿群體的習慣，因爲群體的習慣會幫助我們融入團體，並被團體接納，由而滿足歸屬感。我們會從父母那學得如何處理爭端，從朋友那學得如何打情罵俏，從同事那學得如何達其所願，甚至從朋友那學習抽大麻……等。

James Clear 說有力量、有聲望和地位者的行爲特別地具有吸引力，所以我們可利用這一點更容易養成良好習慣，因爲每個人都在追求力量、聲望和地位。縱觀歷史，凡擁有力量與地位的人都可以得到較多資源，較不必擔心生存的問題，也會成爲具有吸引力的交配對象。相反地，人們就不想去學低聲望者的行爲，因爲低聲望者常受批評。

談完了「讓習慣更具吸引力」的原理與具體方法以後，James Clear 就轉了一個大彎，談到如何找到解決壞習慣的成因。這項轉彎令人覺得太突然，但 James Clear 說這只是行爲改變第二法則的反轉而已，因爲使用的原則是「讓習慣毫無吸引力」。他舉戒菸成功的具體例子說明這一點，同時也介紹一本書《1000 萬人都說有效的輕鬆戒菸法》。他說此書作者重新建構與吸菸相關的所有 James Clear 已經說過關於提示的意思，並賦與它們新意義。例如：①你以爲要靠吸菸才能社交，但這是錯的。不吸菸的人照樣也能社交；②你以爲吸菸有助於消除壓力，但這也是錯的，其實吸菸只會毀掉你

的神經組織。該書作者也再三地說：「戒菸助你腦袋清晰，助你明白根本不使你失去什麼，反而在你的健康、活力、金錢、信心、自重、自由生命的質與量方面加分。」

讀完該書後，James Clear 就說，該書會使有心的讀者們深信抽菸是有害無益的行為，因而對它的興趣就全失，再也不會去渴望它。

渴望是習慣的重要成因之一，所以了解抽菸不良習慣背後的渴望，乃因對抽菸功能的誤解而來，之後，抽菸習慣就可用其他更有效的良好習慣來取代。例如，減輕壓力可用跑步來取代，交友可用臉書等。可說，你目前的習慣並非唯一可用的手段，你可借由學習其他更有效的好習慣。但如何進行這「重新學習」？

James Clear 回答說：「影響我們行為的因素，還有我們對所發生事件的詮釋。例如對於香菸，A 認為它會消除壓力，所以去抽它；B 認為其味難聞，所以遠離它。可見，對同一刺激的不同詮釋，會使同一刺激引發兩個以上的不同反應。James Clear 進一步說，詮釋把我們對事件的感覺、情緒和察覺到的提示統整之後，轉變成為要不要採取什麼行動的信號。因為沒有情緒，就不能分辨事情的好壞，也就不會有信號。所以，只要能把良好習慣與好的感覺與情緒連在一起，該習慣就會變得更有吸引力，全新而更有效的行為就會出現，良好的習慣就較易學成。

為了讓讀者容易了解這一點，James Clear 舉了一位行動不便必須坐輪椅的人所說的話為例子。被問受限於輪椅是否很辛苦時，該人就回答說，輪椅不限制他，反而解放了他，因有了它，他才能出門到處逛一逛。每件事都有正負兩面，而有良好思考習慣的人不但會兼顧這兩面，也會進一步把重點放在正的那一面，所以良好思考習慣會讓需要學習的習慣顯得更有吸引力。

以上講完法則二「讓習慣有吸引力」。James Clear 就談到法則三「讓行動輕而易舉」的第一個重點「重複實行」。其意是習慣的養成取決於重複行為的頻率，而非時間的長短。他說，在習慣養成過程中，透過不斷重複一個行為，該行為就逐漸自動化起來，有關的大腦結構就隨之變為更容易執行該行為。這情形可見於音樂家、數學家，甚至大都市計程車司機等專業人員的大腦不同部位組織。可說「重複」是養成新習慣的關鍵步驟之一。James Clear 也提到大家常聽到的一個疑問，「要花多久才能養成一項新習慣？」

他說：「要花多少次的重複才能建立一項新習慣？」才是該問的問題。

　　既然重複相同行為是建立新習慣的關鍵步驟，而每個行為都要消費某一程度的能量，則所需的能量愈多的習慣，就愈不容易發生；所以讓行為簡單到極點，是很值得考慮的方法，也是養成新習慣的關鍵步驟之二。

　　如何使行動「輕而易舉地」重複做出來？James Clear 回答說「環境設計」。假如，你想健身，最好挑選每天上下班必經過的健身房，因為順路停下來就可進去健身，可節省走其他路線的能量。

　　「減少所需能量就可達到同一目標的方法」，James Clear 以「減法的加乘效用」稱呼它。其意是找出生產過程中的每一小阻力後，將它們逐一消除。「除去消耗時間與精力的阻力（動作）就能用更少力氣去成就更多事」的原理，目前也受用於任何企業；諸如：送餐服務、約會軟體、共乘服務、通訊軟體等。

　　為了以後的方便，先把環境準備好是另一項使行動輕而易行的方法。納寇斯藉由他稱為「重整房間」的策略，建立了清掃的好習慣。例如：看完電視，就把遙控器放回固定位置；沖澡之前，利用水變熱的時間洗馬桶。他說，用完後重新整理房間的目的不只是用完後的整理，也為下次的使用做準備，這習慣能節省你很多時間。易言之，為了該房間的用途，整理房間等於是準備下次使用輕而易行。這一項簡單方法能把好習慣放在阻力最小的路上。

　　談到這裡，James Clear 又說，我們也可以反轉這條原則，讓壞習慣不易出現。若你不想用太多時間看電視，每次看完電視就拔掉插頭，也取出來遙控器的電池，把它放在二樓寢室的枕頭下。因為阻力愈多，形成不良習慣的可能性就愈低。

　　在法則三的第三點，James Clear 談及是如何停止「拖延」習慣。他建議運用「兩分鐘法則」；這法則的重點是讓好習慣容易開始，每件事一旦開始做了，要繼續把它做下去就比較容易。例如，若你的長遠目標是跑馬拉松，你的「入門習慣」就是先穿上慢跑鞋，這就是兩分鐘法則。在該書第190頁，他製作了一個表，舉三例說明這原則；第二例的最後目標是「寫一本書」，這是很困難的事，但開始「寫第一句」卻是非常容易的事，而「繼續寫一段」是容易的事；至於繼續「寫一千字」則中等困難，若要「一寫就

要寫一萬五千字的文章」則很困難。

　　James Clear 特別指出，應該先學會「兩分鐘法則」的起頭技巧，那就是說，絕不要一開始就想要做得完美。這不僅是讓行為變成習慣的訣竅，也是養成困難技能的最佳途徑。他也說他的一位讀者曾經用兩分鐘法則減重一百磅，他一開始每天都到健身房，但規定每一次不能超過五分鐘。數周後，他想：「反正來了，就做比五分鐘久一點吧。」幾年過去，五十磅的體重也跟著去了。James Clear 也以寫日記的習慣養成，說明此法則的有效性，養成的祕訣就是「覺得費力之前就停止。」海明威將類似的建議適用於他的任何寫作。他說：「最棒的方式是見好就收。」James Clear 認為這法則之所以有效，還有另一個原因：「它強化了你想要建立的身分認同，這是他在前面已提到，而在《原子習慣》第 46 頁所強調的。

　　在法則三第四點，James Clear 就總結以上所說，斬釘截鐵地談到「如何把好習慣與壞習慣分別置於無可避免與不可能發生之地」。他認為法國文豪雨果撰寫《鐘樓怪人》的故事在這一點是最佳範例，這位大文豪使用的怪招是讓習慣變得容易執行；他把所有外出用的衣服全部鎖在大櫃子，讓自己不能出去，只能在家裡瘋狂地寫作，結果改掉了拖延的惡習，而只用十五個月半就完成了那一本巨著。James Clear 說雨果所用的這一招，等於創造心理學家所說的「承諾機制」，亦即增加壞習慣出現的難度。該機制可用於很多領域，例如到食物店買獨立包裝而非家庭號的大包裝，以免發生過度飲食的壞習慣；為減重達標，出門時不帶錢包，以免受誘惑去買速食。

　　若要讓好習慣變得無可避免，James Clear 提到 1800 年中期時，雜貨店員工常偷錢，而雜貨店老闆又很難避免他們偷錢。後來因有一位老闆購進一部新發明的「利蒂防舞弊收銀機」，店裡員工偷竊的事件在一夕之間就消失的故事。新式收銀機的妙處在於透過將偷錢惡習的執行變得不可能，反而讓道德行為自動化。James Clear 也說，讓好習慣自動化，同時消除壞習慣的方法很多，通常都跟善用科技有關。科技使原本複雜的行動變得簡單又正確有效，例如醫療領域的連續處方簽、財務領域的自動撥出特定比例的薪資，為了退休生活存錢等。當然科技的力量也有在前面所提的那些對我們有害之處，所以需要注意。

　　James Clear 告訴讀者一件以他自己為試驗對象的時間管理策略。他請

其助理每週一改掉他手機的全部社群媒體的帳號密碼，讓他無法登入，於是整整一週，他可不受干擾地工作，而在週五助理再把新密碼給他，讓他在週末享用社群媒體，到了週一助理再次更改密碼。結果發現，他根本不需要常看社群媒體，這件事就簡化到成了預設模式，壞習慣不可能發生，也發現自己也有處理較有意義任務的動機。這種方式可稱為「鎖定未來行為」，而不是依賴當下的意志力。透過「承諾機制」，策略性地以科技方法做一次性選擇，每個人可打造一個好習慣一定會發生的環境。

說完法則三，James Clear 又以講故事方式詳談法則四：「讓獎賞令人滿足」。故事與一位公共衛生研究員史蒂芬‧盧比有關。因研究所需，這位研究員與其團體同時到有九百萬人口的巴基斯坦第一大城「喀拉蚩」，它是該國的經濟中心與交通樞紐，也是世界上因公共衛生很差最不宜人居住而有名的城市之一；該地有許多人在 1990 年代後期就知道洗手的重要性，但很少人有洗手的好習慣。盧比的團體就與「寶橋公司」合作，提供在巴國算是頂級品的「舒膚佳」香皂給當地居民使用。因而，很快地洗手就變得令人愉悅的動作。盧比說，與其採用一項不令人感官有愉悅回應的行為（例如鼓勵使用牙線），不如提供有強烈正面感官體驗的產品（例如薄荷口味的牙膏），更容易養成刷牙的習慣。在短短幾個月內，研究人員就發現該區孩童的健康很快地改善；腹瀉、肺炎、膿包症發生率就從 52% 下降到 35%，而長期效應則比之更佳。這項實驗不但證實了第四法則「讓獎賞令人滿足」的功效，也讓人們的大腦知道某個行為是值得記住與重複的。

James Clear 不但以口香糖與牙膏的發展軌跡，說明第四法則功效的普遍性，也說明了若一個行為不令人滿足，該行為就不會被重複，故而不成為習慣。

寫到這裡，James Clear 就對前面所論內容做了如下回顧性摘要，前述三條「行為改變法則都包括：若①讓提示顯而易見；②讓習慣有吸引力；③讓行動輕而易行；④「讓獎賞令人滿足」，人們下一次重複行為的可能性就更增強，同時「習慣迴路就完成了」。不過，James Clear 意猶未盡地馬上又接著說：「不是任何一種滿足都一樣好，我們所追求的是立即的滿足。」

他說人類和動物不一樣，不是活在「立即回饋」的草原裡，而是活在「延遲回饋」的社會環境裡。例如不管你的工作表現多麼優異，你還是必須

等到一年後才會收到比其他人多的年終獎金；五十多歲開始儲蓄，十五年後才有足夠的錢享受退休生活。雖然是靈長類動物，你的大腦卻還沒有完全演化成，可「延遲回饋」的組織系統。你是現代人，但你的腦尺寸仍和二十萬年前智人的腦尺寸差不多，變化不顯著，也可以說，仍然配備著舊石器時代的「立即回饋」的大腦硬體。行為經濟學家把這種大腦硬體與生活步調的落差稱為「時間不一致性」，與未來才可能會有的獎賞相比，人們更重視當下確定有的獎賞。因為時間不一致性的壞習慣的惡果經常出現在後，而其獎賞卻出現在惡果之前，例如吸菸可能十年後才取走你的性命，但是目前你以為它馬上可成為你降低壓力的感受，所以抽菸的惡習難除。法國經濟學家費雷德里克‧巴斯夏根據這前後矛盾的現象建立一項假設：「若立即的結果讓人歡喜，則它的後果就會帶來災難，反之亦然」，這項假設類似於《易經》的「否極泰來」一詞。

　　換言之，為養成好習慣，先要付出代價，但為享受壞習慣帶來的立即快樂，將來你就要為之而痛苦。

　　讓讀者對人類大腦機制有全面性了解之後，James Clear 就說，我們就知道「帶來立即獎賞的行為會被重複，而帶來立即懲罰的行為會被避免。」因大腦有這種設定，所以多數人就會花費所有時間追求快速的滿足，而較少人肯選擇延遲滿足。但若你願意延遲滿足，就不會遇到很多競爭人，因而得到報償的機會就比較高，這是「最後一哩路最不擁擠」所指的意思。但如何才能學得這不易之舉？James Clear 說：「最好的辦法是一面為長遠有益的習慣添加一些立即的愉悅，另一方面為長遠無益的習慣增添立即的痛苦。

　　「成功」的感受讓努力者知道該習慣有所回報，雖然回報不很大，但努力是值得的。然而，如何使這「成功的感受」很快或立即出現？James Clear 說獎賞的議題都與一項行為的結尾有關，通常我們會把結尾記得最清楚。所以，最好的方法是強化結尾，讓你在做完行為時會感到滿足。具體的做法是先開一個「存款帳戶」，然後當你跳過一樣東西不買時，你就在那個帳戶存進同等金額的錢，因為你要改掉「隨便花錢的壞習慣」。例如早餐沒有點一杯拿鐵，你就把新臺幣 $45 投進「存款帳戶」，這種立即獎賞會讓你感覺良好，會幫助你在短期內保持「持續下去的動機」。

　　總而言之，James Clear 堅信「一項習慣必須讓人覺得愉快才能持續下

去」的原則，而可「讓人覺得愉快」的具體方法，則要依改變什麼習慣而異。

　　在《原子習慣》的全部討論內容將接近尾聲處，James Clear 先提到「迴紋針策略」後，再提到「習慣追蹤」的概念；他說這概念最早由班傑明・富蘭克林所用，後來美國喜劇之王的作者傑瑞・史菲德也用它讓自己繼續寫笑話。James Clear 說「不要中斷而連續記錄」的行為，具有的強化力量頗強，因為它同時採用讓提示顯而易見，讓習慣有吸引力，讓獎賞令人滿足等三條件為改變法則之故。James Clear 也把這連續記錄法則的好處分析成如下，他說：「記錄上次的行為有觸發下一個行為的力量，例如在日曆上看到自己的連續記錄，你就會記得要繼續做。一項以六百名以上為對象的研究也顯示，有記錄自身進步情形的人，比不做紀錄的人減掉的體重將近兩倍多。行為紀錄也有讓個人對自己更誠實的好處，因為有些人對自己的行為會有過度美化或醜化的傾向。」

　　總而言之，行為追蹤紀錄之好處有四：因為它①會創造一項提示，提示你應該去做某項行動了；②會產生刺激效果，因為看見自己有進步，你就會希望也會努力地把這進步延續下去；③會帶來滿足感，因為記下來的是成功的例子，而「成功」的感受不管其大小都會讓你知道該行為有好的回報，值得繼續做下去；④會提供視覺證據，讓你知道你以實際行為肯定自己你想成為的那種人，而這直接令人有愉悅的滿足。

　　追蹤紀錄雖然有這四項好處，但要做得完美一次都不錯過卻很難。James Clear提議最好不要錯過兩次，若錯過兩次就是另一項壞習慣的開始。成功的人失足時會很快反彈回來；若能如此，中斷就沒有大礙。不然，那些錯過的日子對你造成的傷害，就比成功執行的行為，而來的助益更大。所以不想繼續做追蹤紀錄時還是要去做，這才是最重要的；若能繼續做，則可繼續強化你的身分認同。

　　雖然「記錄」有上述四項好處，但要追蹤與記錄哪些行為呢？例如現在筆者想完成《生活藝術心理學十三講》，我應該追蹤什麼呢？我每天花多少小時在這種寫作呢？或追蹤每天寫了幾個與這目標有關的字呢？或追蹤每天寫了幾個和這題目有關的內容？James Clear 強調我們要把追蹤放在讓寫作者感到滿足才是最重要的，這是經濟學家古德哈特定律的精髓所在；古德哈特說：「測量只有在引導你，助你看清全局時，對你才有用。」

　　無論你使用什麼方式測量你的工作進展，行為追蹤都會把你正在養成的工作行為變得具有滿足感，它會找出你現在是否往正確方向前進，也短暫地會帶來一份立即的愉悅感，讓你犒賞自己。

　　在法則四的尾段，James Clear 談到法則四的反轉可用於消滅壞習慣。以邏輯性思考方式，他說，既然一項經驗的結尾令人滿足時，該經驗被重複的可能性就會提高，則當結尾令人痛苦時，該經驗就可能被消除。因此，若想要消除惡習，該相關行為發生後，就該給予立即的痛苦，這是降低壞習慣繼續下去的最佳辦法。

　　James Clear 也認為，惡習之所以難斷，是因為它們在某些方面對我們有用。所以解決這難題最好的答案就是加快該行為應得的懲罰來到的時間。當然懲罰的力量必須能與該行為的力量相匹配；例如對於想要增進健康的人來說，懲罰他的懶散惡習的痛苦必須來得大於也快於運動給他的好處。所以，只有懲罰足夠令人痛苦，而且被確實執行時，惡習才會改變。在這一點，James Clear 提出「習慣契約」的方法，他說，這方法可確保任何壞習慣都會受到立即又痛苦的懲罰處置，他先以開車與坐車則要繫安全帶的法案為例說明這項概念。這項法案於 1984 年 12 月 1 日在紐約州率先通過，而今天美國的五十州中有四十州都以法律規定機汽車乘客都要繫安全帶。到了 2014 年，超過 88% 的美國人一上車就這樣做，短短三十年內，數百萬人的這種習慣就徹底地養成了。

　　法律與法規就是政府應用「社會契約」來改變人民習慣的例子，我們個人也可以創造一份習慣契約，來讓自己負責改變自己。

　　習慣契約是一份文字同意書，表明你承諾投入某項特定習慣的改變，以及若未能貫徹時則會被懲罰。然後，你要找到一或兩位人，來擔任你的見證人，與你一同簽署這份契約書。讀者大概還記得，在本書第八講，筆者也提到這方式對於不良習慣的削減是具有頗高價值的。

　　James Clear 首先認為「簽名」動作未免太過於正式，但後來才知道簽名的有用性。

　　談完了習慣改變，包括如何養成良好習慣與如何消減不良習慣之後，以「進階策略：如何從「A」到「A+」為題，James Clear 進一步討論另三個相關議題，包括：①基因如何影響習慣的養成；②在生活與工作中如何維

持動力；③建立好習慣的壞處。在討論基因如何影響習慣的養成時，James Clear 並沒有直接討論基因與習慣有何因果關係，但直接討論可能與基因有關的體型，如何影響某一良好習慣的養成，例如想要在泳池中成爲優秀選手的人，其軀幹長度比例要高於腿部長度比例，而陸上的優秀長距離跑者其腿部長度比例則要高於軀幹長度比例。所以，提升成功機率的祕訣就是選對戰場，而這項道理不但適應於運動與商業，也適用於習慣的改變。當一則習慣符合你天生的身心傾向，它的養成就比較容易，堅持下去所獲得的結果也比較會令人滿足。易言之，基因所能決定的不是你的命運，而是在什麼地方才會有你的好機會。所以，關鍵是在於你能把你的努力引導至，既會讓你亢奮又符合你天生技能的領域，讓你的企圖心和努力與戰場相一致。

對於性格如何影響習慣的養成，James Clear 所持的觀點和他對基因的觀點相似，他說研究顯示，根本找不到任何性格特質不受基因的影響。經驗開放性、嚴謹性、外向性、友善性、神經質等五種性格特質都有生物學上的基礎。雖然習慣並非全然取決於性格特質，某些習慣的養成對某些人來說比較容易，對某些人則比較難。例如嚴謹性性格特質低的人天生不太可能具備「有條不紊」的表現，所以還需要仰賴環境設計才能維持其有條理的好習慣。重點是我們要選擇符合自己性格特質的習慣來培養。

如何選擇合乎自己性格特質的工作習慣？James Clear 說你可以先問自己下列四個問題，若問的結果若都是肯定的，那就是你所要的答案。問題一：什麼事情對別人來說是苦差事，對你自己來說卻是樂趣。你在執行時感受到的痛苦比別人少的工作，就是你生來適合做的工作；問題二：什麼事情做起來會讓你忘記時間？問題三：什麼事情讓你得到比一般人更多的報酬？我們隨時都在跟自己身邊的人作比較，若比較結果對我們較有利的行爲較有可能讓你覺得滿足，則它是較適合你的工作；問題四：什麼事情對你來說是自然而然的？若捫心自問，什麼事情讓你覺得自然而然且覺得活著，感覺自己是眞實的，這就表示你適合那件工作。然而，若問了以上四個問題還沒有找到答案，那怎麼辦？

James Clear 建議，若還是沒有答案，那就自己創造一個對你有利的工作領域吧！這項建議眞是令人感到異想天開、奇怪的答案，可是好像蠻有道理的。James Clear 也給這異想天開的答案另一項說法，他說：「若你無法靠

著『更好』來贏，則可依據『不同』去勝出，也就是透過結合自己各項技能，我們可把競爭對象人數降低到很少，讓自己更容易出頭。他說，好的選手要靠奮力贏得每個人都參加的比賽，但傑出的選手則創造一個突顯自己優勢，可掩蓋自己弱點的新賽局；也說，他自己就是這樣的人，他要做一個『傑出』選手，而不是奮力贏得每個人都參加的比賽『好』選手。」

從這觀點看來，筆者雖然不能算是「傑出」的人，但多年來把全副精力付諸於「習慣心理學」的冷門領域研究，也具有這種意味。

為了在每天的生活挑戰中能維持適應良好，繼續身心健康，感覺快樂，我們要努力培養良好習慣，減除不良好習慣，使良好習慣的質與量皆遠多於不良好習慣的質與量。但達到適應良好後，很多人往往難以保持動力，堅持自己的習慣，而在習慣上成為「成功」、「傑出」的人。雖然大部分的人是如此，但為什麼有些人，雖然很少數，卻可以呢？James Clear 說科學家已經重視也研究這個問題多年；目前最一致的發現是：若要維持動力並達到希望的最高點，其關鍵就是把其過程設計成為幾個「難度恰到好處」的階段性任務。

他認為，這項發現又與我們的大腦有關。人類的大腦熱衷於挑戰，但挑戰的難度必須在最理想的範圍內，若太低或太高就會很快失去動力；若與旗鼓相當的對手，你就發現自己會全然沉浸於眼前任務，這種表現曾被稱為「金髮女孩原則」。科學家試圖量化這樣的感受，而最後發現，執行的任務必超出你目前能力大約 4%。由此可知，難度要稍高於自己能力的任務，才能保持使個人繼續做同一習慣的動力。

總之為了能保持動力不斷的進步，我們必須不斷尋找難度適當的挑戰，唯有如此，行為的結果才有成功或失敗的變化；而有了變化，我們才不會繼續感到無聊，長期的無聊感是在自我精進路途上的最大障礙。

James Clear 說他曾有一天和一位精英級的舉重教練聊到頂尖運動員和一般運動員的差別在何處。該位教練先提到幾個意料中的因素，包括：基因、運氣、天賦三項，然後提到一個 James Clear 沒有意料到的因素；他說那就是：在苦練過程達到某個階段時，一切都變為若誰能處理每天訓練帶來的無聊感，那是一次又一次反覆做著相同的舉重動作所帶來的「常有感受」，他就會成為頂尖的運動員。但如何「處理」呢？James Clear 所提的答

案是：如果你本來就對一項習慣有興趣，而一直重複到跟一般人一樣開始感到無聊沒有動力時，就要設法提高該習慣的難度到對你恰好具有挑戰性的程度，那個無聊感則會全消失不見，而你就能繼續保持原有的興趣。

討論到這裡，James Clear 提及一段頗具有警告性的話，他說：「我可以保證，只要開始執行一項習慣並試圖持之以恆，人們必定會遇到想要放棄它的時候。在這時候，有些人會挺身繼續下去，這就是專業人士與業餘人士的差別。專業者知道什麼事情是最重要的，所以會帶著決心奮力向前，業餘者則會讓生活中的緊急事件使自己偏離正軌。

談完了如何配合其他適當策略，讓個人不但能順利養成良好習慣，還能熬過無聊、無趣的痛苦考驗，進一步踏入精進之境，而最後到達成功專業人士的巔峰狀態之後，James Clear 在進階策略的第三點，也是全書的最後部分，又以「建立良好習慣的壞處」的怪題目，終結了他的《原子習慣》理論。為什麼良好習慣會帶來與之矛盾的壞處呢？下一段就是他提出的理由。

James Clear 說習慣的好處是為了精通任何事情建立基礎，當基礎建好，可不假思索地就能執行某動作時，個人就因有時間把注意力改放到更高層次的細節上。習慣雖然是這樣成為追求任何卓越表現時必備的骨幹，然而，習慣自動化後，它就逐漸落入無意識中。此時，對某些人而言，「錯誤」就比較容易趁虛而入；但這錯誤卻是具有該習慣的人不會去思考要怎麼樣才能把該習慣做得「更好」。

如何預防這種「錯誤」發生呢？可用的方法是，若你心中有要追求精英級的表現，你就需要把已自動化的習慣與刻意練習得來的習慣組合起來，而在組合過程中，你必須將注意特別地放在成功的一個微小元素上，且不斷地重複該技能，一直到該技能內化，然後又以這新習慣為基礎，再往更高境界上升。在第二次執行新任務時，新任務已變得較容易，但面對的難度沒有下降，因為此時你已把能量投入要往上進階的挑戰。所以每個新習慣都要為下次的更高層次表現做準備，也就是說，這是個無止境的努力過程。

若心想成為 A+ 級或精通於某項工作的專家，你必須找到一個方法，對於自己的表現持續保持覺察力，以便持續改善目前所缺，尤其在已精通一項技能而最容易踏入自滿的陷阱；但若在這之前，心中已建立一套反省與複查系統，這項危險就可避免。在這時點，James Clear 提到洛杉磯湖人隊的總

教練派特‧萊里在 1986 年季後賽失足後所做的 CBE 或「生涯最大努力」計畫的故事。萊里先用一個方法確定每位隊員的表現基準線，然後要求每個球員在球季中，努力讓自己的成績進步至少要比自己的表現基準線高 1%，若成功地達成則可得到一個 CBE（生涯最大努力）分數。他也訂出在比賽中可得 CBE 的五個作為。此計畫實施八個月後，湖人隊果然成為 NBA 總冠軍。

有了反省與複查系統，一個人則會意識到自己有的錯誤，並能持續改善它們。所有領域的佼佼者都會運用此項系統，例如，有人每次訓練後就寫那一天的日記，藉以尋找可再改善的缺陷。James Clear 說他自己每年的 12 月會進行一次「年度審核」，反思自己過去一年的所做所為，而在每年六月會進行「誠實報告」。這兩份週期性的反省與複查的動作，可以讓他看見該做的改變與重視該做的身分認同調整。

身分認同的重要性與它和習慣改變的關係有何密切度，在《原子習慣》的第一章基本原理第二重點就已討論，在此就不另述。因為身分認同和「我是誰」的概念連結至為深刻，一般人都會拼命捍衛它，絕不接受批評。學校的資深老師之所以不願有創新的教學法，仍然堅守自己行之有年的課程計畫就是因為它所致。可惜的是，愈是緊抓一種身分認同的人，愈難讓自己超越這個身分認同，而更高一層樓地繼續發展下去。

若有人因有上述理由而停滯不再前進，那該如何呢？解決方法之一，就是不要讓身分認同的任何單一面向來確定你是誰。若僅用單一面向界定自己，則愈難適應來自多方的生命挑戰。以筆者來說，若僅以我是擔任「習慣心理學課程的臺大心理學系教授」就是我的一切，則當失去這個面向的工作時，亦即不再兼任該課後，我就會面臨身分認同的危機，亦即變得他什麼都不是，「失去自己」的一個人。然而，若筆者把身分認同建立在「我是習慣心理學理論的研究者」這一個更重要、更多面向的概念時，筆者就可避免這種危機。

所以，每個人走在人生過程中的某個階段開始，雖然為了要累積證據，支持自己想要的身分認同，而必須重複有關的良好習慣。然而，若緊抓著該身分認同而不肯放，它就開始擋在該人進入下一個成長階段的路上，因為那個身分認同會創造出某種「驕傲」，例如「我是頂天立地，無人在上，萬民在下，唯我獨尊的總統」。這項驕傲會使有這個身分認同的任一在位總

統否認自己有任何弱點，因而阻止他繼續成長，這就是進階策略第三要點「建立好習慣」的主旨。若在此時，你已養成在前述的「反省與複查的系統」，你的身分認同就不會是僵硬難變，而富有彈性，可以適應易變無常的環境帶給你的許多挑戰，而不會與之硬碰硬，造成非你死而我活不可的粉身碎骨的悲慘結果。

在講述進階策略的末段部分，博識的 James Clear 就引述了老子《道德經》的五句話；並說該五句話完善地概述了以上所述的全部內容，那五句就是：

人之生也柔弱，其死也堅強。

萬物草木之生也柔弱，其死也枯槁。

故堅者死之徒，柔弱者生之徒。

是以兵強則不勝，木強則兵。

強大處下，柔弱處上。

順著上述五句話，James Clear 在《原子習慣》最後第二段寫下：「良好習慣帶來無數的好處，但也會把我們鎖進先前學下來的思考與動作模式中。因為周遭世界不斷地變動，萬物皆無常，生命也一直在改變，所以我們必須定期地檢視自己，以便覺察出舊有的那些思考與動作模式或習慣，是否仍然對自己有用。」在最後一段 James Clear 則慎重地建議說：「若你缺乏自我覺察習慣就等於你不知自己何時染了毒，有了反省與複查系統就等於你知道自己染上了毒，也知道解藥往何處尋找。」

看完了以上筆者對於 James Clear 所著《原子習慣》的簡介，每位讀者大概應該會有自己的解讀。筆者則認為 James Clear 這位人士是一位好於自修，也瀏覽過多方領域專書的人；他的《原子習慣》已把習慣訂定在生命中應該享有的位置，也把它的價值訂定在習慣理論領域它該享有的地位。筆者尤其欣賞該書最後關於進階策略的論述。

第十講
要有哪些習慣，就能成為一位更接近完美的人？

介紹 Benjamin Franklin 的其人其事和他的十三個良好習慣

有關十三個良好習慣的說明，可見於《富蘭克林自傳》續傳部分的第101～205頁。此書經由黃正先生譯為中文，於1963年再由今日世界社出版，其原書名為 *The Autobiography of Benjamin*。

筆者的一位學生在臺大心理系就讀時，選修過筆者開授的「習慣心理學與其應用」課程，畢業後在某一公司就職時，深感個人習慣對其本人與平輩職員，及上司的溝通有很大影響力。某年九月底前，她回來母校的總圖書館閱讀與其工作有關的心理學書籍時，偶然看到此書的某部分內容與習慣有關，所以將它影印下來給我，當作她送給筆者的教師節禮物。後來，筆者把它當為教材，讓選課的學生也知道，重視習慣概念的不只是心理學者，很知名的正派政治人物也很重視它，甚至特意地努力把它們培養在身，以助其事業發展順利。

「班傑明‧富蘭克林（1706-1790）不但是美國的締造者，也是偉大的民主鬥士，人道與理性的化身，人類歷史上最有輝煌成就的思想家、科學家與文學家之一，不僅是一個國家的代表人物，更是無數世代所景仰的典型。」寫此序言的陳毓常先生如此地形容這位政治人物。

約翰‧亞當斯說過富蘭克林獲得世人的愛載與尊重，遠超過物理學家牛頓、政治學家腓特烈或文學家伏爾泰。

兩位評論人給富蘭克林那麼高的評價，究竟他生於什麼家庭，受過什麼樣的教育，有過什麼樣的訓練，是很值得我們去探討的。他在自傳裡，就這幾方面做了夠詳細的自我描述。筆者就將其主要內容轉述如下：

富蘭克林於1706年1月17日生於新英格蘭的波士頓，那是當時的新世

界清教主義中心、英國殖民地時代的大港，也是美國獨立革命爆發之地。但
他的發跡卻在與新英格蘭分庭抗禮的賓夕法尼亞的費城，一個新興的商業中
心，精神上已經開始脫離舊世界的束縛，後來成爲自由獨立的聖地。

　　富蘭克林的天賦優越，父系以鐵匠爲業，因此他有鋼鐵般的體格和心
力。外祖父卻是一位詩人，使得其外孫的富蘭克林也有敏銳、豐富的情感。
他出生當年，美國文學創作與出版中心都集結在波士頓，當地的松林洋溢出
辛辣的松香，令人易於養成幽默感，而傾聆幽連的松濤，會使人有深刻的內
省精神。富蘭克林有十七個兄弟姐妹，他是其中最幼小的。因此，從襁褓時
期就懂得如何與人相處的藝術，幼年的他，特別獲得父親的歡心，五歲時他
就能唸《聖經》，七歲時就會提出問題。有一天吃飯時，他就問其父：「爸
爸，爲什麼每天要祈禱，這樣不是太浪費時間？爲什麼不能做一次總祈禱就
算了呢？我想這樣可以節省你和主的時間。」十二歲時富蘭克林就會寫詩，
而且把它印下來就在波士頓街上賣出。不僅如此，在討論書上的問題時還會
戰勝年長的人，在運動方面他是出色的游泳者，工作上是熟練的技工，他也
是博學的讀書人，也是對一切成規的定律都不肯認之爲當然的「懷疑派」人
物。他把星期日守禮拜的時間省下來讀書，認爲自讀一本好書所得的教育，
勝過一篇壞的講道。不過，他畢生卻是崇敬上帝的人。他童年時受了清教主
義的道德薰陶，所以，後來他就把與其相關的十三種德行拿來自省之用。清
教的道德律是「一方面要做好事，一方面要勤儉致富」，他畢生的行爲都是
追求這兩種目標爲主，亦即道德的純潔和金錢的收穫。他的格言是：要追求
一個充滿善行與善財的人生；他喜歡學習和交友，也出於與此格言相同的旨
趣。他說：友誼是世上最寶貴的東西，在精神上和物質上都會取得代價。

　　《富蘭克林自傳》的序共有七大部分，以上所述的是序言的前兩部分。
因爲篇幅有限，其他五個部分則擬以更簡述的方法做介紹。

　　在第三部分所列的是關於他三十歲步入公衆服務以後的內容。自 1736
至 1774 年間擔任了州議會書記，後來辦消防工作、組織警察和衛生工作
隊、修理街道，後來擔任郵政局長爲止，都努力爲民衆增進福利。於 1774
年，他創辦了一所學院，它後來升格爲賓夕法尼亞大學。到了最後，他就成
爲一位州議會的議員。在 1754 年，他也以上校軍階親領一師之衆防衛西北
邊疆；不同於一般將官人物，他的治軍風格充滿風趣和人情味。富蘭克林的

特殊才能顯現於外交，所以 1765 年他就成為十三殖民地駐在英廷的正式總代表。在 1766 年他在英國議會力辯印花稅法的愚昧和不合理，而且堅決地說明「美洲人民的永不屈服」，結果英國議會撤銷該法案，避免了一場血腥的革命戰爭。至此，富蘭克林就成為全殖民地的領導者之一。

　　序的第四部分描述富蘭克林是一位極度反對流血革命戰爭，富於博愛精神的政治人物；他曾經在自己 1732 年出版的《窮理查曆書》上寫說：「暴民是有頭顱無腦筋的怪物」。雖然極度反對流血革命，當遇到一個只會魚肉殖民地人民，極為自私的英國國王時，富蘭克林也會勇於表現人類自由的莊嚴真理，擔任美國獨立宣言的最後校訂人，而在簽名於獨立宣言時，激動地向所有參與者說出：「如果各位不能全部連結在一起，就一定難免被人分別絞殺。」之後，他和華盛頓將軍就成為獨立革命的世界領導者。後來，為了獨立革命勝利的加速來臨，富蘭克林就以他當時在歐洲大陸的聲望，代表新世界向法國遊說，那時他已經是高齡七十歲，愛妻已於 1773 去世，獨子則依附王黨，家庭已淪入敵手，生平舊交也多已決絕，但他依然勇於直往一如盛年。法國的遊說工作，完成了雙重任務，亦即為美洲革命取得外援，又協助法國革命的播種工作。所以這一位本來是費城的小市民，在倫敦是一位政治家，在巴黎是一位哲學家，並成為法國人的精神偶像。有一天，這位七十一歲的美國最大哲人遇見了八十四歲的法國最大哲人伏爾泰，兩位老哲人則熱烈地握手，衝動地擁抱在一起，旁觀者見了此狀況，也不禁「熱淚交流」。

　　序的第五部分，是關於 1781 年美國獨立戰爭，在英國軍隊終於在絕對頹勢下結束以後的富蘭克林之足跡。在 1783 年，他代表美國簽字於初步條款與正式合約。1787 年他以八十二歲的高齡出席費城的「聯邦會議」，便完成了建設新世界的最後奠基工作。富蘭克林是該次的「憲法會議」最年長的代表，也是最能保持革命熱情的代表之一；在議會中，他讓較年輕的代表們多發言，而以他的幽默、忍耐、智慧、理想主義，以及在政治與外交上的豐富經驗來調和一切。那時，他已年邁不能久立，僅由別人代誦講辭，而他自己則坐著，不停地點點頭。終於聯邦憲法由出席的各州代表一致同意而簽定。

　　在各代表簽字於憲法的時候，富蘭克林以莊嚴的語氣指著主席華盛頓將

軍椅後壁畫上的半輪太陽說：「在會議當中，許多爭論使我時而充滿希望，時而感到恐懼，於是我經常望著主席背後的畫，不知那到底是朝陽呢，還是落日。但現在我終於明白了，我愉快地知道那是朝陽，不是落日。」

1790 年 4 月 17 日，班傑明・富蘭克林在費城自己家裡逝世。

序言第六部分的主要內容乃關於富蘭克林學問上的才能與成就。他受過的正規教育很短，卻能在學術上獲得最高的榮譽。他在 1733 年開始研究法文、義大利文、西班牙文和拉丁文等四種語言，不久就能掌握這些當時作高深研究所必須的語言工具。他在青年時組織的「讀書會」，於 1744 年發展成為「美國哲學會」，他本人便是該學會的第一任主席。在同時代哲學家中，他的地位僅次於伏爾泰。在科學上他又獲得「電學之牛頓」的榮銜。在 1753 年因電學上的發現，而獲得英國皇家學會的考勃萊勳章與榮譽會員。同一年的 1753 年哈佛大學和耶魯大學贈以文學碩士。1759 年獲得聖安德魯大學法學博士學位。1762 年又獲得牛津大學民法學博士學位，這是當時國際學術界最高的榮譽學位。1772 年又獲選為法國科學院的名譽院士。

由序言第六部分所列舉的各項事實，讀者一定和筆者一樣深信富蘭克林不但天資優厚，後天也很努力發憤圖強，不斷靠自修，向人學習，而最後在學術各領域有了驚人的成就，真是一個很了不起的人物。因此，我們也想知道，這樣了不起的人物為什麼會注意到習慣之重要性，而在「自傳」和「續傳」部分，以十七頁的篇幅討論筆者認為該時大部分人根本不注意的這個冷門議題呢？

在以下幾段筆者擬先把富蘭克林自述的十三德行養成計畫與實施經過做個簡介，然後試以說明其所以然。首先，他說，大約在 1728 年，還年輕的二十二歲時，他就想出了一個大膽而艱巨的計畫，以求在道德方面能完美無缺，做個完人，在任何時候，都能不犯過錯。他要求自己能克服本性、習俗和朋友等可能給他的引誘。因為他知道，或者可以說他以為他知道，什麼是錯的，所以他看不出為什麼自己不能不管何時都會做出對的事，而且避免做錯事。不過，不久他就發現，他所要做的這件計畫，比他以前所想像的還要困難得多。他一心一意不要做一件錯事，但常常會大出他自己的意料之外，冷不防地就又做了一件錯事。真是習慣成自然地，老習慣常常趁他不注意的時候就又溜回來，性癖與愛好有時候力量會大到不是理性所能克制。他終於

得到一個結論，單憑思考得來的信念，還是不足夠防止我們失足犯錯的，而我們必須先把原有惡習相反的好習慣養成到相當堅固後，才能眞正靠得住，不會有時好，有時又壞了。於是他設計出下列方法。

他在書上讀過，許多哲學家或宗教家所舉出的各種美德；他們有的舉得較多，有的舉得少些。因爲同樣的一種德行，不同的作者所下的定義和範圍寬窄也不同。例如說「節制」，有人認爲它僅限於吃喝方面，而別人則認爲它可包括節制一切樂趣、嗜好、性癖和情慾，生理的和心理的都在內，甚至於連我們的貪慾和雄心，都包括進去。富蘭克林爲了明瞭清楚起見，寧可多用幾個名詞，而每個名詞包括的意思卻不多。他一共列出十三種德行，都是當時他認爲必須而且應該有的德行，每個德行下面他又加了一小段箴言，可以充分表達他給該德行的定義範圍。

十三個德行的名稱和附屬於它們的說明如下：

1. 節制：食不過飽、飲不過量。

2. 靜默：不說於人於己無益的話；不和人談無聊的廢話。

3. 條理：東西放在一定的地方，做事要有一定的時候，不可亂來。

4. 決斷：決定你應該要做的事，決定了就一定要做。

5. 儉樸：不是於人或於己有益的事情，就不要花錢；換句話說，不要糟蹋浪費。

6. 勤勞：愛惜光陰，要時時刻刻做有益的事，不做不必要的事。

7. 誠摯：不做對人有害的欺騙行爲，思想要純潔公正，說話要出於誠意。

8. 正直：不做於人有害的事，或不規避自己責任內應做的好事，免得別人蒙受不利。

9. 中庸：不走極端，對人少有怨恨之心。

10. 整潔：起居生活、身體服飾，務求整齊清潔。

11. 寧靜：不爲瑣碎小事，不爲尋常普通不可避免的意外或不幸事件，擾亂到心緒不寧。

12. 貞潔：除非爲保健康、延子嗣，應該注意節慾，切忽因縱慾而弄得精神萎靡、虛弱無力，或損及自己或他人的寧靜或名譽。

13. 謙遜：學耶穌與蘇格拉底。

　　列舉這十三項德行之後，富蘭克林就說他的目的是要使這些德行都能變為他的習慣。方法上，他認為最好不要想同時什麼都要做到，不如一個時段專心致力於一項德行，如此才不會分散他的注意力；等到他能對一項德行把握得住，運用自如的時候，再進而致力於另一項德行。這樣一項一項地慢慢做，一直等到他完成了全部德行。因為先有了一種德行以後，也許能使獲得另一項德行的養成更容易。根據這個想法，他把上面的那些十三項德行，照著次序分別排列下來。他把「節制」排在最先，因為節制可以使他有冷靜清晰的頭腦，隨時隨地小心警戒做預防，舊習慣才不會再溜回來。因為抵禦永遠不斷的誘惑力，必須先要有冷靜清晰的頭腦，所以養成有節制的習慣以後，靜默就要容易得多了。他希望一方面要修養德行，同時在知識上也能有點進步。他想，在和人談話時，用耳朵比用舌頭更能得到知識。他那時正在養成一個壞習慣，喜歡空談瞎聊，說些俏皮話兒，開開玩笑，弄得只有無聊的人才喜歡跟他高談闊論。他想打破這個壞習慣，所以把「靜默」排在第二，他希望有了靜默和下面一個德行，亦即條理，以後，他就能夠有更多時間進行他的計畫，讀他的書。一旦「決斷（決心）」成了習慣以後，在努力求後面各項德行時，他就能夠做得不屈不撓、堅定不移。「儉樸」和「勤勞」可以使他還清他當時仍然還沒有還清的債務，也使得他家富裕、生活獨立、不受牽制，實行「誠摯」和「正直」就更容易了。他想到畢達可拉《黃金詩》裡所說的忠告，每天自省一次，實在是必要的。於是他又設計出下面的方案，以作為自省「自我檢討」之用。

　　他訂了一本小冊子，每種德行占一頁，在每一頁上用紅墨水畫出直線來，分成七直行，每一直行是一天，正夠一個星期之用。在每行的項上寫出一個字母，代表那一天是星期幾。他又畫出十三條橫線，分成十三個橫行，每一個橫行的前面，寫出一種德行的第一個字母。每天反省時，如果發現他對哪一種德行，在哪一天犯了一個過錯，他就在那個德行的橫行上，和那一天所占有的直行上，兩者交叉的一格裡，記上一個小黑點。

　　他決定每星期特別注重一項德行，這樣接著注意下去。因此，在第一個星期裡面，他對於「節制」這一點，竭力小心，不讓自己有一點點小的違反的地方，對於其他的各項德行，還是跟平常一樣並不特別注意。但是，到了晚上，就把自己在那一天裡所犯的過失記錄下來。倘若第一個星期裡，在

「節制」的那一行裡面，能夠一個黑點也沒有，他就可以假設他「節制」的習慣已經加強了很多，而和它相反的「貪吃」的習慣卻已減弱。因此，他就可以把注意力推廣去顧及第二項德行，在下一個星期，要使第一、第二行裡都沒有黑點才行。像這樣一個一個地推展下去，直到最後一項德行，就可以在 13 個星期裡完成一期；每年可以分做四期，重複力行四次。像一個人要清除一個花園裡的野草，他並不企圖一下子就把園子裡所有的野草都清除乾淨，因為那樣做，也許他的能力和體力會吃不消。所以他就按著一個一個花床，依序清理，在一個時段裡，先清除一個花床裡的野草，等第一個花床裡的野草都清除乾淨了，再進而去清除第二個花床的野草。所以他也希望他能看到自省考核表上的黑點，一行接著一行地消失，這樣他看到了自己的道德進步時，可以得到又深又強的鼓勵和慰藉；一直到最後，等到完成了好幾個時段，他可以每日反省一次，反省了十三個星期以後，很高興地看到一本乾乾淨淨，一個黑點也沒有的表格了。

　　他給「秩序」的定義是做事必須要有一定的時候，不可亂來。他的小本子上有一頁，把一天二十四小時內，他什麼時候該做什麼事，印成一個表，其內容如下。

早晨

問題：今天應該做什麼事？

5 時、6 時、7 時：起身、洗漱、祈禱、計畫一天的工作。決定今天要做的事情；專心讀現在應該讀的書，吃早飯。

8 時、9 時、10 時、11 時：做工作。

中午

12 時、1 時：讀書、看帳、吃中飯。

下午

2 時、3 時、4 時、5 時：工作。

晚上

6 時、7 時、8 時、9 時：把各樣東西放回原處。吃晚飯、聽音樂或消遣娛樂，或談話。反省考核今天一天。

夜間

10 時、11 時、12 時、1 時、2 時、3 時、4 時：睡覺。

他用這個方法來自行考核，雖然中間有時會間斷，但他也實行了不少時候，他也發現自己錯誤的次數，遠比他原先想像的要多得多，覺得十分驚詫。他也看到自己的錯誤減少，因此也感到滿意。他反省考核用的小本子，每隔十三個星期，當他完成自我訓練以後，就要把原來記在上面的舊的過錯刮去，而在那空出來的地方記新的過錯，這樣刮了一遍又是一遍，本子上全都刮成洞了。為了避免時常換新本子的麻煩，他就把表格和說明等等，全部改寫在一本備忘錄的光澤極亮的厚紙上，用紅墨水畫線能夠持久得多，另外也用一隻黑鉛筆，把自己的過失記在表上格子裡，以後不要的時候，用一塊溼海綿就可以很容易地拭去。過了一個時期，他每年就只完成一期訓練了，再過了些時候，他要隔幾年才這樣做一次，一直到他到國外去做事。他時常要旅行，各式各樣的雜事很多，頗受干擾，他才完全停止這樣子做，不過他總是把他的小本子隨身帶著。

「秩序」這一項計畫，給他麻煩最多，他發現，如果一個人的工作能夠允許他自己支配自己的時間，那麼要在一定的時候做一定的事情就可能行得通。譬如說，一個印刷所的員工就是如此。但做該所老闆的人，卻因為還要和外面的人來往，常常要按照別人的時間，還要接待別人，和他們談生意，就很難遵守時間了。此外，他又發現，要把東西放在一定的地方，他也極難做到。他從小就沒有這個好習慣，而且他的記憶力又非常強，東西放在哪裡，他都會記得，因此一點也不會感覺到，東西沒有放在一定的地方會有什麼不便。對這一項，他曾經多加注意，十分努力，可是，還是常常犯錯，使得他非常苦惱。雖然很想改掉它，卻進步很少，使得他幾乎想要放棄這個企圖。可見，在改掉惡習是很難做到完美的程度，雖然有此類困難，最後富蘭克林為這種改善過程還做了一個結論說：由於努力進行節制使得他能夠在過去的那麼多年，身體總是非常強健，而且直到現在，身體還是保養得很好。由於勤勞和儉樸，使得他很早就能使環境舒適，賺得一份財富，有了不少學問，使他能夠成為一個很有用的公民，並且在學者之間也能獲得相當的聲譽。由於誠摯和正直，使他能夠得到自己國家的信任，委托他許多光榮的大事。他追求這些美德，雖然還沒有能達到盡善盡美的境地，但是這許多美德

合起來對他有極深的影響，使得他能事理通達、心平氣和、談話有趣，以致於大家都愛和他在一起，甚至比他年輕的朋友，也極喜歡和他接觸。

富蘭克林本想把他的這一本書取名為《德行的藝術》，因為它可告訴人們，用什麼方法和什麼態度去得到美德，所以和一般僅勸人為善，而不把方法說出來的書是很不相同的。

他說本來他只想修得十二項德行，可是有一位教友派的朋友曾經告訴他說，一般人都覺得他很驕傲，這在他言談中常常可以很清楚地看得出來；他在討論任何問題時，並不因為他對了就感到滿足，罷手不談，反而是很傲慢、盛氣凌人，使人難堪；因為那位教友舉出好幾個實例，使得他不得不相信那位教友的話說得不錯，他就立定決心，努力改正這個惡習愚行。於是他在那張名單上又加了「謙遜」，並且把這美德的意思解釋得很廣。為了實行這一項美德，他就訂下一條具體的規則，不准自己正面反對別人的意見，也不准過分堅決地申訴自己的意見。他甚至按照他們讀書會舊有的法則，在言語中不准使用「一定的」、「無疑的」這一類在語氣裡，含有一個固定不能改變主張的字眼或說法，而改用「照我想來」、「我看到」或「我猜想」這件事是如此這般的；或者說，「目前我看來」等等。如果別人堅持某一件事，而他認為那位說錯了話，也不讓他自己猝然沒有禮貌地去反駁那一位。他在回答時，一開始就說明在這種情況下，他的主張是對的，可是在目前的情形下，他「看起來有一點不同的地方」等等。

有了這樣的用語上的改善之後，不久他就發現所得到的好處至少有兩點，第一點是：他和別人的談話，進行得比以前愉快多了；第二點是：他提出主張時，態度謙虛，往往使人更容易接受他的意見，而不像以前那樣地反對他。

富蘭克林說，因為他驕傲的習性已成，最初採用上述的語言溝通方法頗難，要花很大力氣好不容易地才改過來；可是後來那樣的說話方式終於成了習慣，就方便多了。他說在過去五十年間，也許沒有一個人曾經聽到他說過一句武斷的話。這個習慣後來成為他性格的一部分，所以他早年從事行政工作時，建議要採納的新制度，或是建議要修改的舊制度都一個一個被接受，而擔任議員時，他所說的話在議會裡有那麼大的影響力，可能要歸功於這個習慣的培養成功。

　　富蘭克林對於「驕傲」有其特殊的看法。他認為在我們的天性裡，它是最難馴服的。雖然我們知道這一點，而會盡力去隱匿它，和它搏鬥，要打倒它、窒息它、挫折它，但是它還是不消失，還是存在的。雖然他認為他已經完全把它克服了，但諷刺的是他對於自己的謙虛，還是會感到驕傲。

　　以上筆者簡介了富蘭克林的其人其事，尤其他對於習慣概念的看法，雖然他並沒有對「習慣」這概念，像筆者那樣下了一個很清楚客觀的的定義，但從他的字裡行間，我們不難看出他也認為習慣的結構裡，有刺激與反應兩個元素的存在，而這兩元素之間的關係也是相當穩固、緊密的。因為如此，像驕傲的習慣就很不容易改變，除非花了很大的力氣。從他的文章，我們也看得出來，刺激與反應間的關係若非常穩定，與此有關的刺激可能是屬於天生的，不管你用什麼字詞的反應來隱匿它、窒息它，它還是不時地會把它的頭伸出來看看，表演一番。雖然如此，你為了改變該惡習而花費的力氣不會完全成為浪費，它總是會在我們的日常生活裡帶來一些好處。所以天下沒有白吃的午餐，天下也不會有白費的努力，有了一番努力，總會留下一些回饋，雖然不是「一分努力、一分收穫」那樣百分之百地好。

　　富蘭克林對於習慣的培養方法也有他的創思或先見之明。例如，雖然他的最後目標是要把十三項美德都成為他的習慣。但是他認為最好不要同時就想把什麼都做到，不如在一個時段裡，專心致力於一項美德，等到把該項美德習慣化後，再進而致力於另一項美德的習慣化，他的如此做法，使筆者不得不想到它與 J. Clear《原子習慣理論》的相似點。雖然他們兩人生於不同世代，但思想上在這一點卻不謀而合。除此以外，富蘭克林把十三項德行排成以「節制」最先，以「謙遜」為最後的順序，也不是隨便起意的，據他的說明，順序上做了如此安排，是因為安排在最先的節制可以使他先有冷靜清晰的頭腦；如果要隨時隨地小心地做警戒，能防止舊習慣再溜回來，能抵禦永不斷掉的引誘力，每一個人必須先有冷靜清晰的頭腦。養成了有節制的習慣以後，靜默就更容易多了。更多的此類說明可見於其書第 108 頁；由那些說明，我們也可以看到富蘭克林對習慣有著每一個習慣並不是獨立存在的，而是和其他習慣是環環相扣的想法。這樣的想法又使我們聯想到，美國心理學之父 William James 所說的相同的話。

　　雖然還有其他許多富蘭克林對於習慣培養所提出的創見，因為篇幅有

限，筆者最後只能再提出兩項，其中的一項就是為了培養「秩序」的習慣，他就按照其所寫下的具體說明「做事要有一定的時候，不可亂來」，把一天二十四小時內，什麼時候要做什麼事都很具體地寫下來，而時間一到他就去做該做的事。因為有這樣的具體安排，所以做的秩序就不會亂，該做的事也不會忘記做；其中的第二項就是他使用「自省考核表」，每天在晚上九時做反省工作，考核自己，而把犯了幾個過錯都據實以黑點點出來。因此，倘若把這考核每天做一次，而繼續考核了幾個星期之後，很高興地看到考核表是乾乾淨淨地一個黑點都沒有了。從心理學的觀點而言，考核表等於是事實的記錄也等於寫日記。這方法不但具有發現問題，反省自己之用，也有鼓勵、增強（reinforce）努力行為的效果。這種方法在本書第十一講也會做討論，所以在此就做詳細的說明。

第十一講
要有哪些習慣我們就可以活得快樂？

介紹一位日本名醫的其人其事與十五個良好習慣

　　2002 年，日本講談社出版一本書之後，臺灣的《天下雜誌》把它譯成中文，並於 2009 年 1 月出版，書名為「快樂的十五個習慣」，譯者是高雪芳。

　　作者日野原重明（Shigeaki Hinohara）1901 年生於日本山口縣，畢業於京都帝國大學醫學院。1941 年擔任聖路加國際醫院內科醫師，之後歷任內科主任、院長，及聖路加國際醫院董事長、名譽會長、聖路加看護大學名譽校長。此書出版時，他年過九十歲，仍每天精神旺盛地從事診療工作。之前他已投身於醫學與看護教育，並大力推廣及實踐全人醫療與末期安寧醫療，設立日本第一個獨立型安寧照護系統，也歷任國際內科學會會長及國際健康診療學會會長，擔任（財團法人）生活計畫中心的董事長、全日本音樂療法聯盟會長等要職，他也是東京都名譽都民、文化推廣有功者。

　　除了《快樂的十五個習慣》之外，他另有《高明的生活方式》、《我在人生的旅途中學到的事》、《音樂力》、《度過充實人生的方法》等著作。

　　在《快樂的十五個習慣》作者自己寫了序文，文中的第一句話是他常被問到：「日野原先生，健康又長壽的祕訣是什麼？」他想別人會如此問，大概是因為他是日本最朝氣蓬勃，仍然樂在工作的老人之故；對此提問，他也沒有什麼好的答案，但卻使他無法不去聯想到，在孩提時期罹患了腎臟病，無法做任何運動，上大學之後又罹患肺結核被迫休學一年的自己，居然年過九十時，還能活躍於醫療領域。面對這件事，他自己也感到萬分驚訝！所以他也問自己有什麼祕訣？他左思右想，最後才找到值得說出來，可感到驕傲的就是他的十五個好習慣。他肯定地說，這些好習慣時至九十歲時仍是他的無價之寶；他也說這十五個好習慣是他歷經九十年培養出來且繼續維持下來

的。所以，他可當為答案的祕訣就是實行這十五個好習慣；因而他就把這一直視為寶物的十五個好習慣列舉如下：

1. 心中永保「愛」的習慣。

2. 抱持「一切都會變得更好」的正面思考習慣。

3. 挑戰新事物的習慣。

4. 鍛鍊專注力的習慣。

5. 向心目中偶像學習的習慣。

6. 感受受他人心情的習慣。

7. 珍惜有緣相逢的人、事、物的習慣。

8. 吃飯不超過八分飽的習慣。

9. 對於飲食不要過分神經質的習慣。

10. 能走路就走路的習慣。

11. 與更多的同好者享受運動時光的習慣。

12. 發現更多樂趣的習慣。

13. 調節生活壓力的習慣。

14. 反省要求自己（責任總是在我）的習慣。

15. 不要盲目、非理性遷就於舊習慣的習慣。

作者說，若有這十五個習慣，雖然乍看之下這些都是很簡單的事，卻全是可讓心靈、心理身體純淨健康的好習慣；若沒有它們而只有壞習慣，一個人的身、心、靈就會引發疾病；因為這樣，我們可以說，一個人的身心乃由習慣所造就的。作者很有信心地勸此書的每位讀者說，若希望活得更幸福，則一定要參考此書寫的內容。在序言最後一段，作者就說：「我長年守護珍視的十五個良好習慣能被更多人所知，因為它們會使一個人『幸福的財產』不斷增加，而且不但讓大家能喜樂地迎接今天，也能更期待明天與後天……的來臨。」

2007 年 11 月，日野原先生應邀來臺灣，在臺灣醫學會年會進行三十分鐘的特別演講，主題是「醫學、生命與人性」。

後來臺大醫學院的林芳郁教授應天下雜誌社之邀而撰寫的推薦序，以「享受身與心靈的改變」為題，寫了四段話；其中的第二段提到好萊塢的電影「上錯天堂投錯胎」，並說出林教授自己對該電影故事背後，有很深一層

含義的解釋。他認為，我們每個人的身體其實是從上帝借來用的，有一天總是要還給祂，每個人的一生都是唯一的經驗，也都無法選擇地從父母承接了各種基因。雖然如此，我們卻可以改變自己的生活習慣，從而改變我們的命運，我們每個人都希望健康、長壽又幸福；此書的健康祕訣，雖然不一定能讓我們都能如作者一樣活到九十歲以上，但在人生的道路上一定可以活得更健康、更快樂、更有活力。

在推薦序第三段林教授則向讀者建議，每位讀者可先選擇此書中的五至六個做為自己要培養的習慣，尤其對自己最需要的那幾個，例如，高血壓傾向的讀者可從飲食、運動，以及減少壓力的習慣去培養；有悲觀憂鬱傾向的讀者可從運動、抱持正面想法、感受他人的心情、發現更多樂趣等方向去養成好習慣。

在第四段林教授向身為家長的讀者們建議說：「日野原教授提到家長們值得深思的重要論點是，良好的習慣在人生幼年時代就要養成，而且在家庭中培養出來，所以在家庭裡父母要負起責任培養下一代子女有良好習慣。」

在推薦序的最後，林教授就感慨地，也心中似有所思地說：「問題是現在雖然有了機會享受這本大作，但是除非讀者真的想要改變，而且也會選擇其中幾項持續地努力去改變，不然，你就無法享受到身、心、靈改變所帶來的福果。」

除了林教授以外，撰寫推薦序的還有前任衛生署長葉金川教授，以及臺大醫院內科教授，也是臺灣醫界內分泌科名醫的張天鈞教授也為此書寫了推薦序。

一、簡介此書目錄

此書共有七章，每章討論幾個不同的習慣。第一章以「所有人皆由習慣所造就，身、心皆然」為題，討論習慣一與習慣二的詳細內容。第二章以「學習、思考、擴展自己的人生」為題，討論習慣三、四、五的詳細內容。第三章以「良好的習慣總在家中養成」為題，討論與習慣六的相關內容。第四章以「正視死亡，理解生命的開始」為題，詳細討論習慣七的內容。第五章以「健康由好習慣累積而成」為題，詳細討論習慣八、九、十、十一的相

關內容。第六章以「健康感來自朝氣蓬勃的心情」爲題，詳細論述習慣十二和十三的詳細內容。最後的第七章則以「凝視內在自我，幸福過生活」爲題，詳細討論習慣十四和十五的內容。

　　筆者則認爲藉著這七個大主題的順序安排，作者在暗示讀者們說，我們每個人的身、心、靈的基本組成因素是習慣，這個鐵定的事實，而習慣是可經由不斷的學習與思考來獲得的，並且要從幼小時候就開始學習。因爲依照目前社會制度來看每個人一生下來都有父母與家庭，所以很自然地父母、家庭是獲得習慣的主要榜樣與場所，所以父母在這方面要負起全責。此外，我們每個人的身體每天都在成長，經驗也天天在累積，生活環境也不斷地變化、有建設、也有破壞與毀滅。有生也有死，所以每個人在一生中一定會，也要面對不止一次的死亡課題，所以如何去面對它才能算是良好習慣呢？

　　討論完了人生四大基本問題之後，日野原教授在第五章就開始談起當爲醫師最關心的健康議題。他以堅信不疑的筆調寫說，健康乃由許多良好習慣的累積而成的，所包含的有良好的飲食習慣，以及充分的運動習慣以及他心目中的其他「七個健康習慣」；相反地，他也堅信一個人的不健康，甚至於死亡至少 50% 是因有壞習慣所致。所以爲了能健康且長壽，每個人都要培養良好習慣以外，也要改掉壞習慣。至於如何改掉壞習慣，作者建議了他的「三個步驟」。

　　生理健康與心理健康有緊密的互依或互爲因果的關係是近代醫學所強調的。當爲醫師的日野原教授也深信這是不能否認的原理。所以在第六章，他就以習慣十二和十三，論及「健康感」對增進身體健康的關係，也順便地指出「正向思考」在這方面扮演的何等地重要角色。

　　在第七章所討論的兩個習慣和在第六章所討論的兩個一樣也是較抽象，較內在的心理習慣。例如習慣十四是以凡事「反身要求自己（其意是責任總是在我）」爲題，他說有了這樣的習慣一個人才能也敢去面對問題，分析問題、解決問題、放下問題，也才能接納自己，喜愛自己，過著幸福的生活。

二、簡介「能使你活得快樂的習慣」

要經常活得快樂，一個人除了要培養幾個良好習慣之外，更要具備一些基本原則性的良好習慣，例如「心中永保愛的習慣」就屬於這種基本習慣。有這種習慣的人，若遇到一場大災難，其心情總比沒有這個基本習慣的人恢復得快且更徹底。

習慣一：心中永保「愛」的習慣

有些人認為不借助任何人的肩膀，一個人過日子反而輕鬆一些。作者雖也認為要有獨立心，但也懷疑只有獨立心是無法時時都感到幸福，而有時甚至也會感到空虛。作者相信要有人和自己分享，幸福的範圍才會更擴大，強度才會更深，所以我們最好擁有更多你所喜歡、所愛的人。

有些年輕人不管是男或女，總以為戀愛的感覺是無法天長地久，或他很難真正去喜歡另外一個人，而感到苦惱；筆者認為確實有這樣的年輕人或大學生。曾經在細讀選修我的習慣心理學課程的學生的作業時，筆者就閱讀到有些學生，寫說他不但無法愛別人，甚至於會恨、討厭別人。對於這樣的年輕人，日野原教授大概會建議說，請他們試試去認識更多的人，並試著去發現這些人的長處；當你察覺到他人的優點時，心中自然會產生羨慕、愛惜的心情。所以先與他人建立更溫暖的關係，不久之後，它就可能發展成為愛惜關係。

若對別人相反地有憎恨心，一個人就無法過得心理健康，精神更不會愉悅起來，所以憎恨之心絕不要有。當然免不了有時身邊會有口出惡言、行為魯莽的人。對於這種人，作者並不產生憎恨的心情，而相信總有一天，他們會了解自己在做什麼，所以選擇以無限的寬容與耐心等待他們回頭；因為他們最後會發現恨意解決不了任何問題，並知道回頭才是岸。

最後，日野原教授寫了如下一段很值得去深思回味的話。他說：「與其虛擲時光無謂地去憎恨，人生其實還有更多事情值得你去關心。請你一定要相信啊！這些是年過九十，尚感時間不足夠的我這個老人的肺腑之言。」筆者也認為這一段話有助於解決那些懷有憎恨心而困惑，不知怎麼辦的年輕人。

習慣二：抱持「一切都會變得更美好」的正面想法

這一句話若說給現在（2022 年 3 月）正在炮火中冒死逃離自己安居家園的烏克蘭難民聽，他們一定會說：「真的希望如此！」但也許會反問：「可能嗎？」

對這一句話，日野原教授做了以下說明。他斬釘截鐵似地先說，世間絕對沒有完美無缺的人，然後才說，凡是人都有各式各樣的欠缺或煩惱，尤其遭遇似乎無法克服的難題時；很多這一類人就只能沉溺於無底洞，無止境的煩惱深淵。

日野原教授自己曾經也有過無法自拔的苦惱；在國高中時期，他一直有「臉紅焦慮症」。上課時，只要被老師點名發言，他的臉馬上就莫名地紅起來，同學也開始叫他「金時」；金時是日本童話中，住在足柄山，紅臉肥胖，擅長相撲的金太郎。作者本來就比較好強，不管是功課或運動，只要沒有拿到第一名就非常在意，說不定「臉紅症」是因為好勝心所致。所以，只要覺得有人在看，他就緊張起來並全力以赴地努力去求表現，也就面紅耳赤。

為了解決這個問題，他就鼓起勇氣參加辯論社，以為在辯論社稍加訓練之後，就逐漸敢在人前說話，他的臉紅焦慮症就會不藥而癒。此外，他也參考了政治家永井柳太郎的著作，裡面有許多他在議會時所講的名聞遐邇的精彩演說內容。他終於發現永井柳太郎的雄辯文筆，讓他學到如何大方地在他人面前表達自己的意見，而且不再臉紅了。主要的祕訣是能不管臉紅不紅，一次又一次地硬著頭皮，在講台上奮力完成自己的演說，不知不覺中，即使在很多人面前演說，臉就不再通紅了，而且還會感到趣味盎然。所以，後來就膽敢接受了不少演講邀約，也敢在音樂會中演唱，甚至敢上電視節目暢談自己的想法。

因為有這個痛苦經驗，他心中就深植了一種信念，「只要保持一切都會變得更美好的想法，任何問題都可以解決。」他說，當行文至此時，就想到孔子《論語》中開頭的兩句話「人之初，性本善，性相近，習相遠」所要告訴我們的是，人們可由學習或教育養成不同習慣，長大後，每個人的樣貌就會天差地別了。所以，只要你願意克服自己目前的缺點或弱點，並心中常存

著「一切都會變得更美好」的正面想法，在人生中的任何時刻，都能夠展現樂於堅持下去的強烈毅力。

　　前段所講的是日野原教授，因有了「臉紅焦慮症」的痛苦經驗以及經由選擇不斷地學習，終於有了克服難關的正面經驗，因而養成「一切都會變得更美好」的正向思考習慣，最後也寫下了他快樂人生園地的奮鬥史。了解他的這一段奮鬥史，請問讀者的你，是想做奮鬥克服困難的選擇，或選擇讓「臉紅焦慮症」打敗你，繼續焦慮下去呢？

　　請問讀者的你，人生該以什麼方式渡過呢？這就是日野原教授要論述的下一個議題。讓我們一起來看看他怎麼寫。他寫說：這個問題是非常深奧，賦有哲學味的大哉問。但是，若以另一些字眼去討論，也許就不是那麼難懂的事。譬如說，問你自己今天你要用什麼想法去迎接今晨？又是如何去結束今夜？只要這樣問自己就夠了。筆者在這裡就想起，在本書的第十講，富蘭克林也提到相似的思考習慣。

　　日野原教授緊接著上述問題繼續寫說，從另一角度來看上面所提的大哉問，其實我們每一瞬間，在決定現在我要做什麼，同時也決定下一步我將踏向何方；可以說我們每一時刻都在做選擇，除了選擇以外，難道還有其他別的？比如說，你現在遭逢重大意外事故，你的思緒除了立刻到醫院就醫之外，似乎別無其他選擇。但是，即使在這刹那間，你仍然有許多可做的選擇。為什麼呢？因為受傷的是你的身體，而不是你的心或意識。只要你的意識還是清楚，你就可選擇對你最有效的自救方法。在這裡，日野原教授就說了一句很相似《女人的一生》舞台劇中的台詞說：「人生是由我們一個又一個的選擇累積而成的。」有了這看法後，他就認定不管在何時何地，都在選要怎麼走的路。

　　他說，這樣的覺悟與決心對他來說是很重要的，因為我們若日復一日，如此不斷重複地做選擇後才做行動，則不知不覺中，這種「先做選擇而後做行動」就逐漸累積而最後就成為習慣，如影隨行地在你用腦袋思考之前，就由你的身體搶先決定你所有具體行為了。正因為習慣的力量如此強大，都會為你的人生帶來極大又極深的影響，所以日野原教授就建議每個人應該早日知道這個道理，並建立決心早日養成更多的良好習慣。也建議說：「如果你此後想要好好地抓住好運，也想要改變自己的人生，從現在開始，

就要慎重地思考，這一秒所做的選擇是何等地重要，因為一旦決定做了這個選擇，它就只會把你帶到某個方向去。其實如果加以多方的思考，你就會發現，眼前你可做的選項比原想的還要多得多。」

　　為了表示他的建議是有憑有據的，日野原教授就又舉了他自己之所以年過九十還能滿足地過著愉快生活為例子。這是因為他身心兩方面都非常健康；身體檢查的結果，除了膽固醇指數略高之外，其他無任何異常。小時候體弱多病的他，為何邁入老年期反而如此地健康呢？

　　他說其中的一個原因是從青少年期開始，他就養成了「粗茶淡飯」的飲食習慣。因為成長於戰前糧食缺乏的時代，而戰爭剛開始時，白米、砂糖、鹽的配給又少到可憐兮兮地只有一點點。大概是因為走過那樣的年代，後來就不會隨心所欲地吃到飽，更不會因有美食在眼前就暴飲暴食，而養成了淺嚐輒止的好習慣。有這樣的良好飲食習慣的人不止他一個人而已，由他發起的「新老人會」中，有許多七十五歲以上的老人也和他自己一樣身心健康，都是因為他們也從小時候就有粗糙的飲食習慣。

　　從良好的飲食習慣這一點小事說起，日野原教授就推論到任何事情都應該遵守「過猶不及」的中庸之道理論。於是他就建議現代的上班族在辛勤工作之餘，一定要每天準時下班，再忙碌的人，每天也要有適度的睡眠與正常的飲食。因為習慣對於健康、生活、人生，扮演如此重要角色，日野原教授就結論似地說：「每日反覆的生活方式就叫做習慣。健康的祕訣，正隱藏在這些天天重複的節奏中。」

　　因為身為一位醫師，日野原教授特別重視健康方面的習慣，這一方面的論述也特別多。他就是全日本醫學界裡第一位創用「生活習慣病」這個醫學新名詞的人。何以創用這個新名詞？他把這個理由說明如下：較年輕時忙碌於看診的他，經常看到因為習慣不佳而引發嚴重疾病的人。從這些病人當中他發現這些重病，當初只要稍微改變一下某些習慣，就可預防；所以他就把它們稱為「習慣病」。可能因為他創用這新名詞的關係，在 1996 年，日本醫學界就正式地將心臟病或糖尿病等疾病，正名為「生活習慣病」。這些疾病在此之前，長達四十多年，一直被稱為「成人病」。這個病名容易使人誤以為它是每個人「成年之後就容易罹患的疾病」，也使人難於了解這類疾病之所以形成的真正原因，預防工作也隨之難於著手。但病名一換，醫者與病

者都知道病因何在，也就可以確實有效地做預防工作了。

　　現在已經成爲普通醫學常識的是，高血壓、心臟病、肝病、糖尿病等的致病原因是鹽、糖分等的攝取過量，忽視營養均衡的飲食習慣所造成。肺癌心臟病則由抽菸習慣所致，而肝病則攝取的酒精過量所造成；此外，現代人也都知道運動不足也是導致以上各疾病的一大原因，由以上所述可知，許多疾病，包括身體的或心理的，疾病是來自於自己的不良生活習慣所致。

　　既然原因已經如此地清楚，預防工作就有可著手之處了。當然，要改變不良生活習慣，每天的辛苦努力是絕對需要的。這時，若已養成「一切都會更美好」的情緒與思考習慣，心情就不用那麼緊張又緊繃，而能以欣然的態度，全力以赴。

　　日野原教授把希臘哲學家亞里士多德於西元前三百年左右時對習慣所下的定義，亦即所謂「習慣就是不停重複的運動」一句名言，拿來勉勵讀者說：「改變每一天週而復始的行動，就可以養成新習慣」；讀者的你可以用這樣輕鬆的思考方式，試著重組你的人生，從明天起你就一定可以感覺到，以後的日子，會變得更爲光輝、明亮。

　　很多習慣是要靠學習得來的，日野原教授對於它的重要性的看法也是學來的，是每天看診時，從病人的病症發生經過學來的，一部分是從閱讀一位腦神經外科醫師庫欣（Harvey Williams Cushing），關於英國內科醫師歐斯勒生平所寫的傳記學來的。在翻譯這些書籍中，他注意到其著作中經常出現「習慣」這個詞彙；他也注意到歐斯勒的一生貫徹了習慣這個想法，亦即「一個人若想擁有健康的生命，必須先形成健康的習慣」，可說，他一再地強調良好習慣對於個人生活各方面的不可或缺。

　　習慣有類似於物理學的「慣性作用」之處，一個人一旦養成了一則好習慣之後，它就逐漸融入他的生活節奏中，自動地重複出現。若想把適度運動或飲食習慣納入生活節奏裡，你的健康就能得到很好的約束，習慣養成之後，不但可得到直接的收穫，間接地也可獲得沒預想到的好處。因為我們的身體與心理之間有密切關係，這已是眾所皆知的現象。身體有問題的人常會在心中造成一道陰影；一直病懨懨的人，若能成功地把良好習慣培養成功而恢復身體健康，他心中的那一道陰影就會消失，另外也會開始有正向的感受，甚至心靈也受到益處。

　　然而，讀者若想要揚棄不良好習慣，增多良好習慣，你就必須鼓起勇氣，堅決地踏出第一步，繼續做到良好習慣產生「慣性作用」的動能，以後才可以把改變的希望交給慣性作用繼續運作下去。反正，「人生僅此一回，身體也只有一個」，在這裡以詩情畫意的口氣，日野原教授鼓勵他的讀者們說，不要吝惜上述的「小小嘗試與努力」；看到「小小的嘗試與努力」這八個字，記憶力與聯想力強的讀者一定和筆者一樣會想到 James Clear 所提及「原子習慣」的良好習慣學習原理。

　　談到這裡，日野原教授就說，為了能享受幸福人生所不可或缺的第一個要素是「自己要有把生活過得更好的意念，以及珍愛保持這個念頭」。

習慣三：挑戰新事物

　　心中永遠能有愛別人，愛一切事與物的情懷之外，也要永遠能保持一切都會變得更好的正向想法是日野原教授所提出的人生希望或目標。這兩項目標也是人人所渴望的，但必須全力以赴才能獲得的。日野原教授也為了告訴讀者們要養成哪些好習慣就可得到它們，就又以自己與別人的經驗為例，說明這一些。在討論習慣三的一開始，日野原教授就敘述一些他教導年輕人時，享受到極強烈的挑戰與成就感的事。他說，挑戰新事物的決心，並無任何年齡的限制。如果你以為你又不是小孩子，挑戰新事物已經不是你可以做的事，那就錯了。其實，據研究腦神經科的專家說，大部份人的腦細胞使用率都還沒有達到一半的程度。而到了老年期，仍有四分之一沒有被使用到；當然在這方面有個人差異，你看年過八十歲才成為畫家，或七十歲過後仍能刷新紀錄的游泳健將的人嗎？這一類事實並不罕見；由這些事實就知道腦神經科專家所說的並不是空話。所以你也可讓自己的頭腦充分運作，試著挑戰某些新事物，看看自己在哪些方面的極限有多高，說不定也會看到你也有那些從來不曾想像過的才華。

　　所以日野原教授（重明先生）就告訴大家說：每個人都有自己未曾覺察到，隱而未顯的才華，它們一直沉睡在你的神經系統裡，等著你去把它們開發出來。

習慣四：鍛鍊自己的專注力

可能是身為醫師而且取名為「重明」的關係，作者特別喜歡看到一個人有朝氣蓬勃的態度，而不喜歡見到一個人在各方面都會給人死氣沉沉的印象。因為看到這一類的人他就會擔心那些年輕人，連在最重要關頭也展現不出專注力，在學業或工作上，都無法發揮自己的實力。缺乏專注力的人，不管什麼事都無法做得順利。最糟糕的是自我放棄。

重明先生對於專注力，沒有做清楚的定義，但卻詳細地說出養成專注力的方法，他認為專注力，是需要某種程度的訓練後才會有的，就是在日常生活裡繼續努力把注意力集中在某一議題才會形成的習慣。他舉出自己的例子說出鍛鍊專注力的方法，亦即，無論多麼短暫的時間也要有效地利用它，不可白白浪費它。譬如在機場候機室等待飛機起飛的時間，他會將手邊的文件瀏覽一次，思考如何安排演講內容等，做為例行工作。他說，以這種方式鍛鍊自己的結果。他說，這樣的忙碌生活反而讓他產生緊張感，對於專注力的培養提供不少助益。

關於能成功地培養專注力，以後會帶來享受到哪些好處，日野原教授也以舉例式地談了不少；而且以「你可以察覺到微小的變化嗎？」「人生的清晨、人生的午後」為小標題，以富饒有趣味的方式談到這些好處。因篇幅有限，筆者就請對這些有興趣的讀者們自己去參閱在其書中有寫那兩個小標題內所提到的例子。

習慣五：向心目中的典範學習

每個人成長到某個年齡時，就開始被「我將來要往哪裡走？」的自問自答，占滿腦袋裡所有的思考空間。也許有些人因為父母親早已替他安排好將來要走的路，有些人則因沒有這樣的前輩，而要全靠自己去尋找。如果你是要靠自己的力量去尋找的人，你要怎麼辦？

對於這個問題，重明先生回答說：如果實在無從下手，你就找一位你所欽佩的人請他指點方向或向他學習。你所欽佩的人可能是你的家人或長輩或古人的某位偉大人物；無論是誰，重要的是，你要能清晰地設想出二十年後的自己將是什麼模樣的人。這樣，你才能決定「我也要成為那樣的人。」這

樣說來，二十歲的人就要尋找四十歲左右的人；四十歲的人就要尋找六十歲的人；而六十歲的人就要找八十歲的人。不管幾歲，那位你所欽佩的人在各方面都要足以扮演你生命中的名師。

如果心中有一位這樣的人，而且能更接近他一步，你就知道現在該做什麼，該朝什麼方向努力做準備才好。當然為什麼欽佩這個人的理由，你一開始時就要很清楚。

日野原教授說，在醫學院授課時，常有學生因對未來迷失方向而前來請教他。他們不知道畢業後留在學校較好或到鄉間醫院服務較好，還是出國留學比較好。這時，他都向他們提出如下相同的建議：「請試著勾勒一下二十年後你想成為什麼樣的醫生？若這樣的醫生就在周遭，你就向他們學習，若沒有，就繞遍全國去尋找。若找到了，你就向他請教、學習，也向這位偶像的偶像學習。」

至於日野原教授自己，也是如此地學來的。在第二次世界大戰剛結束時，他讀了一生不曾見過面的歐斯勒醫師的傳記與演講集，之後就認為那位就是他心目中要學習的榜樣。因為歐醫師已去世，所以在美國留學期間他便去拜訪幾位其入門弟子，希望他們能教導他由歐斯勒醫師傳授給他們的教誨。此外，他也讀過歐斯勒醫師的每一本著作；因而才知道他是一位大力提倡「習慣」對形塑一個人有多重要的醫師。在其書中歐斯勒醫師也表示，他自身的思考習慣是得自於柏拉圖的影響，而「精準判斷的習慣，與覺察的習慣」則來自於亞里士多德與英國外科醫生（John Hunter）的感染，加上歐斯勒醫師自己的「讀書習慣」，使他經常去讀這三位大師閱讀過或推薦的書籍，這些書若總加起來則可設置一間小圖書館了。所以，由歐斯勒醫師的著作知道這些以後，日野原教授就開始閱讀歐斯勒醫師讀過的先人典籍，而經由這些典籍，可以更深刻地了解歐斯勒醫師對古典或中世紀哲學家、文學家，對近代思想家或科學家的想法也多有廣泛的涉獵，可說是一位兼有愛好醫學與人文思想的人物。

因為他心中的典範人物名師是如此用功的博學者，日野原教授就自我勉勵地說：「我這個做你弟子的也絲毫不能懈怠！」雖然要完全效法他不容易，但是，只要一本一本認真地研讀，他就發現自己更要往自己新世界更踏出一步的願望，而下一步要通往新世界何處的期待心就又令他感到異常地

強烈！

　　以上把歐斯勒醫師的為人做了廣泛性介紹之後，日野原醫師就具體地舉了一些例子，說明歐斯勒醫師道出的那一些足於鼓舞人心，往前看的妙語與論述。例如，日野原教授想起歐斯勒醫師對耶魯大學醫學院學生演講所說的一段話：「只要那一天我盡力而為，就不再為明天感到煩憂。」對於日野原教授來說，這一段短短的話隱含著無比強大的力量。所以他每天都照著這句話去做，使自己不再對明天感到煩憂。日野原教授也特別地提到歐斯勒醫師留下來的一段膾炙人口的一小段談話：「對於健全體魄有極大功能的習慣，可培育出健全的心靈；在這顆心靈中，融合了生命的喜樂與工作的愉悅，而後就譜出人生真正和諧之美。」

習慣六：可感受他人心情的同理心習慣

　　良好習慣要經過學習來養成，而學習可以透過心中的偶像或典範人物，也要透過早期的家庭生活去學習。在說到習慣六，關於感受他人心情這個議題時，日野原教授從文首至文尾一直強調這一點。「感受他人的心情」在每一個人一生的人際關係中，一直扮演著重要角色是由很多人所認同的。富蘭克林在討論他的第十三個習慣時也觸及到這件事，也是本書讀者們所記得的事。

　　日野原教授舉例說，有一次他到一位美國朋友家作客時，那家孩子們表現出來的落落大方、體貼入微的深度教養，使他相當震驚。晚飯時間，當時正在唸小學或國中的一位孩子就一直站在他的後方，像餐館的服務生一樣，細心地招呼他的需要。他正想要一點鹽巴，但話還沒有說出口，那位孩子就將鹽巴的小瓶子放在他的手邊了。而且晚餐進行時，主人也會以當中用餐速度最慢的客人來做為上菜的標準節奏；在那時候，他的感受頗為深刻。這種體貼他人的習慣，一定是在每一天的日常生活中慢慢培育出來的。無論在什麼時刻，都能用心去感覺到別人的需要和心情。在招待客人的時候，這些體貼的心意，就自然地流露在每一個細微的舉動中。

　　日野原教授也以歐斯勒醫師為例說明，身為醫者會用怎樣的方式對他的患者以表達這種同理心；他說歐斯勒醫師巡視病房時，總會拿一張小椅子坐

在病床旁邊，躺在病床上的患者只要轉過臉來，就可以平視著醫師的眼睛，這種說話的高度可以讓病人覺得安心。患者若是裸露出一部分肌膚，他也會想辦法覆蓋床單，為的是保護病患的隱私。此外，歐斯勒醫師是不穿白袍的，而僅穿著一般上衣從事診療工作。因為白袍有時候會讓病人有壓迫感，所以日野原教授在外出診療時，通常也不穿白袍。

在說明「感受他人心情」的習慣時，日野原教授以惋惜的語氣描述當時的日本觀光客在國外餐廳常常放聲談笑，或大聲拍手召喚服務生，而不顧其他在座客人會有如何的感受，每看到如此情況，他就感到十分沮喪。

為了一個孩子能養成「具有能感受他人的心情或同理心」習慣的一個人，日野原教授堅信絕對必要有一個會孕育關懷別人的環境，而這樣的環境，除了家庭以外，別無他處。此外這種家庭的父母本身也要經常抱持著關懷之心與每位孩子相處。所謂的關懷心，絕不是像法國思想家盧梭（J. J. Rousseau, 1712-1778）所說的，若想要毀掉一個孩子，第一個步驟就是不管孩子要什麼就給他什麼的作風，這樣的孩子長大後不知道何謂分享。父母要有的關懷之心才能培養孩子擁有一個充分了解他人心情，並進一步設身處地地為他人著想的感性與行為表現。

日野原教授非常重視習慣六，培養感受他人心情的這件事，所以把第三章都用於討論這一個習慣的養成。他認為這個習慣的養成與廣大的生活環境，包含物質、社會制度、人文社會、家庭環境都有關，尤其和家庭環境最有關。他舉了法國的思想家盧梭所說的話為例，另外也舉了一位日本人福澤諭吉在《教育論》所寫的兩句話「家庭是培養習慣的道場」，以及「雙親是培育孩子良好習慣的關鍵角色，責任十分重大。」他說，前幾代的父母之所以嚴格訓練孩子們的禮儀與言行，大概都與那本書的呼籲有關；但他也看到他那一代的父母中，卻有不少人認為「讀書靠補習班，禮儀教育靠學校」的想法。此外，日野原教授為了更強調良好習慣的培養愈早開始愈好這一點，也舉英國教育家斯邁爾斯（Samuel Smiles）的一席話給讀者做參考。這位英國籍的教育家說：「最重要的是，人在幼年時代就要養成良好習慣，一旦成為習慣，就可能終生不忘，長年不再改變，就像雕刻在樹皮上的文字大小，會跟著樹木的成長而變大。」雖然不完全同意斯邁爾斯所說的全部內容，日野原教授卻進一步說，「但父母親也不能因而將教養孩子的行為與禮儀等責

任都交給學校」。

日野原教授雖然很重視家庭對孩子教養之重要性，但能擔起這種重大責任的並不是只要有孩子，有父母親的所有家庭就可負起這個責任。他說這種夠格的家庭還必須具備成員間的互相關懷、互相幫助、彼此相愛、彼此認同等正向元素；也可以說，能教導孩子良好習慣的父母就是對孩子要有充滿愛情的表現，這樣的家庭才算是蘊藏著教育與愛的地方。日野原教授在他那時候的社會裡，也會看到一些家庭親子間互相傷害的事件，以及少男少女時就開始犯罪的事件，他認為這是因為這種家庭成員間欠缺這些正向因素之故。

看到上段最後部分的描述，筆者也不得不想到目前臺灣的社會狀況；在電視新聞報導中，有一位吸毒的不孝兒子向父母親要錢買毒，母親不給錢並且碎碎唸他的不該，使得兒子無法忍耐之餘，買來一桶汽油，用它燒其母的房子，陷其老母於險些就被火燒死的可怕情境。

好習慣的養成，最初可能要相當地努力全力以赴；但若某個人一再地把它重複，則在反覆的慣性作用之下，感受他人心情的良好習慣就會成為那個人性格的一部分，雖然無情歲月會在那個人臉上刻下皺紋，使其表情變得更嚴肅又頑固時，那個人臉上卻仍會常常綻放令人賞心悅目的微笑。

在第三章的尾段，日野原教授又很感慨地寫說，在當時的日本，不要說餐桌上的禮儀，很多小孩甚至都不知道什麼叫做家人一起用餐的歡樂時光。看了這種情境，他就不得不想到孩子孤孤單單一個人，餐桌上擺得全都是冷冰冰的食物，就忍不住地傷心起來。

與之相比，目前臺灣的情形又怎麼說才好呢？在某一臺的電視新聞報導時間，常看到的都是很不想看到的鏡頭，例如：在酒店或在 KTV 店或在街道上，青少年常因遇見不相識的人而四目相交時，就立刻把對方的視線誤判為對方在看不起自己，所以就以開山刀、球棒、木棍相待，一直相打相鬥到警察來把雙方人馬帶回警察局或派出所為止。難道，之所以常有如此鏡頭，也是晚間沒有家人一起用餐的關係？

習慣七：珍惜有緣相逢的所有人、事、物

在討論習慣七的時候，日野原教授再度展現他的深厚文才，以正向詞彙

輕鬆地把一般人會掩耳不願意聽，緘口不想談的「死亡議題」，以《一片葉子落下來》的音樂劇形式輕鬆地表達出來；他說，那是他滿八十八歲（1999年）的事。

《一片葉子落下來》這本童話書的作者是任教於美國南加州大學教育系的巴士卡力（Leo Buscaglia）教授。聽說，他平常不斷地對學生闡述人生的意義，也發表過多篇以「愛」爲主題的文章。《一片葉子落下來》是巴士卡力教授許多作品中唯一的童話繪本，後來有人把它譯爲日文，並出版發行於1998 年；它是一本一售出就有一百萬冊的暢銷作品。

該書描述一片名叫弗雷迪的樹葉與他的好朋友們（也是同棵樹上的葉子們）。故事是從春天的淺綠嫩葉開始；進入炎夏後更添綠意；到了秋天來臨，葉子們開始染上粉紅的艷麗色彩，而不久之後，就開始枯去，隨著秋風紛紛散亂墜落……也就是說，將一片樹葉的新生到死亡，比喻爲一個人的一生，以淺顯易懂，感人至深的筆調，闡述生命與死亡的意義。在這故事中，當秋天來臨，故事主角弗雷迪的好朋友們開始從枝幹掉落時，弗雷迪感受到自己也將凋零飄落在地上。於是開口向扮演大哥的丹尼爾葉片說：「我好怕死」，也問「如果我們必須掉落、死去，那爲什麼還要來這裡呢？」這時候，丹尼爾就回答說：「任何東西都會死，無論是大的或是小的，是強的或是弱的。但是幫助了無數的人類，讓人類的眼睛舒適解壓之外，還有不少貢獻，所以我們的生命是很有意義的啊！只要生命有意義，就是幸福的一生囉。」丹尼爾的這句話十分巧妙地說明了生、死是何物。故事的最後，丹尼爾也從樹枝飄落墜地，弗雷迪也飄落下來；之後，落葉就被蓋上了一層霜雪，葉片的組織與水分也被大地吸收，又成爲樹木成長的養分。這一點傳達了生命循環不絕的思想，這道理，連小學生也很容易懂。

後來，這一本書的 CD 有聲版就由資深演員森繁久彌朗讀、錄製，出版後得到熱烈的迴響。正巧的是，這位森繁先生剛接到這本書時，正逢他的長子以五十八歲的壯年身故；因而不但提不起勁來工作，連要活下去的希望都消失殆盡。但是，讀了這本書之後，他就想到：「有時候，連嫩綠的新葉也會提早掉落，我兒子早逝也是無可厚非的事。」因此，他就泰然地接受了兒子死亡的事實，知道每個人都有凋零的「那一天」，他就開始思考自己大限到來時，該如何面對才好。

　　日野原教授也確認，死亡有的時候是殘酷無情的。但是，正是因爲「凡是人必有一死」，所以更應該讓孩子們早日了解生命之可貴。經由長期觀察，他發現那時候的孩子或年輕人對於死亡的了解太少，而之所以如此，至少與核心家庭變爲當時的主流是有關的；他們不但與老人接觸的機會少之又少，對於一個人年歲增長之後，身體、心理方面會產生什麼變化，都一無所知。他們縱然也會遭逢祖父母過世，但因爲不曾一起和他們生活過，對於死亡無法產生眞實感。

　　相形之下，日野原教授說，在他還年輕的那個世代，對於死亡則有深刻的切膚之痛。譬如，小學時候，過完暑假回到教室，就突然間發現少了兩位同學，後來才知道，他們因爲痢疾而死亡。所以，在孩子心中，死亡是一種在身旁眞實的存在。

　　既然死亡是正如《一片葉子落下來》那本書所說的一件很自然的事，「每個人從出生那一天，就在死亡之路一步又一步地前進。」所以若經常將大自然生命循環不絕的眞理放在心上，對於死亡，就不會產生過度的恐懼感。

　　很多人以爲「健康」是一種「完美無瑕」的狀態。其實不然，每個人從生命形成的那一刻開始，就注定要一步一步接近死亡，只是有時死亡的症狀還沒有出現，我們還沒有知覺到它而已；此類變化在平常時並不激烈，偷偷地在進行。某一天，死亡的症狀開始抬起頭來看我們時，我們才像看了鬼一樣地突然間惶恐不已。

　　因爲「完美無瑕」、「完全健康」是極難擁有，很多家醫科醫師就會對年長的病患建議每年做一次全身健康檢查；雖然會驗出一些顯著性偏差值，年長的病患還能抱持「健康感」繼續快樂地生活下去，這才是更重要的事。若因爲檢查結果發現了一兩項顯著偏差值，則終日神經兮兮，人生的樂趣就大大地減低了。經上述討論之後，日野原教授就做了一項建議，他說：「我們的身體和我們的社會與世界一樣，常常會發生無法預期的意外事件；所以，人生的問題不在於它有多長，而在於有多深……。」日野原教授最期待的生命型態是到了它的最後一刻，一個人仍能心懷感謝之情，從容面對死亡的來臨。

　　一生中，我們會遇到的人、事、物、境之多是無法勝數的，死亡不過是

其中一個最重大的遭遇而已。為什麼有這些相逢與際遇？是由誰安排的？或在冥冥之中，有一位你的命運之神，早已替你安排好了，那麼他根據什麼做了這樣的安排？或是每一個人不知不覺中被自己養成的各種良好與不良好習慣所安排下來的？對於這疑問，日野原教授把它擱置不答，但從另一個觀點說出對這重要問題的看法；他說，所有這些際遇都帶有命運的色彩，而且都蘊涵著某種意義，所以，要珍惜它們。或許，有很多人會懷疑這種觀點，而問說，「死亡只會帶來悲傷而已，難道死亡也帶來有意義的美好遭遇嗎？」對這項疑問，日野原教授回答說：「死亡即是悲傷」的想法是狹隘的，人類與死亡之間的關係比想像的更為深切也多面；許多死亡的場景，經常是一堂刻骨銘心，很難得的生命教育課程。」根據他自己在治療一位病患過程中，所遇到的一場生離死別的全新經驗中，與其說悲傷，不如說因此帶來至深的感動或希望。他的病人中有一個這樣的例子；這一位病人的不幸亡故，造成了全家人生活上的巨變，之前，這一家人散居各地，從來不曾互相幫助或說過一句真心話。這一位病人臨死前，住進安寧病房，家中的成員才深切感到生命的可貴。就在病人去世前一週，全家人才願意彼此敞開心胸，互相理解與原諒，也冰釋了糾葛多年的心結。

　　日野原教授再舉了另一例；這一例是他自己成為醫生之後，一直感到歉意至深，無法忘懷的第一位由他照護過的年輕女病人。她的病故，影響了日野原教授後半生的生活方式，可說是不可思議地深，也對他自己的死亡觀造成決定性影響。

　　這位病人因為結核性腹膜炎惡化，在春天時住進了醫院，她是一位篤信佛教的十六歲少女。她因為腹痛及噁心，幾乎斷了所有飲食，而且每隔兩、三天就不停地發燒；這樣的症狀反反覆覆地持續了一段時間，當季節進入5月的梅雨季節，悶熱氣候令人更難忍，少女的食欲也為之更低落下來。有時候，腹痛真的難忍不堪，呼叫他前來想辦法；因為當時還沒有結核病的特效藥，日野原教授也只能給予鎮靜劑或腹部薄荷類鎮痛貼布，稍微減緩劇痛的苦楚。到了7月下旬的某個星期天早晨，少女的病情突然惡化到極點，日野原教授則不得不飛奔似地去看她，一看就知道她的情況真的已經惡化到束手無策的程度，只能依照她能減輕疼痛就好的唯一心願，為她注射了嗎啡；注射之後，則數著她逐漸虛弱的脈搏，「下午媽媽就會來看妳了，要加油

喔！」聽到日野原教授的鼓勵，少女睜開了一雙美麗的大眼睛，正面朝著教授說：「謝謝醫師，你這一段期間的照顧，我今天實在是熬不住了。」說完之後閉上了雙眼。一會兒之後，她重新張開眼睛，繼續說：「我知道我的時間不多了，可能見不到媽媽。我媽媽一直都在為我擔心，請您幫我轉告她，我對她感到十分抱歉。」說完對著他合掌致意。這時候，日野原教授感覺到她的脈搏更為弱化。聽到即將死亡，也已然接納命運的這一席話，他不知道如何回應才好，因為她是從入院之初，一直由他負責治療的病人，所以他實在說不出「請妳安心地走」這一類安撫的話，而言不由衷地說：「妳的病會好起來，不會死的，請妳振作點。」就在這個時候，不知何故，她的臉色大變，日野原教授大聲呼叫護理長來幫她打強心劑，同時在她耳邊大聲呼喊：「振作一點！妳不會死的，妳的媽媽就要來看妳了！」這時，她口中吐出了少許膽汁，又大大地喘了兩、三口氣，然後，就不再有任何氣息了。日野原教授急忙地拿出聽診器聽她的心跳，卻無法再聽到任何聲音。

寫著此生第一份死亡證明書時，日野原教授禁不住滿心的疑問，問自己為什麼那時候不能好好地對她說：「我會好好轉達妳想對媽媽說的話，請安心成佛去吧。」日野原教授一直以為醫生就是要擋在疾病的前面，全力救助病患的性命，而不是眼睜睜地等待死神的降臨。

但現在，日野原教授認為不管醫學再如何進步，所有人類仍然都必須走向死亡之路；所以當病人知道自己死亡時刻真正到來時，主治醫師與其騷動，慌亂地大喊注射，還不如珍惜最後一刻，緊緊握著病人的手，聽其好好地說完最後的遺言。醫生也好，家人也好，都有必要擁有與病人一起接納死亡，一起分擔死亡的勇氣與感性。

習慣八：每一餐吃到比八分飽再少一些

為了身體健康，要養成怎樣的飲食習慣才恰當？自古以來就有很多建言，諸如：從「切勿暴飲暴食」的反面說法，一直到正面說法的「早餐要吃得好，午餐要吃得飽，晚餐要吃得少」，或「早餐、中餐、晚餐分別要吃什麼最好……」等等。

對於良好飲食習慣，日野原教授也有他特殊的兩項特殊建議，例如每餐吃到「比八分飽再少一些是最好，以及對飲食不要過於神經質，哪一些不要

攝取，哪一些則非喝、非吃不可。」

　　對於列爲第八個習慣的「比八分飽再少一些」，日野原教授做了如下說明：在工作很忙碌的時候，他常常在吃飯時間只吃餅乾與喝牛奶。看到這種吃法，有些人就驚訝地問：「醫師，你就只吃這麼一點點嗎？」對於此類的提問，他常常回答說：「像我這樣九十歲的人，每天只要攝取一千三百公克卡路里就已經足夠了」，也說：「中餐即使什麼都不吃，也不至於感到飢餓。」他甚至於說，若工作忙翻天，中午忘了吃飯也是常有的事。在這樣的日子裡，在早餐喝了一杯果汁或咖啡，便不再吃任何食物，等到忙完才發現，時已過夜晚十點鐘了。因爲有上述那些不只一次的經驗，所以日野原教授就膽敢地說：「人要是不吃飯就沒有力氣，也無法好好工作的說法，並不是一項無法顛覆的眞理。」他認爲只要擁有前面說過的習慣四「鍛鍊自己的專注力」，一個人雖然一餐沒有吃東西，還是會有好的工作表現。

　　日野原醫師說，他的比八分飽再少一些就好的飲食習慣已持續了好多年。而當時已超過九十歲的他，就進一步開始想「八分飽」可能還太多，而應該「六分飽」就夠了，也就是「不覺得餓」就可以了。這是怎樣的吃法呢？他說外食的時候，他絕對只吃一半；當時爲了避開肉類的脂肪，會將肉類平均切成兩半，只吃其中一片，另一片就絕對不去碰。之所以如此的吃，是有據於兩個理由，其中之一是，從他的年齡去考慮，再吃一些就過量了，而若全部吃完，多餘的熱量就會囤積在體內，造成各種健康問題；第二個理由是，當我們的大腦感到「吃飽了」，我們的胃實際上已經塞飽到百分之一百二十的狀況，使得我們的腸胃要全力地去消化這些食物，血液就少被運送到腦部，人就變得困倦、疲勞、昏沉，工作就難於全力以赴。

　　若吃到飽成爲每一餐的習慣，它就會成爲肥胖症的主因，而且也會形成沉重的負擔。所以要記得，「腦中的八分飽其實是相當於胃部的十分飽」，所以，最好感到八分飽之前就停止所有的進食動作。

　　討論到這裡，日野原教授就想到，若比「八分飽再少一些」是個有理論根據的良好習慣，爲什麼還有那麼多人天天還照樣吃掉，遠超過身體所需的食物呢？他們爲什麼不改變這樣的做法呢？若要改變這樣的做法，怎樣做才會成功？當爲醫師的人，在這時候，不能只是苦口婆心地勸說就好，因爲不管勸得再多，有些患者也不見得就會馬上聽從，這是常見於醫者與患者互動

關係中的事。眼見有這種問題，日野原教授就開始分析影響人類行為的有關因素，而發現一個人要不要除去舊有的行為，改為新行為，幾乎都以個人的價值觀或人生觀為依據。所以，若要改變他的舊行為，則必須先從這兩項觀點的改變開始，然後重新去找到可充滿能量的全新動機。因此，日野原教授就建議他認為有效的三個步驟給患者做參考。

第一個步驟是：從醫護專業人員或書籍取得疾病預防的正確知識或資訊。

第二個步驟是：將吸收到的這些資訊充分消化了解後，重新整理自己現有的生活習慣，並認真思考自己的哪些壞習慣有致病危險。

第三個步驟是：條列出具體方法去改變這些致病的壞習慣，並建立計畫去養成有關好習慣，並保持一定要徹底把這些實行下去的堅強意志力。

在此，日野原教授就借用一位心理學家所說的話，「人類可因自尊心的大幅提高而達成自我理想的實現。」在這裡所指的自我理想是戒除壞習慣與養成良好習慣。所以在動機中加上「自尊心」是大有幫助的因素；自尊心的反面就是自卑心，亦即對於自己的做事能力缺乏信心。缺乏信心，會使一個人規避挑戰，還沒有先試試看去解決問題就已認定自己百分之百會失敗，也因此更相信自己真的沒有能力。自卑感就這樣像滾雪球似地越滾越大，自信心也永遠無法建立起來；除非，有一天痛苦之餘，突然心血來潮，開始思考為什麼自己那麼相信自己的想法是百分之百對的，還沒有試試看就相信自己是沒有能力的大笨蛋？這一次要不要試試看，帶著「我不是一個笨蛋」的假設，認真地去解決問題，說不定就有機會看到自己是有能力解決某些問題的人。只是真的沒有能力解決某些困難問題的人，當遇到這樣「否極泰來」式的轉捩點，這一類被極深自卑感折磨過的人也會認真地一步一步著實，徹底地實踐前述三個步驟，把不良好習慣逐一戒除掉。

由習慣八的「比八分飽再少一些」的詳細討論，我們逐漸看得更清楚的一件事，是日野原教授很重視我們每天所攝取多少卡路里的食物與對身體健康是否有益的議題。聽來，他似乎是錙斤斤計較、錙銖必較，也很重視中庸之道的人。但是在習慣九，我們卻會意外地看到他寫了如下很不一樣的字眼。

習慣九：對飲食不要過於神經質

　　一開始討論這項習慣時，日野原教授好像也注意到讀者們在懷疑他對飲食是否很斤斤計較的一個人，所以，他第一句話就說，良好的飲食習慣當然極為重要，但是，若為它定下太多規矩，讓吃飯變得太麻煩，使人變為後繼無力，難以持久下去。如果將飲食弄得太複雜，這個不好，那個也不好，這個太多，那個不夠；吃飯本來是樂趣多多的事，就變成像一些老人會說的一樣，他們是在例行義務吃三餐根本無趣可言。所以，他就儘量不讓自己對於飲食變得過於複雜。

　　日野原教授在這裡又再舉一項調查研究的結果來強化不良飲食習慣與致病有息息相關的論述。他舉出的是 1979 年美國政府發表的統計數據發表時，它以「國民為何死亡？」為題，乃帶有意義深遠也很令人想問為什麼是這樣的議題。其內容是：「48% 是因吸菸過多、飲酒過量，以及前面說過的甜食、癌症或脂肪的使用過量的不良生活習慣所引起的」。雖然，「壞習慣」與疾病有密切關係已經是人盡皆知的常識，但若把它和死亡直接掛勾，大家就開始覺得壞習慣是多麼地可怕了。

　　透過上段的討論，讀者已經知道飲食的壞習慣若持續不改，則與死亡有非常顯著關係，那麼如何改變這些壞習慣？日野原教授提供一個簡單的建議：「凡事從減半開始。」他舉了如下幾個容易試試看的例子，幫助讀者學習改變它們。具體地說：「吃拉麵的時候把一碗湯的一半或三分之二留下來不喝」，這樣，鹽分的攝取量就可減少，成為二公克；另一例是「不要吃什麼都要加醬油或沾醬」；至於喜歡蛋糕的人，就從原來的一大塊減為只吃半塊；總要在一杯咖啡中加兩匙糖的人，此後就減為一匙糖；原本要一天抽兩包菸的人，就先減成一包半。一旦，量方面的減半成功之後，再從次數方面的減少下手。如此做的同時，也要逐步設定可被大家接受的「安全範圍」，再將這個安全值當為自己良好抽菸或飲食習慣的目標就可以了。

　　日野原教授也把他自己每天三餐的吃法告訴讀者如下：

　　每天清晨，他都只喝一杯加了一湯匙橄欖油的蔬菜果汁而已，喝這種自製飲料的起因是可以把當時他高於平均值的膽固醇值穩定下來。這種自製飲料可以穩定膽固醇值之外，又可以在忙碌的上午，輕鬆地補充體力與能量的

好處。這種早餐習慣他已經持續了三十年以上，因為橄欖油可預防心臟病之外，對皮膚似乎也有美容效果；所以到了九十歲，他臉上的斑點或皺紋都很少，常常都被稱讚皮膚漂亮。

午餐時間他大約都只吃些餅乾與喝牛奶。因為他的午餐時間經常都頗倉促，加上手邊工作又多；此外，他也不太會感覺到餓，所以吃這一點就夠了。

至於晚餐則常有聚會或晚宴；這種場合的料理經常都含有過量的油脂，每盤菜餚都充滿著卡路里攝取太多量的危險。所以，他就先從沙拉開始取用，沙拉就算吃得再多，卡路里的含量還是不會超過的。

此外，他每天也都有用牛奶取代茶類飲料的習慣，目的是預防骨質疏鬆症。高齡之後，非常容易有骨折，所以特別要注意鈣質攝取不足的問題。

看到日野原教授所維持的三餐習慣就可知，他對於飲食一點也不神經質，或許有不少讀者反而會覺得未免太簡單，也懷疑這樣的習慣，會不會造成營養不足，而且每天都餓著肚子，難受地等著下一餐時間的問題。至於用餐時間的議題，日野原教授則不知何故，一字也沒有提。

習慣十：能走路就走路

日野原教授除了重視每餐的質量以外，也重視每天運動量夠不夠的問題。但是身為醫師，每天要忙於診療工作的人是常常會和運動量不足的問題共存在一起的；因為忙碌不等於運動多，確實有很多醫師每天的活動範圍僅限於診療椅上。日野原教授也說他很久以來，一直都沒有多餘的時間做真正的運動，因為工作忙，要額外找到時間做運動，實在是難如登天。不過他還能驕傲地向讀者們說，他依然精神飽滿，健步如飛，這怎麼可能？他的答案應該是他有「能走路就走路，不坐車，不搭電梯」的活動習慣所賜。他也知道「每天最好走一萬步才足夠」，但是現代人恐怕連走三千步的時間都很難找到。

既然知道運動很重要，但又找不到運動的時間，那麼如何補充這不足？他說他就用在大學中做研究或教學，或在醫院做診療或參加討論與會議時，要上樓或下樓都走樓梯，幾乎都不搭電梯的方式來代替。他說每天為了

這些活動從一樓爬到五樓的次數多到難以計算，若有緊急事，他常常把三步當作兩步飛快地跑上樓梯，曾經也有好幾次因病患發生急症，一口氣就衝到五樓的紀錄。看到這種情形，連學生們也會向他叮嚀說：「老師你可別摔跤了！」但是這樣做卻會使運動量倍增。在搭乘地下鐵或捷運時，他也同樣地不搭電動手扶梯；因為每天走樓梯，他都記得那些熟悉的階梯數，譬如，離聖路加國際醫療醫院最近的築地車站，總共有五十四階。換句話說，日野原教授不認為運動只能在運動場、體育館或體能訓練館才可以做，其實在任何適當的空間都可以做，只要你有這種心意，你就可以找到這種機會的。

每天的運動量要足夠，為什麼？日野原教授對這疑問，表示了他的如下看法，他說：「每個人全身肌肉的 80% 都集中在腰部和腿部，所以步行可以鍛鍊到我們大部分的肌肉，心臟與肺臟甚至其他內臟器官的機能也都會隨之提升；走路也有刺激腦部的功能，一方面可以活化腦細胞，另一方面可防止腦部老化。可說走路的優點真是一舉多得，不勝枚舉之多。」

習慣十一：與更多的同好年輕者一起享受運動時光，以增加人生的樂趣

借用哲學家拍拉圖說過的一段話：「我看到年輕人運動或舞蹈的身影就會異常懷念自己逝去已久的美好青春，請大家勿忘自己曾經也擁有過充滿彈性、美麗可愛身影的歲月。」日野原教授強調養成習慣十一是何等地重要！他也加寫了兩段自己想到的話，一面贊同拍拉圖所說的，一面也憶及自己年輕時擁有過的快樂；在第一段話，他寫道：「肉體的青春縱然會消逝，記憶中的美麗回憶或故事卻會留下來。和年輕人在一起的時光，常常會喚醒沉睡著的鮮明記憶，並給予我們佇大的活力。」在第二段，他就推論式地寫道「肉體即使已然老去，年輕的感覺卻能夠重現；所以，和年輕人在一起，人生的樂趣彷彿可增加比兩倍還多。」

作者的日野原教授寫到這裡時，又提到常被稱讚「他好年輕」的驕傲事，而且也把這件事的一部分歸因到他常與年輕人快樂在一起所致。

想到和其他同好者的學生們一起享受運動的好時光所帶來的加倍式功效，日野原教授就聯想到，要戒除抽菸、酗酒、不停地吃零食、不運動⋯⋯

等會導致疾病的壞習慣，但又覺得孤單一個人難以養成的事，是否也可如法炮製地組成一個小團體一起努力，或許就較易成功。在這小團體大家可以一起討論「爲什麼養成了這些壞習慣」、「該如何改善才好」等問題，但若一個人，雖然想破了頭，卻因爲是自己個人的事，無法用冷靜、客觀的立場去看它、分析它。這時候，倒不如參加一個小團體，譬如治療團體，以「腦力激盪」法，去想出「爲什麼？」比較有效。根據這個理由，日野原教授就另外創辦了一所財團法人生活計畫中心，在這中心裡面就有一組叫做「超有效瘦身會」的小團體。

在這瘦身團體中，有位 A 先生努力瘦身成功的故事太精彩，所以，特別介紹如下：這位先生身高一百七十公分，體重九十四公斤。五十歲時做了一次住院型身體檢查後，醫師就指導他將每日的卡路里攝取量最好減到二千大卡。他遵守這指導，努力了六個月，結果體重減輕了九公斤變爲八十五公斤。後來，日野原教授再建議他，最好加入生活計畫中心。A 先生自己也覺得，好不容易才瘦下來，若再次胖回去就前功盡棄，所以也想再努力減重；同時也想到，與其只靠自己孤軍奮鬥，倒不如和好夥伴互相鼓勵。若把已經降低到八十五公斤的體重，再減一些下來那就更好，不過每天的卡路里攝取量就還要再低於一千八百大卡才行。

在小團體裡，每個人想要達成哪一個目標是由自己做決定，而該如何進行才會成功的過程，即由夥伴們一起動動腦，再與夥伴們互相支持，互相鼓勵，一起攜手去進行。在該中心，減肥成功者有獎可賞；這個獎並不是獎品，而是晉級成爲下一個將要新組成的減重團體的指導員，因爲他既然成爲指導員，就更不好意思又胖回去了。A 先生雖然成爲指導員，也是他指導團體中的一名成員，還是要爲自己的減重努力並與夥伴互動，接受建議與評論。

擔任團體指導者之後，他的減重目標是達到二十歲那一年的體重，也就是六十五公斤，等於要從八十五公斤再減掉二十公斤。在他指導的團體裡，夥伴們也常常不客氣地指出他的運動量不足。這樣的指認發揮了不小的功效，使他每天走路的距離繼續增加，得來的效果確實能顯示於減下了不少體重，距離他設定的理想目標，只差臨門一腳的繼續努力。

習慣十二：發現更多的樂趣

　　還沒有正式討論習慣十二的詳細內容之前，日野原教授又照著他的寫作習慣，先寫了預備性的相關話題。在這裡他就以「活力有幾何，要全靠心情來決定」的小標題，談到和身體健康有密切關係的心理健康議題。他說，無論活到幾歲，或無論在人生哪一階段，我們都要把「每一個人，每一時刻都是活在聚光燈下的現任演員」這一段話放在心上不要忘。這一段話的意思是我們每個人沒有從我們人生舞台退下來的那一天，雖然政府機關、各級學校、公司行號的員工不管職位高低，都有退休年限。但是眞實的人生，就一直到死亡那一天，卻沒有退休或引退的一天，而且每一天，每一時刻都必須不停地用不同姿勢在自己的舞台上扮演自己的人生角色。對於這樣的「現任人生」角色，他有一種強烈的認同感，因爲是這樣，他就能每天過著比別人兩三倍忙的生活，每天平均只睡五個小時上下。在這裡要問的是，他的這種超人式的活力是從哪裡來？可讓他過著那樣忙又忙的生活。他也自問自答地問了多少次這項問題，而答案是，他自己很了解但不一定每位讀者都能了然的「心」，爲什麼「心」會產生這樣龐大無窮盡的活力？他舉例說明如下。

　　第一，他說他有「對凡事都會做積極挑戰的習性。」這一點讀者已經從前面已說過的內容知道了。他說只要行程安排得出來，他都會接手每一件他人向他提出的請托，所以，行程表上的工作有增無減。既使如此，他卻從來不曾有過「我累了，最近非得好好休息不可」的心情。難道每個人都會如此，挑戰愈多就愈不累？這只有去體驗看看才會知道的。

　　第二，他說人類的毅力確實很驚人。任何人只要有決心，什麼事都難不倒他。一個人若心中有某個堅定不移的信念，他的身體自然而然就會配合那個信念，至少他有過這樣的經過。因爲有過這樣的親身體驗，他就以「身心之間有緊密的連結，互爲因果」爲小標題，一方面介紹這件不是每個人都會遇到的寶貴經驗；另一方面說明爲什麼他可以超人似地過著忙碌生活而不感到累。在八十歲那一年，他因爲罹患腹股溝疝氣必須爬上手術台。那時，他的行程是滿檔的狀態，想要安排出接受手術時間實在很不容易。但是身體的問題若不在還輕微時用心解決，此後就可能成爲生活中的大麻煩。所以他就決定調整行程，好好接受手術。事先他也和主治醫師商量這件事；他問醫

師，是否手術後第二天就可出院，一聽到如此破天荒式的願望，主治醫師就嚇了一大跳，而後就說依他那時的病況，起碼要住院十天。聽了主治醫師的回答，他覺得頭痛極了，因為他已經安排在手術四十個小時之後的一場演講，這是很久以前就排定的，現在才要臨時取消，主辦單位一定很困擾，他也不願意這樣做。所以，他就根據自己的專業知識，做了如下安排：服用正常劑量的鎮靜劑以止住手術後的疼痛，而演講就照安排好的時間上台。雖然醫務人員也建議他最好使用流質食物，但是因為他接受的手術並不屬於腸胃類手術，演講前他還是買了可樂喝，買了炸雞吃。固體食物只要充分咀嚼，還是有稀飯類的效果，所以他還是吃得毫不擔心。結果呢？演講順利地結束，他的身體也迅速恢復健康。

　　雖然身心之間確有緊密的連結，形成互為因果，但這關係的緊密度卻會隨著年齡之長，而更能從內而外的方向去發展。所以見到這情形，日野原教授就不得不說，再如何鍛鍊過的體魄，依然會隨著歲月一天一天老去。但是「心」就完全不一樣；心都可以不斷地繼續成長，而只要心中存著一個念頭，自己要長成更良善地對待他人和成為一個充滿愛心的人，他的外表也會變得光輝、美麗。所以若心中存有美好的思考習慣，它定然會流露於表情和舉止。寫到這裡，他又提及「之所以常常有人讚嘆他看起來很年輕這件事，是和他習慣於去發現生活中的樂趣，而且隨時抱持著冒險的精神，時時刻刻準備好挑戰新事物的習慣是絕對有關的。

　　為了繼續保持並強化身心互動帶來的好處與一顆年輕人之心，日野原教授不但繼續和年輕人活動在一起，也借著看年輕人喜歡看的漫畫而使年輕人嚇一大跳以外，也提到身心理學與哲學身分的柏格森（Henri-Louis Bergson）說過的一句話：「人類是唯一能夠創造自己命運的動物，但人類卻遲遲無法覺悟之。」他說這位心理哲學家那段話中提到的「命運」，其實也可換成「健康」兩個字，然後把他的那一整段話說成「心靈的健康和身體的健康，其實都可以由自己一手創造起來。」在下段，日野原教授就以近代心理學家熱衷的「正向思考習慣」為小標題，討論這件事。他說：「身體與心靈都要靠自己一點一滴去創造或改變的，的確我們的心靈或身體都是與生俱來的。但是體弱多病的孩子長大後不一定也是體弱多病，而可能健康得像一條生龍或一隻活虎，強壯活潑，運動量大得驚人；內向害羞的孩子可能成為

在舞台上劃時代的好歌手……等等，易言之，不能以少年期的表現來預測長大時的成就高低之例子是很多的。若想要讓心靈變得更平靜、豐富，你首先就要養成樂於從事任何事物的習慣；就算面對會累死人的工作，也不該長吁短嘆，以爲時運不濟，反而更要振作精神，並進而以若工作完成後的成就感與快樂會是多麼大的想像來動手把它完成。」

習慣十三：調整日常生活中所受的壓力

什麼是壓力？爲什麼很多現代人都覺得自己每天所受的壓力實在太大，應該好好地休息或出外旅遊散散心才對？在臺灣與任一國家近來每逢週末或長假的日期，條條高速公路就變成「高級慢速公路」，車禍、交通事故就隨之頻繁地發生，有關的死亡人數與重傷、輕傷等案件也節節升高；記者們就創造一個新名詞「報復性出遊」來形容這現象，這樣的「出遊散散心」不是反而會使人感到壓力倍增，身心累歪歪？

關於什麼是壓力的問題，日野原教授就引用比他那時早半個世紀前，加拿大籍生理學家寒利（Hans Selye）博士根據動物實驗結果發表的理論：實驗一開始，寒利博士就先給動物十分舒適的生活環境，然後對牠們就相反地施予強大的暴力、衝擊或酷寒的壓力。此時，就可發現到動物體內的胸部淋巴腺、腎上腺的運作皆產生變化，也發生胃潰瘍之類的病變。身體爲了防衛，抵抗這些外來壓力，會從腎上腺分泌荷爾蒙。身體的防衛系統若不能充分發揮應有的功能，動物就會死亡。還好，後來寒利博士又發表了「壓力還可區分爲有益的壓力與有害的壓力」的學說。根據這一項新發現，日野原教授就說，如果所有的壓力都是有害的，就算再如何調整、紓壓，他自己則無法活得這麼健康，又長壽。他堅信「有益的壓力」可說是「正確的發現」，他也舉一位患者告訴他的一段話來支持「有益的壓力」是可成立的正確理論；那一位患者說，他已經厭倦了充滿壓力的上班生涯，很想退休後搬到溫暖的地方過著隨心所欲的日子。但後來他如願以償地搬到原先計畫的地方住下來，過著完全沒有壓力的生活，之後卻發現他失去了生存的意義，而且繼續如此沒有壓力的生活，各種大小身體毛病就一一找上了他，心情也不穩定起來。所以，日野原教授就根據上舉兩例說，若一個生存於毫無壓力的環

境，身體與心靈也會產生問題。

　　既然壓力太大不好，完全沒有壓力又會失去生存的意義，身體與心靈都會產生病狀，那如何來調整生活壓力，使它達到恰到好處呢？日野原教授並沒有直接把這個問題當為討論的重點，而說比這更為重要的是，一個人心靈上是否感到滿足的議題。一個人若心靈感到富足，他就會像被一股巨大的幸福感緊緊包住似地；例如在作詩、寫稿或創作一首曲子時，他就會被滿足的情緒充滿，而等到從這些工作回神過來時，才發現已經過了兩小時了。當然讀者都知道，日野原教授以上所談的壓力，並不是上班族會遇到的，從上司交代下來的壓力，而是自己喜歡，有感而發地自己把它們找上門的壓力。所以兩者不能排在一起同日而語；也可以說，日野原教授所談的是「有益的壓力」，而一般上班族所說的壓力是較屬於「有害的壓力」。

　　所以，或許要調整生活壓力的一個重要祕訣，是培養一個良好的正向思考習慣，常常以習慣十二的正向觀點去應對與解讀所遇到的問題。雖然日野原教授在這裡並沒有把正向思考習慣拿來應用，他卻以另一小標題「常懷健康感」，聽來極似「正向思考習慣」，來討論如何解讀所遇的生活壓力。他所說的「健康感」就是當事人經常懷著「自己是一個健康人」的感覺。日野原教授說有健康感的人，身體狀況雖然不太好，但仍能熱衷於工作或遊玩，則不知不覺中身體也可以好起來。所以猶如「病由心生」的說法，我們也可以說「健康也由心生」。為了印證後面一句話，並不是空穴來風，而是有實例為依據的，日野原教授又舉了他孫兒所喜歡的一位腎臟病女友的故事。這位女友每隔一天就要接受洗腎治療，周遭的親友無一不為她感到憂慮。尤其她四十八歲的父親更擔心其女若因此而無法結婚那就糟了，於是主動地捐出自己的一個腎臟，女兒也因而有機會接受移植手術，終身不再需要做透析治療。這一位父親以這樣斷然無悔的愛，讓女兒所祈願的「健康」之夢想成真，也讓自己能親眼看到愛女健康起來而很幸福的模樣；雖然自己只剩下一顆腎臟，「健康感」卻能使他覺得人生更充實。

　　雖然抱持「健康感」的習慣很重要，但是那並不代表我們對於疾病就可採取毫不在乎的態度。依據他的臨床經驗，日野原醫師說，有許多病患放任疾病侵襲自己的身體，以致於第一次來看診時，就被要求非馬上住院不可。要是疾病已經被忽視到這個階段，完全康復的可能性就大大地降低了。一個

人若能夠早期發現、早期治療，他就不必讓自己和家人走到這種危險困境。

　　所以，日野原醫師在這裡就慎重地告訴讀者們，與其說把這樣的人歸屬於前面所說的懷著健康感者，倒不如說他們是對自己的身體採取放縱的態度，而不曾想過要為自己的健康養成好習慣的人。由此，日野原醫師就更進一步地強調說，我們每個人都有「責任」為自己去養成有益健康的好習慣，管理好自己的健康，而一旦有需要則盡快去看門診，請醫護人員幫助。

習慣十四：反身要求自己（責任總是在我）

　　寫到第十四個習慣時，日野原教授就將討論的層次提升到屬於心理或哲學的抽象層次。為了更詳細論述這些抽象性習慣之前，他先提到梅特林克（Maurice Maeterlinck）所創的《青鳥》戲劇；這故事的大意是「千山萬水尋找代表幸福的青鳥。不知尋找多少回，最後卻發現牠不在天涯海角，而是好端端地待在家中。」青鳥的故事所表達的是，所謂的幸福就存在於每個人的心中。它要靠每個人去「實施應該而正確的行為」後才能獲得的，並且最後能把所獲得的，解讀為「被恩賜」的東西。這樣的解讀態度是等於日野原教授所尊敬的精神醫學家弗蘭克（Victor Emil Frankl）根據他與其他戰俘們在奧斯威辛（Auschwitz）集中營的倖存經驗，對於「幸福」寫下的定義。該定義的全部內容如此說：「幸福並非僅靠期待就可獲得的，也不應該無端地嚮往它就可獲得。」它是一種「上帝由於憐憫給予的恩賜」。他舉自己的例子說，孩子時期的他，因罹患腎臟病苦了一段時間，那時醫生告訴他，一年間他都不可以運動，上醫學院時也因肺結核而休學了一年。因此為了避免過度勞累傷了身體，他長期地過著如履薄冰，凡事都以身體為重的謹慎生活。結果年過九十的他，還能擁有健康與幸福，說起來這些也是自己勤於養成良好生活習慣所賜的。此外，若發生任何不如意，他就先追究原因與責任到底在哪裡，而且不會像某些人那樣怨天怨地，甚至於埋怨說：「我明明聽了他的建議，卻慘敗至此！」這樣常將自己之不如意或失敗歸罪於他人的作為，實在不值得稱許；實際上，最後決定是否要聽從別人建議的人不就是你自己嗎？！日野原教授在這裡就說了一段很值得讀者們去深思與牢牢記住的話：「若一個人習慣性地常把所有責任都推到別人身上，他的一顆心就會變

得很貧乏；所以，最好無論身處何時何地，都要努力養成百分之百對自己負責的習慣。」

從上面一段話，日野原教授就講到我們如何去改善隨便地推卸責任給他人的做法，而養成對自己負責到底的習慣。

以「至少做到日日定省吾身」為小標題，日野原教授進行這方面的討論。首先，他就說我們到世間任何地方都找不到完美無瑕的人，因為人類再怎麼努力，也無法變為完美的物種。所導來的結果是不管在生活的哪一個領域都會發生疏失、遺漏，甚至錯誤的消息；當然在醫學領域，此類問題的發生也頻繁不斷。然而，對於這種疏失或錯失，美國醫療界與日本醫療界就有截然不同的應對習慣。在美國醫療界一旦發生這種疏失或錯誤，就變成訴訟案件，所以這類案件數就多到令人驚訝；但在日本則習於將它隱瞞下來，表面上以粉飾方式顧全當事人的顏面，並以此取代該有的嚴厲處罰；這樣的措施只會使醫療疏失被隱瞞下去的做法繼續下去，而無法從中學到改善的策略。

因為人類並不完美是個事實，應該養成面對這個現實，並時時內省自身負起應該負的責任與改善這個不完美是極為重要的習慣才對。唯有如此，我們才會見到源源不絕的希望，也才能建立更有品質的幸福人生。但猶如人類並不完美是個事實，人生也不盡然只充斥著壞事也是另一件事實。這兩句話的後面一句是日野原教授親身體驗後，加以解讀而得的寶貴人生領悟。所以，他認為一個人若能把那兩句話給與正向的解讀，而以正向觀點去看自己在人生中所遇到的一切事，包括可怕「驚險的意外事故」，就會感到自己有幸福人生，而它乃由上天所恩賜的。

日野原教授所遭遇到的，「驚險意外事故」發生在 1970 年 3 月的某一天；那天的事說來就話長，所以不說了。但如今憶及此事，日野原教授總是堅信，能夠多做一點自己還能做的事，這正是他經常懷抱著生存希望的方式。所以他也勸告此書讀者們，當遭遇任何災難時，與其詛咒自己時運不濟，倒不如思考處於這種境地的自己還能做些什麼。先有了凡事先反身、先求於己的習慣之後，相信無論面對什麼難關，仍會相信人生不盡然只充斥著壞事。從劫機事件平安生還之後，日野原教授就深刻地體驗到，他此後的生命乃由上天所賜的，遭遇劫機對別人來說或許是糟糕透頂的人生體驗，但對

他來說仍具有某種意義的。這事件發生後，他才逐漸察覺到，無論哪一種體驗，我們都可以把它視為人生中的重要糧食，他自己就一直將這樣的想法放在心中，不曾忘記它。

　　為了擁有幸福人生，日野原教授另舉一些每個人可做的其他四個方法；諸如①建立開朗、樂觀生活的方式；②創造出真正的自己；③設立人生的願景；④接納自己、也愛自己。

　　至於建立開朗、樂觀的生活方式，日野原教授就建議說，可從一些最簡單的生活用語試看，例如早上對家人就以主動開朗的語調打個「早安！」的招呼，彼此的心情都因而輕快、開心起來且可能持續一整天。可能日野原教授愛好音律學與精深研究並且寫過相關的書，所以，若一方以精神奕奕的聲調交談，對方即使當時還是很焦慮、不安，但心情也會受到你的一句開朗的早安問候聲獲得紓解的效果。一般而言，開朗的溝通行事，會使雙方的心情輕快起來，而若特別挑一些令人愉快的話題來交談，心情也跟著更快樂一些。日野原教授談到這裡時，就又勸又建議說：「不要光說不練，就在情緒將沉到谷底的時候，你就要馬上起而行，依上面所說的方式做做看，這也是享受幸福生活的祕訣之一。」適時讚美他人也是讓自己心靈豐富起來的必要元素。因為要讚美別人，首先你就要細心地觀察對方的所有優點。若將眼光對準對方的優點，一個人自然會產生喜愛的心情，而且不管年齡大小，讚美人或被人讚美都是愉悅的事，關於這一點，在前述某一講，日野原教授已經建議過。若一個人具有讚美他人，時時刻刻體貼老人家與動作遲緩弱勢者的良好習慣，那個人的生活必然就會充滿幸福的心情。

　　關於第二點「創造出真正的自己」，日野原教授就以雕塑盆栽為例，說明如何進行才能雕塑出一盆完全屬於自我品味的栽樹。雕塑盆栽的技巧分為切除多餘部分來改變樹枝的形狀，與利用接枝的技巧改變樹的枝幹生長方向。這些修修、剪剪的工作就叫做雕塑與修剪；從雕塑盆栽的觀點來思考時，本來不完美的人類尤其是個人，也有「修剪與雕塑」的必要。就像盆栽一樣，人人包括你都想要把自己的身材改變為像某個帥哥、猛男、婀娜多姿的理想美女模樣。為了達成這個目標，每個人都得先設想自己要成為哪一型的人，若想要減重到幾公斤以下，就得以運動方式，去除多餘的脂肪，並且有時也要以凝望鏡中的自己，想像似地從中找出正藏身於目前乃胖子的自己

體內的好身材的方式去增強瘦身行動的動機。然後，不厭其煩地計算卡路里與選擇妥當的菜單，再配以合適的運動，大概如此地努力就可以找到一個自我風格的健康生活了。說來說去，絕不可忽視的一點是，為了獲得心中的幸福感，在怎麼雜踏紛亂、忙碌的生活中，我們還是要停下來審視自己，思索今後應該過怎樣的生活，並將思索後所獲得的結論，以有效的盆栽修剪雕塑方式，將它付諸行動。

　　第三點的設立人生願景也與「創造出真正的自己」一樣，對於能否獲得幸福感是很重要的。日野原教授告白式地說，他的這種想法是師承於他自己的父親，日野原善輔，因為父親曾經對他說過：「重明，我以前設立的願景為眾人所反對。但是，在某一天你一定要堅信，第三個 V 字所代表的是 Victory（勝利）；描繪第一個 V 代表的是願景（Vision），而要親身實行第二個字代表的是果敢行動（adVenture）。孩子，你也要規劃出屬於你自己的三 V。」因為小時候受過父親的這項庭訓，他從年輕時候起，就經常將人生願景的要事放在心上；並且把現實條件，自己的力量夠不夠，他人的協助有多少也一一考慮在內，而發現實行願景可能性很高之後，就果斷地做出行動了。表明「3V」理論有效性的一個最具體例子可見於前面已述的日野原教授在年約六十八歲以前創造「習慣病」一詞的事。他為了讓這新觀念能深植人心，努力了約二十五年，最後終於獲得日本厚生省單位的認同，將當時大家慣用的「成人病」一詞改成「生活習慣病」。

　　習慣十四的最後，以「接納自己並喜愛自己」為小標題，日野原教授提醒讀者們說，若要把自己的人生過得真正的愉快、豐富、充實、幸福，最好還能接納自己，也能喜愛自己的一切，不管是好的或是壞的，你就先要知道這樣的態度與放縱自己完全不相同。如果你也想真的能接納自己，也喜愛自己，你就要把自己的優點和缺點據實地全部寫出來而不要多寫優點，不把缺點寫出來，然後把有這些優缺點的自己，以充滿興趣地加以喜愛悅納。寫到這裡，他提到一位女作家 Anne Morrow Linbergh 的故事為例，說明什麼是真正接納自己的做法。那位 Linbergh 女士在五十歲時撰寫了《海之旅》；在書中，她表達對自己本身興趣的變化過程。寫完該書之前，她一直從社會價值觀點衡量展現於外的自己，諸如她丈夫是單人無著陸飛越大西洋的成功飛行家，其憶錄《林白傳》是獲得普立茲獎的優良作品，而她自己則身兼作

家與社會學家，也是美國第一代女飛行員；這些內容都表明那時候的她是何等地想讓大家看看神氣十足的自己。但寫完《海之旅》後，她就開始把自己從只看外表的虛榮與爭強好勝的態度解放開來，而將眼光改放在「內面的自我」，並深深體會到自己必須去整合分別存在於內面與外面的兩個不同的自我，也體悟到不要像以前那樣太在乎別人的眼光。有了這種體悟並也真正地去做這樣的改變以後，她就奇蹟似地發現意想不到的好處與新希望，也發覺到一直以來隱藏在自己體內，但自己沒有發現過的許多可能性而興奮不已。

習慣十五：不要盲目，非理性地遷就於習慣

日野原教授是一位熱誠的基督徒，所以有生之年，一直不忘地把他自己的身體與心靈視為來自恩賜的禮物，也一直耿耿於懷地不知如何回報才好。不知如何回報才好的疑問，他一直還沒找到答案，所以就認為只有以連偉大哲學家柏拉圖也說過的一段類似的話來做不是答案的結語。拍拉圖說：「我就像一位捕手，接住了大自然或天神投過來的生命，而收下了有生命的我這個身體，我的心該做什麼以為回饋，不也是我們每一個人生命中的課題嗎？」

既然連一位偉大哲學家也不得不認為無法找到的答案，我們凡人所做的事，更難時時刻刻都達到完美之境，甚至個個都是未盡之事。所以，很可能常會發現到迄今走過的路是錯誤的；若是如此，那麼只要換成一個正確的軌道就好了，這樣的「未盡之事的說法也會發生在習慣養成這件工作上」。

所以論及習慣十五時，日野原教授就告訴讀者們說：雖然他一直在強調習慣可以造就一個人，但是，這不是要大家盲目地固執於既有的習慣，因有時候，描繪出一幅新的美麗願景之時，當事人才猛然發現，到今天為止他所使用的習慣與自己的新願景是格格不入的。在這時候，每個人應該要有改變那些不適當的習慣，重新去營造出另一些更適合於新願景的習慣之思考柔軟性。為了強調我們每個人要有這樣的柔軟性與彈性，才能繼續享受幸福人生，日野原教授就在《快樂的十五個習慣》這本書的開始與最後，都以詩的型態寫了如下幾乎相同意義的一段話：

「禽鳥的飛行姿勢、動物的奔跑方式，無論如何都難於改變，但是，親

愛的您，自己的生活方式，也就是生活習慣，就從明天，可以完全不同。」
末尾的一段話是：「禽鳥的飛行姿勢無法改變，動物的爬行，奔跑的姿勢難
於調整，但是人類可以更改自己的生活方式。改變日復一日，重複千百回的
行動，與之後形成的習慣。」選擇新習慣與否，靠的是人類的意志。人類有
選擇的自由，經由意志力與毅力，可以型塑出全新的自己；也可以說，這是
人類與動物根本上的區別。

　　日野原教授說：「上面兩段話把他那一本書所要傳達的全部訊息都濃縮
在一起。」他也說習慣沒有固定的形式，該如何設計規畫，該如何做選擇，
完全是個人的自由，這也是只有人類才具備的特殊能力。

　　在該書最後，日野原教授叮嚀有緣成為他該書讀者的有心人說，你將成
為一個擅長於和習慣相處的高手，並將身體與心靈的可能性發揮到極點，且
好好地繼續培育與珍惜它們。你若能這樣做，那不正是你可用來豐富上天賜
予的生命，過著快樂幸福過活的祕訣，也回報大自然與上天恩賜的最佳方法
嗎？

　　作為《快樂的十五個習慣》的介紹人並把它推薦給讀者們的筆者，認
為此書兼有理論與方法的兩面價值。日野原教授根據他自己九十八年的生命
體驗，包括兒童期的家庭生活體驗、少年期的生病體驗，長大後當為一位醫
者、學者、研究者、從事教書、診療與演講……等等的體驗以及熱誠的基督
徒體驗，寫了這本巨著，其參考與應用價值皆極高。他把習慣視為生活藝術
之基石，這一點是筆者最欣賞的地方。

若有了哪些良好思考習慣，一個人就能把憂鬱的心情改換成快樂的心情？

介紹作者宮島賢也的其人其事

2014 年 3 月臺灣的大樹林出版社印出了《讓憂鬱變微笑的 20 個好習慣》，其作者是日籍精神科醫師宮島賢也。由張秀慧小姐譯成中文後，由董氏基金會的謝孟雄董事長以「轉過彎，就看見快樂」為題，寫推薦序一，另由松德精神科診所專任醫師黃惠琪以「這些年來，憂鬱症是個流行名詞」為題，寫推薦序二。

在序章，作者以很特殊的標題「歷經七年的痛苦，我終於知道：藥是沒有辦法治好憂鬱的」，描述他擔任實習醫生時，得了從來沒有想過他自己會得到憂鬱症的七年經驗。

作者畢業於日本某所防衛醫科大學，之後就在母校附設醫院實習，心中帶著一個希望，將來能像心中偶像的「紅鬍子」醫師那樣會幫助別人解決身體的痛苦，就踏上了醫生之路；那是 1999 年 5 月的事。第一年實習，每位實習生都要輪流到肝臟、消化器官、循環器官、腎臟等內科、外科以及麻醉科實習，實習完成後再按照自己志願選擇科別。這種選擇給作者帶來不少煩惱，因為那時候，他希望成為可以診療身體各部位的「家庭醫師」。但是，最後他還是選擇了會接觸到心肌梗塞、狹心症等，與生命存殁有直接關係的心臟內科。經過心臟內科的六個月實習後，他考取了醫師執照。但覺得自己只有一年的實際臨床經驗，就要對護士們下達指令，感到非常不安。在心臟內科時，每天要到醫院，而且一大早就要忙到深夜。宮島醫生就覺得，那時候經常處於緊張狀態，身體無法完全休息，天天睡眠不足。這樣的生活持續了兩個月後，早上一醒來，就根本不想去醫院值班，而且這種想法日趨強烈，但還是強迫自己去上班。

　　宮島醫生說，後來想到擔任實習醫師時，他沒有掌握到實習要領，總認爲回診報告都「必須寫得非常完美」，所以爲此而經常熬夜，還曾經邊哭邊寫報告。那時，雖然努力把事情做得完美，卻難以消化全部工作內容。當時還有三位和他同期的實習醫生，他們卻會掌握要領，順利處理所有事情。看到他們很會而自己卻不會時，他的焦慮感就更往上升。所以，「要做得更好」的想法就把自己逼進死角。可見那時候的他，已經不太對勁了；同期的那三位實習生和前輩們也都看得出來，甚至於關心地問他有沒有事？或說他有時在自言自語。最後連總住院醫師也要他「休息一個月」。

　　休息一個月中，他跟當時正在交往的女友結婚；她是小兒科醫生，對他非常體貼照顧，對他如同一根心靈的支柱。

　　一個月的休假接近尾聲時，他就開始規劃自己將來的醫者生活。從心臟內科六個月的實習經驗，他完全了解他是無法勝任該科的工作要求，於是就轉到綜合臨床部門。因爲在這部門，星期六、日、假日和夜間的勤務都是輪班制，時間比較寬容，心情也就不那麼緊張，身體健康也逐漸好轉。但是最重要的衝勁卻找不回來，也發現做事時無法集中注意力，三餐時「沒有食慾」，夜晚時「無法熟睡」，連性慾也都減退。回到醫院沒有多久，又跟醫院請假到夏威夷度蜜月；在這段時間，爲了更了解自己的身心狀況究竟是怎麼一回事，宮島醫生就拿出精神科的憂鬱症診斷標準來試做自我檢查，發現他所有的症狀都符合憂鬱症的診斷標準。雖然如此，他還不完全相信這一點，仍以爲只要轉到工作較輕鬆的綜合臨床部門，這些問題就會恢復到正常狀態。但事實上，情況沒有好轉，他不得不承認自己眞的患了憂鬱症，只好到自己服務的醫大附設醫院精神科接受診療；問診的結果，果然是憂鬱症。醫生也開了 SSRI，抗憂鬱的藥單，他繼續服用它一段時間。雖然偶爾情緒會變得較穩定，讓他覺得已經恢復正常了，但只要事情稍微不順利，不安感就又急速膨脹起來，心情又退回到原來的憂鬱狀態，以後就這樣不斷地反覆循環。

　　在蜜月期間他參加沖繩爲期七天的實習隊伍，但不到一星期，實習的負責人就對他說：「你表現得太過頭了」，要他離開實習隊伍。一個月的休息後，在綜合臨床部把在精神科、眼科、小兒科、婦產科的實習做完，也繼續服用藥物。在這階段，症狀變得穩定一點，於是將 SSRI 抗憂鬱藥換成「鎮

定劑」，那時心裡也湧現出「應該可以當家庭醫生」的微弱信心。

　　兩年的實習結束後，他被派到自衛隊中央醫院的保健管理中心；被派到該中心的理由可能是因為他在精神科接受過診療，所以恐難勝任部隊的繁重工作，預計前往的部隊就回絕他去報到。在保健管理中心工作一年後，就調至醫事科，該科的工作全部與治療無關，但他還是一直要求自己要跟實習單位的醫師們一樣，擁有同樣的診療能力。就因為如此，不安感日益加深，也愈來愈沒自信心。到了後來，工作上的不安感也逐漸使他和妻子的關係緊繃起來，一些醫學上的以及養育孩子的話題也常常成為他們爭吵的導火線。

　　結束了保健管理中心及醫事課兩年的勤務後，他終於回到所盼望的臨床現場，但奇怪的是心中的不安卻比興奮強烈許多。那時他已深知家醫科的醫療範圍遠比自己以前所想像的廣了好幾倍，要負的責任也很重，所以就放棄這個念頭，而換成為精神科醫師。一進去精神科的領域後才知道，該領域並不如他原先想像的那麼簡單。第一，他發現精神科雖然有「診斷標準」，但有許多症狀極為相似的其他疾病。譬如說某位醫師診斷為「憂鬱症」的患者，卻被另位醫師診斷為「適應障礙症」，因為診斷會影響使用什麼藥物；這對於患者來說，影響是非常深遠的。想到這一點，宮島醫師對於可能發生誤診的事就越感到不安。實習結束後，身為主治醫師的他，因要開始負責許多前來的病患，其中有一些是想要自殺的。可能因為這緣故，他的心裡會萌生一些自我懷疑與自責，以及後悔的念頭；另外也增加了「要是患者自殺，而患者家屬提出控告，那時該怎麼辦？」……等，新的不安就產生，所以有好幾次想辭去這一份工作。

　　既使成為了精神科醫師，他自己仍然被憂鬱症所困擾。雖然他繼續服用藥物，也給自己的憂鬱症病人繼續服用相同的藥物，但他的病人似乎也和他一樣沒有改善的跡象。

　　他一直無法找到擺脫憂鬱症的方法，就這樣度過了七年的憂鬱症日子，對於只依賴藥物的精神科治療方法，他開始產生疑惑，也問自己怎麼辦才能擺脫憂鬱症？為了尋找這個重要答案，他讀了許多非醫學的書。

　　在這關鍵時刻，出現了他人生中最大的轉變機會。

　　有一天，他看到詹姆斯・史金納（James Skinner）的《成功的9個步驟》追本書。史金納曾經將史蒂芬・柯維（Covey Stephen）的《與成功有約》

翻譯成日文，此後寫了《成功的9個步驟》。書中有一章的大標題是「獲得無限的健康」。它的內容是「醫生根本不知道什麼叫做健康」和「醫生原本就是疾病的專家」，想盡辦法要把疾病下定義。但是只要談到健康，醫生們幾乎都會陷入無言可對的窘狀。

史金納的這一段話對身為醫者的宮島醫師，算是比什麼都大的衝擊。確實，醫生是「對診療法（讓表面症狀消失）」的專家，但卻說不上是「健康」的專家，對於維護、增進健康，或是預防疾病的知識都相當欠缺。但是，目前他所看到的疾病和症狀，大多是因「生活習慣及生活環境造成的壓力」所引起的。因此若想要治療這些疾病，則要改變相關的生活習慣以及紓解環境的壓力。

另外，在《成功的9個步驟》，史金納也寫了許多改善憂鬱症狀的方法。讀過史金納的這本書後，宮島醫師就重新審視了他自己的人生，之後，也終於找到了自己會憂鬱的根本原因。接下來就開始根據這些根本原因去試做改變，先找到了讓自己不能放鬆的「想法」，然後試著改變那個「想法」，並且修正「說話方式」，改變自己的「人際關係」，也決定辭去任職了八年的自衛隊中央醫院工作。同時，他也嘗試書中介紹的飲食生活，借以「從體內改變自己」。最後，他克服了自己的憂鬱症。

宮島醫生就寫了《讓憂鬱變微笑的20個好習慣》這一本書，希望藉此告訴有緣的讀者們，不用藥物治療也可擺脫憂鬱症而且不再發生的幾個良好思考習慣。

由以上漫長的作者序章內容，筆者相信諸位已了解宮島醫生為何罹患憂鬱症並受其苦，以及努力治療它的七年痛苦經過，和最後因看到「一位貴人寫的書」而獲得他自己人生有了轉機的新希望。以下筆者就逐一介紹宮島醫生認為改變他憂鬱症的二十個良好思考習慣的內容。作者在此書的第二章到最後的第六章，以每章討論五個習慣的方式進行，而在第二章就很意外地以「看淡人際關係的習慣」為大標題，討論人際關係與憂鬱症有密切關係的事。

習慣一：養成「對方是不會改變的」思考習慣

會感到憂鬱的人，都是因為他與別人的溝通出了狀況。所以究竟要如何

做，才不會讓自己變成憂鬱的人呢？經過多年的觀察，宮島醫生發現，有不少人對自己的意見相當堅持。但是這個世界，不可能有跟自己想法完全相同的人，就算是雙方有親子或夫婦關係。

除此之外，還有一些人會強迫對方接受自己的想法。所以，他的人際關係就會緊繃起來，甚至發生爭執。宮島醫生舉了一位女性患者為例，說明這一點；這患者在平日都要負責三餐和家事，也要外出打工幾小時。因此她就向週末放假在家的丈夫埋怨說，他在假日至少也要幫忙做些家事、陪陪孩子。她也常常把這項埋怨掛在嘴邊，但是她的丈夫還是沒有把她的埋怨聽進去，因為他有他自己的想法。這位患者在這種夫妻溝通關係中，不滿的情緒就一直累積，一直到一觸即發的狀況，不知不覺中也就出現了憂鬱症狀。

能幫助這位妻子擺脫憂鬱狀態的方法是幫助她去改變她的想法，也就是要她養成「她的先生不會改變」的思考習慣。此外，也要她試著按照自己的意思去改變自己；換言之，不要急於「改變對方」，而先試著「改變自己」。如何改變自己，以及把自己改變成怎樣？宮島醫生並沒有明白地說出，但卻說，在人際關係中，最重要的是要做自己、相信自己，然後再去信任對方。以「尊重」對方的態度去面對，這才是身為人的「作風」。最後，宮島醫生再度強調，遇到人際關係不順時，為了讓自己放鬆，首先就要接受「無法改變對方」這個觀念，然後為了能讓自己的心情變得更愉快，就要進一步試著改變自己的想法。

習慣二：在同伴和親子關係中，要避免做出「好、壞」的評價習慣

夫妻、情侶以及親子等關係是沒有辦法「說斷就斷」的。在這些關係中，最重要的是接受對方擁有的不同價值觀。宮島醫生說，因「對方不肯改變」而煩惱，不如接受「每個人都是不同的個體，大家保持原樣就好」的想法；若能這樣，應該比較會讓雙方都開心。

和自己在同一屋簷下生活的家人，雖然各方面會互相影響，但想法和價值觀卻不可能因互相影響而變為完全相同，因而往往會為這方面有差異而爭吵互相指責。就算是一家人，對方和自己還是不同的個體。所以若能按照前

面所說，接受對方，也接受自己，相信彼此一定會過得比較相安無事也快樂一些。

　　若想要接受對方，則好好地聆聽對方的話，把話聽進去，最好不要對其內容做任何「好或壞」的評價，並且要認為對方所說的一切「從對方觀點而言都是真的」。這種聽話方式叫做「傾聽」，其意是和他人晤談時，不要從自己的立場，而要從他人立場來聽和說話，晤談若能這樣進行，就不會有任何爭吵。

　　在這裡，為了證明傾聽技巧之重要性與有效性，宮島醫生提到他在擔任實習醫生時期，沒有用傾聽技巧和妻子溝通，致使結婚九年後就不得不「勞燕分飛」的事。

　　宮島醫生認為那時雙方都想把自己的價值觀強加在對方的想法所致。

　　離婚三年，宮島醫生再婚。他說再婚不久，他從和新妻子的關係中才真正地學到「不可能改變對方」這一件事。所以，書中討論習慣二到最後一段，宮島醫生就說：「我想再強調的是，不要用批評對方價值觀的力量來改變對方」；這種做法是無效的。較好的方法是接受對方原來的樣子，唯有如此才不會使對方憂鬱，也不會使自己得了憂鬱症。

習慣三：別太期待對方

　　由前面所談與所舉的例子，我們已確知任何人都無法改變另一個人，不管這另一個人是家人或朋友。但如果還是希望對方能有所改變，那應該怎麼辦？

　　宮島醫生就說，在習慣一他已提過，一個人之所以有「希望」改變對方的想法，是因為那個人覺得自己是對的，對方是錯的，所以對方必須改變。這樣希望時，如果那個人先改變自己，說不定對方也會跟著改變，因為對方「被你的改變」所吸引或影響，所以才會改變他自己；宮島醫生把這情形稱為「先變先有魅力」的現象。當然，對方未必因此一定會改變，因為是否願意改變，完全取決於對方，並不是由先改變的人所能決定的。不過，別太在意對方會不會改，只要自己有了改變，自己也會變得比較快樂，所以還是不要太期待對方。不過問題還是「先改變自己」所指的真正意思是什麼？換句

話說「改變自己的什麼？」對這疑問，宮島醫生給了如下答案，亦即：「改變對待對方的方式，不要繼續用「力量」控制對方的方式去改變對方。」再來的問題是「改變自己用怎樣不同的方式去對待對方？」讓我們拭目以待地等著宮島醫生對疑問的回答。

習慣四：不是「為了別人」，而是「為了自己」的思考習慣

若想要擁有穩定的人際關係，每一個人都最先要認同自己的存在，並且無條件地愛自己；愛自己的人才有充分的條件去接納另一個人，並且無條件地去愛那位另一個人。猶如能接受自己，愛自己的人才能接受別人，愛別人一樣，能尊重自己的人才能尊重別人。

宮島醫生認為，容易憂鬱的人不但有厭惡自己的傾向，也有討厭「很多事情都無法做到的自己」的態度。為什麼會如此？那是因為我們各方面的想法，都會深受自己父母親在我們小時候對我們所做的評估性說話方式的影響；此不論當事人願不願意，小時候父母親對小孩所做的評估，都會成為該孩子長大後的潛意識內容，而該孩子也會認為那就是自己的想法。

宮島醫生說，他的母親只接受「會讀書的他」，無法接受「讀不好書的他」。結果在不知不覺中把「若沒有把書讀好，我就沒有價值」的觀念深植在腦海裡，而且會對沒有讀好書，沒有從事生產工作的自己發生自卑感和罪惡感。即使現在已長大了，這些觀念的罪惡感、自卑感仍然存在；即使成為醫生了，仍然沒有信心自己可以治好病患。

如何才能擺脫掉這些根深蒂固的想法呢？宮島醫生也問自己這問題。百思之後的答案是：「坦然接受原本的自己」；也就是看自己的時候，把好壞的評價眼鏡拿下來。使用這方法，宮島醫生後來慢慢地找回了「喜歡自己」的感覺，而在寫這本書時，他已經是「最喜歡自己」的人了。

習慣五：別用「義務」和「責任」，而試以快樂為前提做選擇的思考習慣

完成學業，走進工作場所，職場上的人際關係就成為每個人的另一項新挑戰。宮島醫生認為在職場上的人際關係中最重要的是，不要因為「責任和

義務」而拼過頭。

　　主管者可能會因為「身為主管就必須以身作則」的想法與責任感而拼命努力；若是下屬則可能因為「我必須滿足主管的期待」的想法與義務感而會勉強自己。宮島醫生認為要是有這種想法，只會讓自己痛苦而已。事實上，確實有些主管會對部屬有很高的期望，所以會用嚴厲的斥責來激勵部屬，而要是部屬繳不出他所期待的成績單，就會覺得「你怎麼一點長進都沒有啊！」而感到煩躁。這麼一來，他與部屬的關係就會變得很緊繃，雙方都感到痛苦。

　　另一方面，要是身為下屬的人，一直想著「我必須做出符合主管所要的成績」，而一旦做得不順利，就會覺得自己失敗了，「沒有盡到責任」而怪罪自己。若是這樣，對於工作就很難產生衝勁。

　　要是上司、下屬都在這樣痛苦與怪罪自己的情況下工作在一起，職場的氣氛就愈來愈不舒適，公司的利益就跟著走下坡。

　　宮島醫生說，不只是和憂鬱的人，和一般人聊天的時候他也會發現不少人覺得工作本來就是不快樂，甚至是痛苦的事。之所以有那麼多人有如此感覺，他認為可能因受到過去日本文化的「勤勉」、「誠實」……等價值觀影響所致；在這種價值觀中長大的父母們，當然不會對他們的孩子說工作像遊戲一樣是好玩的，是很快樂的。

　　宮島醫生也告訴讀者們說，如果你目前就陷在「被迫去做不想做的工作」的情境裡，就把那件工作的目標設定在「會讓你快樂，或自己心裡會感到興奮的地方」，也試著去找到會讓你快樂或興奮的工作方法，能這樣做做看是很重要的。

　　以上五個良好思考習慣都與人際關係有關，裡面包括與另一任何人，與丈夫、妻子、孩子以及職場上的同事上司與部屬的人際關係。在這些人際關係中，你最好不要從義務和責任的觀點去思考，而試以「快樂或遊戲」的觀點去思考和做選擇。

習慣六：試著改變口頭禪的習慣

　　理論上若一個人感到辛苦，他則不會覺得活著是幸福的一件事；一個人

之所以會感到辛苦、不幸福，是因爲他現在心中有煩惱。有憂鬱症的人，通常都有讓自己感到辛苦的思考習慣，包括「我做不到」或「我是個沒有用的人」等先入爲主的觀念；所以若要和一般人一樣想擁有幸福的人生，則要改變他們的思考習慣。

改變思考習慣的第一步，宮島醫生認爲就是對自己說一些「正面的話」，而不要再說上段所舉的那些「我做不到」或「我是個沒有用的人」等「負面的話」。「正面的話」有如：「我長得漂亮、長得帥、長得好看」，「我現在感覺快樂、舒適、很讚、非常好……等」，而最好經常地把這些正向的話掛在嘴邊。

每個人都會習慣性地喃喃自語，或不知覺地對自己或沒有特定的對象說出一些同樣的一句話，例如：「忙死了」、「這一下子完蛋了」、「完全行不通」、「不可能辦得到的」、「怎麼可能曉得」、「我這個人眞該死！」……等。這些都是口頭禪，而且是負面的口頭禪。

宮島醫生認爲口頭禪可能具有兩方面的功能；一方面反映出那個人對自己或對事情的想法或看法，另一方面可能反過來對那個人的思考方式和想法產生影響。所以，有負面口頭禪的人，不妨試著將這些負面的話改用正面的話說說看；把「不可能」、「這一下子完蛋了」改爲「挑戰看看」或「先試試看後再說」。宮島醫生說：「只要你願意改變所說的話，你的心情應該也會隨著改變，也能夠把負面的想法轉換成正面的想法。

讀者也許還記得，在前面幾講中，相關的作者也提到和這「看法」類似的用語，亦即「解讀」這件事。對於一件事情，雖然可有百百種，無限多的解讀方式，但容易陷入憂鬱心情的人，卻通常只會習慣性地使用「讓自己變爲憂鬱心情的那些特定解讀方式」。若舉一例來做說明，則譬如某一公司業績不好，發生大裁員而受到波及時，容易憂鬱的人就會立刻想到，「糟糕！若自己也被裁到，家人的生活費就不夠用了，怎麼辦？」而且默默地一直往負面方面想下去，而想到糟糕絕境時，可能冒出「既然蒼天不憫我，那唯有一死」的想法。另一方面，同樣也被裁到的一些人則反而會想「這一下子好了，終於有機會從那個討厭的主管擺脫掉」，或「反正這一份工作不適合我，正好趁此機會自己可以去找喜歡的工作」；也就是說，將「裁員」這件事，往肯定、積極、樂觀的方向去解讀，這一類型的人當然不容易感到憂鬱。

　　由想像的上例可見，對於同一件事，不同的人會做不同的解讀，而不同的解讀會導致不同的心情。因爲如此，宮島醫生就在《讓憂鬱變微笑的 20個好習慣》第 122～123 頁，以「未來充滿無限可能」的小標題，告訴讀者如何練習使用正向心態去解讀所遇到的事情。

　　他以「三分鐘熱度」這一詞爲例，做進一步的說明。一般人都會把這一詞，解讀成具有負面的意思，例如：「我做每件事都是三分鐘熱度，沒有辦法持續下去」；之所以會做這樣的解讀，乃是因爲一般人已把「一旦開始做一件事，就應該永不放棄」的想法深植在潛意識中之故。但要是繼續做「不想做」或「不願意做」的事就會覺得很痛苦的話，把它放棄應該是沒有關係的。之所以有關係是因爲在做出放棄的決定後，你把「因爲我這個人做事總是三分鐘熱度而已」這一句話拿來責備自己，而沒有對自己說「反正這件工作並不符合我，我要繼續找一件真正適合我的工作」所致。

　　出乎意外地，宮島醫生寫說：「三分鐘熱度」原本就是一個很棒的選擇，因爲這是能提供一個人去挑戰新事物的機會，人本來就不完美，甚至應該經常地修正自己原定下來的軌道。最後，宮島醫生就做了一項結論，他說若你也有：「自己未來生活的方法有非常多，不止一種而已」的想法，你的心情就會變得更輕鬆；此外，如果你也有「以寬待自己」、「適度地積極就好了」的思考習慣，憂鬱症狀就不會看上你，也不會常來糾纏你。

習慣七：我要試著去做自己想做的事之思考習慣

　　宮島醫生在這裡提出一個很有趣的建議。他常自問：「這一生我們到底在追求什麼？是金錢，還是名譽？」但爲什麼，很少有人有了金錢和名譽就覺得幸福。宮島醫生給自己的答案是：「其實，我們最想追求的，應該是愉快和開心的感覺。」

　　目前各地方罹患文明病和癌症的人愈來愈多。宮島醫生在多年的診療經驗中，也深刻地感受到這是因爲他們在工作上太過於拼命所致；之所以要拼命是因爲他們覺得自己必須繼續做不想做的事，不曉得自己真正想做的是什麼事，也找不到想做的事情，更沒辦法去做想做的事……等很多因素所造成。如果原因是後面兩項，宮島醫生認爲這些人等於陷入「沒有目標」和找

不到生活目標，或不知爲何而活著的狀態。所以他們最後就感到憂鬱，笑容就從他們臉上消失，跟著來的是心中感受不到「我在享受快樂人生」。

活在這樣，爲了別人（包括父母、子女、配偶），爲了責任與義務，而要扮演某一角色的人生中，很重要的一件事是要找回失去的「自我」。對有這種問題而心情憂鬱的病患，宮島醫生通常會建議他們試著能夠不要在意「周遭」，而能夠面對「自己，率真地去生活」，也建議：「這是你的人生，應該由你自己做決定才對。」他舉出下列具體的方法。

他會建議這些人把爲了人情而去做的那一些事情，以及勉強自己去做的事全部都拒絕掉，而試著依照自己的方法去做現在你正在做的事。宮島醫生發現，若這些人能按照他的建議做了改變，這些人的臉上就重新有笑容，周遭的人也能感受到他們心中有的喜悅。在這時候，他們若能進一步爲了自己，慢慢去挑戰新事物，他們就能在生活中創造出幸福的連鎖反應。

宮島醫生認爲幸福的祕訣是找到自己想做的事，不只是在私生活，在工作上也是。所以，他就想到一個妙計，當自己面對一件不會讓自己快樂的事情時，他就會開始去想，該怎麼做才能把那件事變成一件愉快的事情。例如帶著做遊戲的感覺去挑戰那件事，或許工作就變得比較有趣。說來說去，終極的目標是要讓自己感到快樂。

習慣八：試著寫下自己會做哪些事之習慣

在這裡，宮島醫生又寫出一段類似「山窮水盡疑無路，峰迴路轉又一山」的一段話；他說：「憂鬱並不是完全地不好，而是讓你重新審視目前狀況的絕佳機會」。也許，這就是他所說的「同一件事情有無窮多的解讀方向」的那句話。他說，你有憂鬱症狀就是你正在對自己發出「請你改變讓你痛苦的想法」的訊息；這訊息不是要來驚嚇你，而是「愛神親口告訴你的訊息」，它是你的身體在告訴你，你已經太疲勞，壓力太重，該休息一下了。所以，不要把憂鬱症狀認爲是不好的事，讓自己又因此陷入像前述那樣不斷自責的惡性循環中。宮島醫生說，與其要那樣做，不如使用下面兩種態度去處置症狀比較好：①找到自己想做，以及做了會愉快的事。如果只想要「治好」憂鬱症，反而不容易治好它。此時，還不如去思考「是什麼原因讓自己

憂鬱，也了解什麼想法才是它的原因；②憂鬱症患者老是會想到自己辦不到的事，自己會失敗的事，自己比別人無能的事；這種想法稱為扣分主義的思考方式。若腦中只有這樣的思考方式，當然就不會有「我做得太好了」這種稱讚自己的習慣了。

因此，不要老是去注意那些自己辦不到的事，而是要去注意「那些自己可以做得到的事和自己的優點」，並且把它們一項一項記在一張紙上，然後把那張紙放在自己最容易看到的地方，例如你桌上的玻璃蓋墊下。自己可以做得到的事，有如：「早上起床後，跟家人大聲地說早安！」或「晚上要睡覺前，向家人說晚安，祝你做個好夢！」等等。另外，努力寫下自己所有優點時，也許會意外地發現到你的優點真不少，而過去卻都被你忽略了。

跟自己「有價值感」或「自己的生活是滿充實、有意義的」……等感覺有密切關係的是「認同感」。宮島醫生從其患者口中常常聽到「因為沒有人願意認同我，我覺得非常空虛」這些話。確實來自別人的認同是非常重要；這件事，很多心理學家都說過。但是認同自己的來源不只是別人，也有「自己現在做得到的事，以及自己現在擁有的優點」。若只靠這些，還是不足以認同自己，則請你試著回想自己以前有過的所有經驗，宮島醫生這樣說。因為若沒有人認同你的存在，你也無法活到現在。你還是小嬰兒時，很可能只要有你在的地方，大家都會很快樂、幸福，所以請相信你是那樣地被家人認同過來的，而且你有充分的理由認同自己。

在開始認同自己之後，你就會有「現在很快樂」的想法；有了這種想法後，進一步就會產生「現在快樂，那麼將來一定也會快樂」的想法，整個心情也會變得比較放鬆。

習慣九：到「最舒適處」的習慣

在前面的幾個習慣裡，宮島醫生一再強調，容易憂鬱的人通常都會被「絕對要這樣做」的思考習慣所束縛。「絕對要……」的想法，其實都是其他人的意見或價值觀。若不要那麼容易地憂鬱起來，最好「相信自己，並按照自己的價值觀去生活」。

此時，最關鍵的問題是，什麼是自己認為的「舒適狀態」以及「在哪一

種情況你會感到舒適」。若你能找到這兩項關鍵性答案，再來的，則盡可能地讓自己置身其中。

為了找到「什麼是會讓你感到舒適的地方？」，宮島醫生建議讀者們先回答下列三個問題：對你來說，①喜歡的事情有哪些？對你來說，②討厭的事情有哪些？回答這兩個問題之後，③請讀者從①和②的回答中去想出要怎麼做，就能活得更坦率的答案；當找出了答案時，就馬上去執行所得的答案，這樣就會覺得像日野原醫生在前兩講說過的，活著是快樂的事。

近幾年來，在工作場所，所謂「精神暴力或霸凌」的問題日趨嚴峻。它所指的是，為了逼退某些表現不符期待的員工，公司主管會使用難聽的責備語言，在下屬的耳邊不停地挑剔、謾罵。

要是部屬把這些話一字不漏聽進去，其心情一定會一天比一天地沉下去。如果被罵的部屬一直不退，而主管一直罵他「無能」，那位部屬最後就會認為「自己真是無能」，也會自責起來，因此愈來愈憂鬱，其中有一些部屬則受到這樣的語言霸凌而自殺。

宮島醫生問讀者們：「若不幸，你的主管就是這種人，你怎麼辦？才不被負面語言傷害到？」答案很簡單，「就是別把那些惡言惡語聽進去。」因為主管用來「東評西論」你不好，不全然是你的事實，所以根本不需要太在意他所說的。宮島醫生也說，如果「你很難不在乎他的話語，那麼你就跟主管保持距離，聽不到他所說的地方，而到「讓你感到舒適放鬆的地方」。

習慣十：若能夠延後處理看事，就延後處理的習慣

活在當今社會，「不得不做的事」會接踵而來，大部分的人因而感到很疲憊。要是你改變你的時間「管理方法」。也可改變自己的心情狀態，這是宮島醫生提出的好建議。雖然接踵而來的事情很多，若將它們分類，就可以把它們減少到如下三類：①可以延後處理的事；②可請別人做的事；③自己做不到的事。如此的分類式處事方法，可助一個人不必每天忙得疲憊不堪，也可把時間用在會讓你開心、快樂、幸福的重要事情上。

此外，假如「你今天覺得不想出門」但朋友卻來邀你出遊，這時你該怎麼辦？宮島醫生說，這個問題並沒有「對」、「錯」的答案。他認為把「自

己不想出門」的想法擺在第一位也沒有錯，但是也有可能出門是比較會讓你開心也說不定，所以要考慮的重點是如何做才能讓自己開心。

宮島醫生在這裡所強調的還是要想辦法讓自己開心。

習慣十一：常常反省自己有何想法及有何人際關係的習慣

在《讓憂鬱變微笑的 20 個好習慣》的第四章，宮島醫生以「讓身與心都滿足的習慣」爲題，談到腦功能運作狀態與情緒狀態間有密切關係的事，而以「抗憂鬱藥是以調節神經傳導物質的平衡爲目的」爲小標題，談到我們每個人腦內的「興奮性神經元」、「抑制性神經元」以及「調節性神經元」與我們感情和感覺有密切關係，以及它們分別與什麼神經傳導物質有關的議題。

興奮性神經元會分泌出「去甲腎上腺素（noradrenaline）、多巴胺（dopamine）、乙醯膽鹼（acetylcholine）、麩醯氨基酸（glutamine）等四種物質。這四種物質的分泌若均衡，就會讓一個人感到心情好、有精神、有衝勁；要是缺乏，一個人就會無精打采，情緒低落。另一方面，抑制性神經元會分泌 GABA（γ）、丁氨基酪酸、Gama-aminobatryric acid 等神經傳導物質。當一個人感到興奮時，GABA 會擔負起煞車的功能，讓興奮性神經的活動恢復平穩狀態。第三種的調節性神經元會分泌出血清素，有憂鬱症狀是因爲那個人欠缺血清素。治療憂鬱症的藥物，是根據這些腦內分泌物質的生理學發現而開發出來的，所以使用這些藥物的主要目的，是要將上述神經傳導物質功能失衡情形，調整成爲均衡狀態。

目前的精神醫學界對憂鬱症的成因，仍然以神經傳導物質功能失衡的看法爲主流。但宮島醫生卻根據自己七年間苦於憂鬱症狀，與因改變思考習慣而得以擺脫這方面痛苦的寶貴經驗，認爲這個問題還要等待另一問題獲得澄清之後，才有眞正的答案。所指的另一問題是，在神經傳導物質功能失衡之前，是否因爲當事人已受到過於沉重的壓力，神經傳導物質功能才失去平衡，憂鬱症狀因而才出現。

如在前面講說過，在現代社會有許多人因爲人際習慣不良好和負面思考習慣而給自己引來憂鬱症。換句話說，壓力是很清楚的導火線，所以，這時

候只依據藥物是無法根除憂鬱症的。宮島醫生舉出他在自己診所看過的病患中發現，有些人曾在其他精神科醫療單位也受過抗憂鬱藥物治療，但完全沒有起色，才想到尋求不用藥物的精神科醫生幫助他們。

雖然宮島醫生寫了《讓憂鬱變微笑的20個好習慣》之後，才想到若病患能接受，就儘量不用藥物，但因為患者中有一些人還在服用藥物，所以宮島醫生並沒有要求他們立刻停藥，認為對此類病患的首要工作是，先以說明方式消除或減輕這些患者停止服用藥物以後很可能產生的不安感。等到聽了說明後，病患的不安全感稍微消減，才開始慢慢地減少使用藥量一段時間後，才停止用藥。

習慣十二：把體內毒素完全排除的習慣

宮島醫生舉了兩名他診療過的女性個案來說明癌症和過敏性皮膚炎症狀，也是因為身體的緊張感和不安、無法放鬆這兩方面的問題合併而發生的。所以要治療這兩類症狀時，最好也要把這兩類的「毒」都排放出去。

據於這個構想，在其門診部他就設有「自律神經免疫療法」的單位。此療法的順序是，先由醫生問診，再來由針灸師促進身體的血液循環。在問診時，宮島醫生同時進行心理治療，以助患者放鬆心情。

宮島醫生說，最近因為害怕癌症復發而產生不安，導致兼有癌症和憂鬱症的病患人數不斷增加。下列兩名女病患就是因有這情形而前來他的門診求助的。

第一位女病患是G女士；她四十五歲時，她接受乳癌定期檢查，得知自己患了乳癌。她決定不做手術，希望以抗癌藥物治療，可是這藥物會造成情緒低落以及全身不舒適，所以G女士希望改以「自律神經免疫療法」治療。問診後，才知道她在乳癌發病前，就已經有憂鬱症狀。G女士也告訴宮島醫生她在近十年經歷過三件令她悲傷的事，包括父親過世、丈夫因車禍突然死去，以及最好的朋友離開人間。陷在悲觀谷底的G女士，猶如井底青蛙只能見到眼前的壞事，認為世界上只會發生悲慘的事，但是乳癌所帶來的恐怖感，卻反而讓她突然想到要為自己多做一點努力看看。所以，宮島醫生就告訴G女士：「癌症就是身體傳出來的愛之訊息，它在告訴妳，過去的想

法和生活方式都讓妳深感辛苦，但只要妳願意去改變那些想法和生活方式，身體就不會再傳出這些訊息。」在第三次來看宮島醫生時，G女士就告訴醫生說，她已經恢復婚前的姓氏，理由是希望能轉換心情；這表示她已經準備好要朝向未來前進。宮島醫生告訴讀者一個好消息說，如今G女士每星期都回來看門診，並接受自律神經免疫療法，而每一次都會告訴宮島醫生，她又跟朋友B到哪裡去玩了；這表示，現在的她正在漸漸享受人生的樂趣。

另一位個案是大學生的H小姐。初診那一天，她由母親陪同而來。表面上看來，是一位很獨立的女生，所以宮島醫生就讓H小姐獨自進入診療室，而讓好像很容易擔心女兒的母親在診療室外面等。H小姐有相當嚴重的過敏性皮膚炎，所以都沒有辦法在外面打工和到學校上課，這讓她感到很憂心。宮島醫生首先建議H小姐說：「會有過敏性皮膚炎症狀是因為身體正在排毒，等體內毒素完全排出後，人就會漂亮起來，所以我們先試著讓血液循環變好，把毒素排出體外。」囤積在體內的毒素是因為食物和生活壓力所造成，尤其H小姐被禁止「不能抓皮膚的癢處」，這在她心中造成很大的壓力，所以宮島醫生就告訴她說：「覺得癢的時候，輕輕地抓也沒有關係。」對於H小姐會感覺她自己「一無是處」、「沒有能力」等等會讓自己難過的想法，宮島醫生則說，這種想法也是造成過敏性皮膚炎的原因之一。如果一直帶著怨恨、憤怒、悲傷、擔憂、恐怖等負向情感，或不斷地強迫自己要努力再努力，都會造成免疫力下降以及髒血增多的原因，會導致過敏性皮膚炎的惡化。

H小姐第二次回診時，獨自一個人來，並且面帶笑容和有信心的表情。過敏症狀也因針灸治療方式改善了血液循環，皮膚紅斑就慢慢消失，三個月後，所有過敏症狀就不見了。

最後，宮島醫生強調說，如果有自卑的想法，就算改變飲食習慣，皮膚的過敏症狀還是會持續出現的。所以，要看開一點，並且多注意自己擁有的許多優點，由此進一步認同自己，相信自己，仔細聆聽身體發出的其他愛之訊息。

習慣十三：症狀出現時，會問自己「是否太拼命了？」的習慣

由前面所論，讀者應已知道當一個人所受的壓力大到難以承受時，他的身體就會以各種訊息告訴你一件要事，亦即你正處於痛苦有症狀時，如果你能開始改變思考和生活的方式，症狀就會消失，而若能繼續以自己為生活的重點，你就能增進健康。上面所指的各種訊息，種類很多，可包括睡不著、沒有食慾或會暴飲暴食、愁眉不展，把事情老是往壞的方面去想，呼吸變淺、腹瀉、疲累……等等。

宮島醫生認為不僅是憂鬱症，前面所談的癌症、高血壓、過敏性皮膚炎、自律神經系統失調等，都是因為壓力太大所引起。壓力不消失，警告性「愛的訊息」就會持續存在。

如果你不想因為生活壓力而罹患那些疾病，究竟該怎麼辦？宮島醫生就會告訴你，仔細觀察自己身體的狀況，並要跟它對話，「累不累？」「覺得煩惱嗎？」「覺得焦躁不安嗎？」只要你願意去問，你的身體就會誠實地說出你目前的狀況；你會感到容易累，注意力無法集中。有這些症狀的人通常容易忽略這些狀況，而且總會認為還不需要休息，或應該能再多努力些。就因為如此，他們才會一直感到疲累，注意力也無法集中。宮島醫生認為「與自己身體對話是很重要也很有用的做法」，所以一個星期至少要做一次。如果身體發出「我很累」的聲音，你就該休息，也該給自己放一個假。

藉由跟自己的身體對話，以調整自己的生活方式和心態，是宮島醫生的由衷建議。要是不刻意地去做這種對話，或繼續忽略它，一個人對這些身體警訊所做的反應就會愈來愈遲鈍。如果身體已經發出了警訊，而繼續不理會它，而且還認為不要緊，可再繼續努力一些，最後很可能就發生過勞死或自殺等可悲情形！

所以要養成習慣，症狀出現時，你就問問自己身體是不是太拼命了？如果它的回應是「是」，則應該改變你思考和生活方式。

習慣十四：提升免疫力的飲食習慣

在東方醫學和日本傳統飲食療法中有個說法是：「治療心靈不適，則先要從身體做起」，而中醫的「醫、食」同源的說法也有相同的含意；只要身

體健康，人就有朝氣的心情。

　　所以，治療憂鬱症狀的基本原則之一就是要注意每日三餐的飲料與食物。宮島醫生也說：「他就是以改變想法和改變飲食法克服了七年的憂鬱症」；若有人問他，「要以哪一個方法為優先？」他會回答說，治療病患時，他會以改變思考習慣為優先，但同時也向病患說明維護與增進身體健康之重要性，也建議改變成怎樣的飲食習慣才好。

　　宮島醫生說，他的正確飲食習慣是從史金納的《成功的 9 個步驟》書中學到。該書中「自然養生法」所討論的飲食療法說「為了健康，每個人必須給自己身體所需的基本營養，也要避免吃到不好的東西，儘量讓體內、體外都保持清潔」。根據這兩種做法，他那時候就開始徹底實行「每天一定要吃四種水果，九種植物性食物而以糙米飯為主食」的飲食計畫。早餐吃三、四種水果，但是要適量，有時候只吃香蕉，有時只吃水果後再喝白開水。午餐和晚餐時則先吃水果，約三十分鐘後再吃蔬菜。工作天通常在早上帶糙米飯便當出去，午餐則在診所附近的超商購買水果和小黃瓜、青椒、綠花椰菜、高麗菜、香菇、紅蘿蔔等可生吃的蔬菜。至於以前他自己常喝的含糖罐裝的咖啡和其他飲料，則不再去碰。因為此類飲料喝成習慣後，血糖會快速上升，也馬上又下降。因為血糖值有這種大變化，表示患了「低血糖症」，而罹患低血糖症時，一個人就開始有各種身體症狀，包括頭痛、心跳加快等。

　　說到這裡，宮島醫生請讀者們不要以為「想治療憂鬱症就非遵守上述的飲食規則不可」，也進而說，他上面所提飲食方式可能有點極端。很可能不適合於年齡、性別、體質、身體狀況和他很不相同的人。因為還有很多其他不同的飲食療法都可以拿來嘗試看看，而從中找到最適合你自己的；主要覺得某一療法能把自己身體狀況變好，就把它維持下去。他也提到，現在的他，不但偶爾也會喝點紅酒享受一下，聚餐時也會品嚐美味的肉類料理。

　　飲食習慣中的飲料問題，宮島醫生特別以「每天攝取身體體重 30% 的水分」為小標題做了詳細的討論。他說，他會建議患者多喝水。這是因為我們身體的 70% 都是水分，而水分與身體的各種代謝息息相關；細胞的代謝絕對不能缺水，水和血液一起循環全身，促進全身細胞的代謝。一天要喝一定份量的水，以便促進身體排出老舊廢物和有害物質，也可讓排便、排尿順暢，改善身體疼痛，腳步不穩，過敏等症狀；肩頸痠痛和頭痛等原因不明，

較難檢查出原因的這些症狀，有時也和水分不夠有關。

習慣十五：要做讓心情變好的運動習慣

　　適度的運動有益身體健康是人人皆知的。做適度運動所指的是邊吸入氧氣，邊行健步走，或慢跑、游泳等。有氧運動最好每天都做，但要上班族持續此類運動似乎有些困難。如果你是坐公車的通勤族一個變通的辦法，就是在職場或住家前一站就下車，邊欣賞風景邊散步到職場或自家門口，這樣應可輕鬆地做到每天要做有氧運動的要求。宮島醫生說，他就是以這方式適當地做有氧運動，而且走路時還可以沿路發現新事物，有時候則心中可能突然閃出有趣的念頭，如此走路刺激又有趣；他另外也推薦一種在屋內或辦公室內就可做的「鬆緊帶健康操」；這是有心人專為企業界的壓力管理課程設計的運動，利用 α 型有氧運動帶，讓身體和心靈能一起放鬆。進行時，若配合能引導大腦快速進入 α 型腦波狀態的音樂，一邊採取腹部呼吸，一邊慢慢拉開 α 型有氧運動帶。這方法簡單，效果卻非常好。過去曾有人在這運動之前後，進行抽血檢查，發現交感神經和副交感神經之間保持相當好的平衡，而且對於提高免疫力非常有效。宮島醫生認為此法對於改善憂鬱症狀也很有用，所以，會建議患者多嘗試這種健康操。

　　除了做運動，宮島醫生也建議患者試試看腹式呼吸。呼吸是屬於無意識，很自動化的動作，但它與自律神經有密切關係；吸氣是交感神經，而吐氣是由副交感神經所掌控。一個人感到焦躁時，仔細觀察自己的呼吸狀態，就可發現到呼吸變得很淺，這表示交感神經處於緊張狀態；但當工作結束時，就會「呼……地」深深吐出一口氣，表示副交感神經開始運作，讓人進入放鬆狀態。由此可知，一個人感到不安和有壓力時，呼吸會變得比較淺，而為了變為舒緩這狀態，就會刻意地做深呼吸，以舒緩緊張情緒。所以，請讀者們「要記得，當情緒難以平復時，就做幾分鐘的腹式呼吸，讓身體心靈都平靜下來」。

　　宮島醫生覺得深呼吸的用處很大，所以對它特別加以詳述；他說，腹式呼吸法，剛開始時要用較長的時間，將囤積在體內的不新鮮空氣完全呼出去，然後慢慢地再重新吸入充滿生命的新鮮空氣。在深呼吸時，副交感神經

會受到刺激，所以能夠舒緩情感，讓身體放鬆。做腹式呼吸時橫膈膜會連帶地做大幅度的擴大運動，所以也會激發內臟、消化器官和肝臟的正常運作，對於一緊張起來肚子就會痛的人，宮島醫生特別推薦這種呼吸法，藉以舒緩內臟的緊張。

習慣十六：與自己的潛意識溝通

談完第四章以後，宮島醫生換了一個大主題，談到潛意識和憂鬱症的關係。這可能是因為他是精神科醫生，才會談到心理症狀和潛意識有關。首先，我們看看他對於潛意識的說法。

宮島醫生以「潛意識中的自我暗示」為小標題，在習慣十六有專談這方面的內容。他說，一般我們所知道的意識是「顯意識」；相對地，在內心深處，我們無法注意到的就是「潛意識」。潛意識是經過長年累月過程產生的，所以對我們的思考和行為影響比顯意識更為深遠。譬如一個人就算發誓說，從今天開始他絕對不會批評人，但還是會一不小心就說出批評別人的話。發誓頂多是一種顯意識的過程，對於深藏在潛意識的「習於批評他人」之做法，並不會馬上產生顯著的影響力。

但從另一角度看，只要潛意識改變，人就真的能夠改變。改變潛意識的方法稱為「肯定（affirmation）」，也就是肯定式的自我暗示，是藉由不斷重複對自己說肯定的話，久之就能在潛意識過程裡運作起來，而這潛意識過程運作久了，就會產生新的銘印或刻印（imprinting），可以把前有的潛意識內容或刻印，取而代之。「肯定」的具體做法很簡單，就是常對自己說「肯定的話」；譬如「我相信自己」、「我最喜歡自己」、「我這個人太棒了」等認同自己的話，或者說一些會讓自己開心的話。對自己說肯定的話，最好是在早上醒來時、晚上將睡時、白天昏昏欲睡時進行；因為在半醒半睡時，我們最容易擺脫顯意識的控制，讓潛意識運作順暢，也較容易接受自我肯定的話語。

宮島醫生告訴讀者說，最好使用自己最容易做到的方法，而且要隨時提醒自己要常常這樣做。為了使讀者更了解具體的做法，宮島醫生就舉了一位患者的四種實際做法作為參考：

1. 對著鏡子裡面自己的眼睛說肯定自己的話。

2. 每天把相同的話寫在紙上。

3. 將肯定自己的話錄音下來，早上起床時，或是晚上睡覺前聽。

4. 把寫在紙上的自我肯定話語，貼在家裡能隨時看到的地方（最好貼在廁所）。

至於每天提醒幾次，則沒有限制，只要每天提醒自己在幾分鐘內，不斷地重複同樣的話就可以了。提醒自己時，最好面帶笑容以愉悅的情緒面對鏡中的自己，並想像實現後變好的情境將更有效。

宮島醫生也使用過這方法，改變自己的潛意識。他每天都會一再地提醒自己要對自己說：「我愛自己，也相信自己」或「我就是自己最狂熱的粉絲。」實施半年後，他就發現，他變成「最喜歡自己的人了」。他花了半年才改變自己的潛意識，但他卻寫說：「潛意識只要三個星期，就能改變。」這真是驚人之語！

經過這方法，改變原先的自我否定的潛意識過程後，宮島醫生也附帶地發現其他沒有預期到的重要改變，包括「試做這件事看看」、「到那裡去走一走看吧」，或「跟那個人聯絡看看」的想法。像這樣的時候，就別太在意結果如何，只要用快樂的心情順從自己內心的想法去做就好。

讀過宮島醫生建議的這些簡易辦法後，筆者也常常在如廁後洗手時，面對著牆壁上鏡中自己的眼睛做開心的微笑；奇怪的是，只要這樣做，腹中就有一股暖流湧進全身，覺得很舒暢，也深深地吸進了一口氣。

習慣十七：想像與創造自己的新人生劇本

有人說在每個人的潛意識裡都隱藏著一本自己的人生劇本，而根據它，從小到大每天都在自己想像的舞台上扮演著給自己設計的角色。在習慣十六，宮島醫生說過，當肯定認同自己之後，心中就會湧上「想要到那裡去走走看」或「跟那個人聯絡看看」的心情。宮島醫生建議這樣的時候，就是「自己想去做的事情寫一個故事或劇本」。寫劇本時，我們會盡可能地把所想像的具體化，諸如在早上或下午或晚上、在屋內或屋外、同性或異性朋友……等具體想像。若能加入視覺、聽覺、觸覺、溫熱、涼、冷、冰等感覺

那就更好。想像內容可以包括「在看見什麼」、「聽見什麼」。因為具體的想像需要知覺和判斷力的參與，所以能刺激大腦各部分的神經迴路，讓它們都活躍起來。

因為現代社會，每個人手上各有一支手機，手機裡有臉書、維特等社群網站，或部落格，這些網站隨時等著為你服務。所以宮島醫生就說，讀者們可把自己寫的故事發布上去，而它就會把你和你一樣想活得更好的人連結起來，並互相鼓勵、互相獲得活力和能量。

宮島醫生說，他自己也曾透過網站和維持，將其想成為「不使用藥物的精神科醫生之夢想」告訴大家，而發現每天都會有網友的留言；由此可知，就算是素不相識的人，透過幾行文字也能心意相通，他也藉由這些活動，可得到許多來自他人的能量。

這些管道的共同暗號就是「要活得快樂」。

習慣十八：清除附著在過去不愉快記憶的情緒

雖然我們無法改變發生過的往事，但卻能拋開與其相關的「記憶情緒」。宮島醫生在本書如此地寫道：「真的嗎？沒有罹患早期癡呆症的人也能這樣嗎？」「如何拋開？」「拋開」與「忘記有何不同？」

對於讀者們可能會提出的這些問題，宮島醫生只回答了第一個。他說，在夏威夷自古以來解決問題的方法是由莫兒娜・納拉瑪庫・西蒙娜女士所發展，命名為「荷歐波諾回歸自性法」（Self-Identity through Ho'oponopono, SITH）的治療方法；這個治療方法可將過去的記憶「淨化」，對於解決問題有相當大的幫助。淨化的方法，就是先詢問自己「是哪一個記憶引起的問題？」然後不斷地重複說「謝謝、謝謝、謝謝……」，「對不起、對不起……」，「請原諒我、請原諒我……」，「我愛你、我愛你……」這四句話。西蒙娜女士的後續者伊賀列卡拉・修・藍博士，後來在夏威夷一間收容殺人、強姦等犯重罪或精神障礙病患的機構，實踐「荷歐波諾波諾」療法，發現效果非常驚人。過去，此機構已往的平均收容期間為七年，而在藍博士實踐了此方法後，平均收容期間則縮短為四到五個月，到了最後，收容人數降到零。修・藍博士並沒有跟犯人面對面直接進行晤談，

而是在家裡或機構中，請每一位犯人面對自己的記憶，並詢問「是哪一個記憶引起問題的呢？」，然後再請他們不斷重複「謝謝」、「對不起」、「請原諒我」、「我愛你」這四句話。

宮島醫生沒有從他自己的理論觀點說明，為什麼他想到也建議讀者們若需要時可試試看，修‧藍博士所改創的「荷歐波諾波諾」療法。但他說我們會根據許多「常識」來生活，然後在不知不覺中習慣於這些常識，並且依據這些常識去思考或行動，但不會去想，自己會不會因為被這些「常識」所束縛，而覺得痛苦。雖然是這樣，總有一天就會碰到「越想按照自己認為是對的風格（社會期待）去做，但因為被別的重要事情卡住時，就開始懷疑「這真的是自己該走的路嗎？」。另一方面，有一些人就無法捨棄「一定要符合社會觀感」去想的自己。若繼續存有這種矛盾想法，到了某一天，內心的矛盾就開始往某一方向動搖，而遇到了某些不快樂的事時，就可能會以「這都是某某人或某某事的錯」的投射式想法把責任歸咎於別人，並且產生怨恨或其他負向情感。

宮島醫生說，假如有人說出會讓你感到受傷的話，則問問自己的內心「這是自己潛意識中的哪一件事，讓那個人對我說出那樣的話和做出那樣的行為？」。然後，試試看，對這個「不愉快的事」以「謝謝」、「對不起」、「請原諒我」、「我愛你」這四句話，把「那件不愉快的事」的記憶淨化，把自己心裡的負向情緒都清除乾淨或「歸零」。

習慣十九：刻意安排時間放鬆自己的習慣

宮島醫生舉了某一所頂尖公司 J 先生的案例，說明習慣十九對於那些必須生活在「效率、利潤為先」的工商業社會人士是何等重要的事。

J 先生在世界各地馬不停蹄地奔走，經常工作將近二十四小時，且全年無休假，幾乎沒有時間回家。雖然他的年收入相當可觀，但卻必須比其他人認真努力幾十倍。對於這樣的描述，讀者會覺得 J 先生的生活真是很可怕吧！但就算如此努力，他還是會擔心「不曉得什麼時候會被開除」或「何時才能贏得其他競爭對手」。J 先生懷抱著各種不安，但還是必須拼命往前衝。最後，他鐵人般的身體也開始發出警訊，告訴他健康狀況出了問題，不得不休養。

　　像 J 先生這樣「工作狂」通常容易出現憂鬱症狀。宮島醫生說他診療過許多此類患者，印象很深刻。因此，建議讀者們，最好每天都能刻意安排出一段「什麼都不做的時間」，而且休息時絕不要對於刻意做這樣的休息感到焦躁或有罪惡感；假如在這休息時間，能對自己說：「能有這樣放鬆休息真是太好了，真的很棒！」你就更會感覺好舒服。

　　宮島醫生說，不但在一般社會裡會，看到「要有效地利用時間」、「時間就是金錢」的價值觀已蔚為風潮的事實，自古至今在學校裡，也可看到這種競爭。當今社會裡從初中、高中、大學，一直到就業考試，一個人就要競爭過日子。

　　宮島醫生以他自己過的學校生活為例，印證上面所說的並非是故事，而是事實。從小學開始他就要到補習班上課，雖然他就讀的國中學生可以直升高年級的高校，但他還是很在意考試成績的好壞；成績好，當然不會有問題，但要是考不好，就會開始否定自己，失去自我肯定感，之後就開始討厭自己等情形。因為他是在這種環境長大的，後來也得憂鬱症苦了七年。所以宮島醫生就拋下一個疑問給讀者們；他問：「讓未來的孩子們也繼續帶著競爭意識拼命地生活下去嗎？你認為這樣的社會能算是幸福的社會嗎？」

　　宮島醫生自己對這問題的答案是：目前不斷蔓延的「絕對要努力」，「不能不努力」的想法必須有所改變才行。

　　「要有所改變才行」這回答是對的。但如何改？改變成怎樣的情形才好？對於這個進一步的疑問，宮島醫生則以一種稱為「民主學校（democratic school）的有趣教學方式當答案。

　　此類學校起源於美國，當時在日本也有幾所類似的學校。這一型的學校裡，由孩子們自己創造出「學校」這個社區；在該社區大人們扮演支援的角色，在團體中，孩子們學習的是「自我表現力」和「生存力」，它的特色是「沒有競爭」，但孩子能夠發揮最高的學習能力。在這裡沒有課表，沒有老師，也沒有考試，因此不會用考試成績對孩子做評價，孩子自己選擇想學的。因為沒有分班，不同年齡的孩子們一起相互學習，學習各種事物。經過互相討論後，孩子們決定學校的各種大事；學校的方針、校規等，都是由參加會議的全體學生做決定。宮島醫生對此類學校感到非常有趣，曾經申請要進去參觀，但學校回覆說：「是否能接受參觀，決定權在孩子們身上。」也

就是說，要是孩子們不同意，申請人就不能進去參觀。

　　看到這一段描述，筆者則不得不盼望在臺灣應該也有此類型的小學或國中。

習慣二十：需要時能接受一切，不緊抓著舊習慣不放

　　爲了說明習慣二十所指的眞正意義，宮島醫生舉一位他治療過的四十歲音樂家 K 先生爲例。K 先生也和宮島醫生一樣因憂鬱症苦了七年，他找宮島醫生時還在服用抗憂鬱藥物，但因想停藥而來宮島醫生診所尋找協助。

　　K 先生在一所照護機構找到工作，所以能夠在該機構一邊工作，一邊嘗試對於該機構的患者進行音樂治療法。開始工作後，就發現該所的工作過於繁重，沒有時間進行音樂治療。雖然跟主管提出能做音樂療法的要求，主管不理會他的要求。所以，每天都被不想做的事情追著跑，不久後逐漸提不起勁來；唯一能讓他恢復朝氣的，只有星期六和星期日兩天，照著自己的意思玩音樂治療的時候。有時，K 先生跟做保育員工作的太太討論「想要辭去工作」，但太太卻表示「因爲還有日子要過，所以絕對不能辭職」。

　　治療 K 先生的過程中，宮島醫生就問 K 先生，對主管懷著憤怒不會讓自己更痛苦嗎？也建議他試著不要爲主管工作，而是爲自己工作，將所有憤怒拋開，然後嘗試去做自己想做的事，好讓自己能快樂起來。

　　K 先生後來也發現他眞的像宮島醫生所說，認爲「自己是被迫去做不願意做的事」，也認爲「對想做的事都做不到的自己」感到生氣的事實。所以，宮島醫生就不斷地提醒 K 先生要「去選擇自己想做的事」，以及「要愉快地去享受人生」。

　　後來，K 先生的憂鬱狀況慢慢地好過來，在診所求診五個月後開始慢慢減少藥量。第七個月後，則完全脫離抗憂鬱藥，也把照護工作從全職轉爲兼職，最後因爲要從事 NPO（非營利組織）的工作而離職。每個週末都隨著 NPO 的活動到受災地區，提供孩子們和居住在社會福利設施的人們進行音樂療法。活動時，他都面帶笑容。

　　談完 K 先生的治療經過後，宮島醫生就說：「身爲自己人生舞台上的主角，遇到需要時，我們最好一次又一次地修正自己原定的軌道。我們每天都

會經驗到各種感情，包括痛苦、憤怒、悲傷、快樂、愉悅、幸福等。這些感情不管是正面或負面的，都是屬於自己的。所以，先試著接受它們，然後將緊握在手中但不利於自己的那些人、事、物、工作都放開！」

　　介紹完了宮島醫生的《讓憂鬱變微笑的 20 個好習慣》後，筆者感受最深刻的是此書乃由作者多年當為病者的切身經驗和當為醫者的臨床實際經驗合併在一起的巨著，參考價值非常高。雖然西方社會的認知治療學者，早就有不少人主張認知偏誤與憂鬱症間有密切關係；在東方社會，此型學者目前還算是少數，至於專書則更少見，所以他所撰的這一本書更是值得一讀的好書。筆者強力建議讀者們能把其重點應用於自己每天的生活，也介紹給所需的人。

第十三講
總論篇

　　雖然宇宙間的萬象瞬間萬變，變化無常，有一群人卻不因此而心亂，因為他們習於在萬變中找到不變的規則。例如就氣溫而言，有時熱得不好受，有時則冷得令人想趕快躲到山洞裡避寒，但這一群人經過冷靜的觀察後，就找出一年有春夏秋冬的規則性冷熱變化，也會找出一些花朵只在春天開放，春天過後就凋謝了；而一些花朵則就只開放在冬天裡，而且愈冷花朵開得愈多也愈漂亮。後人則把這些規則性叫做習慣，習慣就是變中的不變。

　　習慣的現象不但見於氣候的冷熱變化，植物的花開花落，也見於動物的飛翔、奔跑，更見於人類的生活起居各方面。

　　由於冷靜的長期觀察而知，萬變中有不變的習慣，上述那一群人，（稱其為智者），就知炎熱總會過去，秋高氣爽會來臨，而酷寒後一定是春暖花開的季節，所以告訴自己不必心慌。習慣現象有上述好處，智者們，不管是哪一時候的，以及哪一個地區的，都會把他們對於習慣所知寫下來，而繼後的智者們就把他們觀察到的習慣新知又添加上去；如此繼往開來的知識傳承與累積，迄今有關習慣的知識既深又廣，不但知道氣候有四季，有規則性更替，也知道天上星系之運轉，地上動植物以及人類都分別有其特殊習慣。而其特有的習慣中，有者對其生存不但無益卻有害，有者則有益無害，有者則一時尚難斷其好壞。

　　動物中，人類是最懂得如何改變自己的舊習慣，成為另一新習慣的靈活存在體，他們也嘗試各種方法使自己活得更健康、快樂、自在，並與自己內心、心靈與周遭人、事、物、境更和諧。換句話說，他們也最會去嘗試把幾個習慣組成在一起，讓自己活得更美好的藝術創造者。

　　筆者撰寫此書的目的有三：其一是將筆者建立習慣一詞的新定義之後，

對習慣所思的新內容做邏輯學上的逐步整理與推理，欲探其可用範圍有多大；其二是將筆者以外的其他學者們對習慣所提的理論羅列在一起，然後將它們加以比較，以看出它們之間之相似與相異點分別有哪一些；其三是尋找出習慣概念的研究尚缺哪些方面，需要增加，以及習慣的解釋功能還有哪些是可再建立的……等等。上面所指需要加添的研究，可包括女性學者所提倡的習慣論，以及如何面對最近兩年肆虐全球的新冠肺炎傳染病的整套良好習慣。

猶如世事變化多端難料，習慣心理學的內容也一定只有變多，而不會減少；所以，將來的人類，若要繼續生存下去，而且也要把生存的品質繼續維持在舒適的程度者，則要不斷地透過研究，組合各種習慣，使它成爲可達成各種目標的生活藝術。諸如，健康又快樂的生活藝術，健康、長壽、又快樂的生活藝術，或健康快樂、長壽、又幸福的生活藝術，或更高品質的，不僅是健康，也長壽，又快樂又幸福，又有貢獻，又有意義感的生活藝術。

如前面所說，筆者開始寫這本書的時候，把主要目的放在探討新的習慣概念，定義可應用的範圍究竟可推廣到什麼範圍與深度；亦即是否古今中外的所有習慣理論都可被包括在內。但行筆到目前，則突然發現本書所提到的習慣理論都是由男性作者所撰寫，大部分是由西方學者，一小部分是由東方學者，而且都是從業於教學、研究以及臨床工作的治療者所撰。有了這發現以後，筆者則不得不聯想到，在華人社會裡還有王守仁所提倡的知行合一說，孫文所提倡的知難行易說，或殷高宗武丁所提的知易行難說，或知難行也難等學說。對這些類習慣論，筆者尚未在本書中提出來詳加介紹，所以在本書的這一講，就要做一個綜合性討論，雖然內容已經相當豐富，但似乎令人尚有事未全盡之感。或許，以習慣爲基石的生活藝術書籍是寫不完的，因爲人類將來的生活有不同的課題，將來的宇宙有不同現象，將來的人類生活還需要另一些不同的習慣論。

若將來的世界會有上述變化，將來要繼續寫下去的習慣論，就留給以後的人去寫，而在本書的這一講，筆者認爲還是把重點放在從目前筆者所蒐集到的所有資料中找出各理論所擁有的特異點，以及各理論間的共同點；並且盡所能地找出爲健康、快樂、幸福、長壽以及人生意義，要有的特殊習慣組型或生活藝術。畢竟自古以來，中華文化一直把生活目標高掛在福祿壽三個

字嗎？筆者只不過貪心一點，再加添由一個詞有「意義感」而已。

　　現在，從這一段開始，和大家一起來看看，本書前十二講所討論的是哪一些，它們之間有哪一些相同點以及哪一些相異點，然後再來找出哪一些習慣組型是為了得到健康長壽所必備的生活藝術，哪一些是為了得到祿所必須的生活藝術，哪一些是為了得到福所必須的生活藝術，而最後哪一些習慣組型是為了讓心靈能感到，生活有意義的生活藝術。

　　讀者中，也許有很多人會疑惑，筆者以前的寫作都以「習慣」為標題，而在這一本《……十三講》卻把書名改為「生活藝術」呢？

　　筆者認為有如此疑問的讀者一定是一位對文字刺激的敏感者。的確，筆者要改變書名之前，心中也有一番掙扎。但是，在介紹其他學者的習慣論時，卻常看到這些作者們使用「生活藝術」之類的詞彙形容他們所說的那幾個習慣合在一起，才能使一個人把健康維持在良好的情況，而只有一個習慣是不足於使他成為完全健康的人。

　　例如，為了要有健康的身體，一個人只有良好的運動習慣是不夠的，每天還要有充足的睡眠習慣，和良好的飲食習慣。以前，筆者熱衷於研究習慣議題時，很喜歡用「習慣組型」一詞稱呼由一個以上的習慣組成的習慣群。當然，這樣的方法並沒有什麼不對，也令人覺得很有系統，而很類似於在寫化學程式，像是水乃是由兩個 H 和一個 O 所組成，所以把它寫成 H_2O。但在一般生活中，我們不把它叫做「兩個 H 和一個 O」，而直接稱為水。這樣的簡稱令人覺得易懂又親切。現象上，兩個 H 加一個 O 是過程。兩個 H 和一個 O 是元素數量，而 H_2O 是化合過程的結果。元素和過程屬於不同層次的現象，過程的層次比元素高一層，而結果又比過程更高一層，所以若有更恰當、貼切的字彙，則儘量用它來稱呼。

　　既然有學者把「習慣組型」另稱為「生活藝術」，筆者就覺得沒有什麼不對，反而覺得更恰當；不但如此而已，「生活藝術」四個字，聽起來令人有悠遊於雲外世界的舒適感。

　　「生活藝術」雖然會誘發讀者的美感反應，但什麼是「藝術」呢？如果讀者這樣問筆者，筆者只能無言以對；因為筆者過去所學的和藝術相距約有幾千里遠。筆者查字典的結果是如下：對自然物及科學，凡通過人的製作，具有審美價值的事物都是藝術；因為用於表現的方式不同，它的種類有表演

藝術，包含音樂、舞蹈、造型藝術，包括繪畫、雕刻；語言藝術，包括文學、綜合藝術、戲劇、電影等四大類。而作家進行創作時，會使用的技巧是運用描寫、敘述、渲染、誇示詞彙表達思想。

　　韋伯斯特所編制的國際大字典，對於「藝術」所做的解釋有七項之多；若將其全部內容統整在一起，而寫出最符合筆者此書的定義，則可寫成如下一段：「以一系列有別於科學原理和規則，去創造出可令人產生美感反應的作品之過程」。此定義的特點有二，其一是藝術之最後目的是令人享受美感；其二是它的產生，也有其所依據的特殊原理和方法。至於其原理和方法，至今，似乎未有人能將它說清楚點。韋伯斯特這位語言天才也只能說「有別於科學」，讀者都知道科學的特點是「客觀與邏輯」，所以「有別於科學」的意思應該是「主觀與感受」，正在寫這一段話時，不知是在哪一天的聯合報「People」版面，正好刊載最近幾位「500Young 肯定」的藝術得獎人。每位得獎人都寫了一些得獎感言，筆者唸完了以後還是似懂非懂。第一位得獎人寫說：「藝術是一道壓痕」；第二位寫說：「這世界太晚認識我了」；第三位寫說：「持續保持叛逆，那是你產生個人觀點的開始」，除了這三位得獎人以外，還刊有五位「領路人」所說的話。第一位領路人寫說：「勇敢面對錯誤，你一定知道自己要什麼」；第二位領路人寫說：「不要怕繞路，繞路才是養分」；第三位領路人寫說：「沒有遠一點的目標，我們就不會走到那裡去」；第四位領路人所寫的是：「擁有優勢，同時也是挑戰」；第五位領路人所寫的是：「我的生命裡有一塊沒有標準答案，那是藝術，是美學」。以上，由三位年輕的與五位走在當代臺灣藝術界前端的人所寫的話我們可了解，藝術比科學更主觀富於個人色彩的工作領域，它所走的過程較個人化，沒有大家一定要遵守的標準，而在進行時以獲得各項感覺器的美感反應為主。雖然藝術有別於科學，兩者間卻有其最後的相似點，亦即創新變化與不斷的挑戰。

　　經過以上關於「什麼是藝術」的簡介，讀者應已了解，藝術是屬於高層次的學術領域，更能喚起學習者的茫然，神祕又具美感的學術名詞。

　　約莫一年前，當筆者將提筆開始寫這一本書時，以前筆者研究室的打字小姐剛好來訪，並問筆者最近是否有撰寫新書的計畫，筆者則告訴她，正在計畫寫一本「習慣心理學十三講」的新書，但也正在思慮是否把書名改

為「生活藝術心理學十三講」；所以就順便問她，是生活藝術心理學十三講較好，或習慣心理學十三講較好？她就不加思索地回答說：「當然，生活藝術心理學十三講好聽得多了。」問她：「為什麼？」她立刻地說：「生活藝術四個字有美感也有神祕感，一般人比較容易接受」。既然她也這樣想，筆者就決定把此書取名為「生活藝術心理學十三講」，雖然所用的字數多了兩個，但較有美感，也好像在心裡學領域開拓了一門全新的研究領域，心中又有了爬上更高一層樓的感覺。

　　以上花了不少字數解釋，為什麼要把書名定為生活藝術心理學十三講的心路歷程，心中也覺得這樣對於讀者才有了一個清楚的交待。現在可以把話收回來，認真地來談，要把這個第十三講如何地談下去。

　　本講的主要目的是先把前述十二講的內容互相加以比較，然後把比較的結果做一個統整，找出哪些內容是不同學者間最相似的看法，哪些是生活背景相似的學者間所共有的看法，而哪些是生活背景獨特的學者才有的看法。本書十二講中，有一講是由一位政治人物所提，而有兩講是由兩位有醫學背景的人所提，所以，若將這三位所提的內容加以比較，我們可以清楚地看出，有醫學背景的人較重視哪一些習慣，而政治人物則會重視哪些習慣。透過這樣的相互比較，我們可找出，哪些資料尚缺少，還需補充。例如，就這本書的內容而言，最缺少的資料是由女性學者所提的習慣論。筆者認為這一項資料，非趕快補充不可。因為不管哪一個時代，全世界人口幾乎都由兩性各占一半，而兩性在生理上有頗多想異點，所以與這些相異點直接或間接相關的習慣應該有很多。但兩性所重視的習慣如何地不相同？這項問題的正確答案只有根據女性學者所寫的習慣論，與男性學者所寫的習慣論互比才能找到。可惜的是，目前有沒有這樣的書籍？筆者認為如果認真地去尋找，一定可找到很多的。過去，不是有不少女性諾貝爾文學獎得主嗎？筆者相信對這些得主的作品從習慣觀點去研究分析，一定可找到她們對習慣有何看法。除此之外，目前圖書市場上也有不少關於女性傑出政治家的傳記或自傳之類的書籍，我們也可藉由這一些書籍分析，找出這些傑出女性政治家對於習慣的看法。

　　在本書，筆者先介紹了自己的習慣論，而一共花了八講的篇幅。在第一講，所談的都是關於為什麼筆者要研究習慣心理學的心路歷程；若把這歷程

扼要地說出，則當時很可能時空因素之交錯，很想創造一個屬於自己往後要走的學術路線，也算是「學術野心」。若仔細地去回想，之所以有那個野心是因為對當時已經存在的八大學派的主張，我一直感到不滿，所不滿的是，因為它們每一個雖然都說的對，但都說得不夠多，只說到心理現象的某一部分，而沒說到全部。那時候，我所希望的是由我來創造一個理論，它可以把心理現象的每一部分都顧及到，而且把每一部分的來龍去脈都能解釋得很清楚。可見，這一個野心有夠大，也許有許多讀者會覺得我的野心真是不自量力地大，很可能最後把自己的健康折磨得不成人形！我之所以有這麼大的野心，很可能一部分受到某位人士的半開玩笑、半批評的話所致。

「這一位人士」的學問並不高，而是畢業於臺灣大學數學系後，到密西根大學進修碩士學位的一位學生，和我有所不同的是他自費來進修，而我是公費來進修的。那時，我和他以及另外四位也來自臺大的留學生一起租一棟當地私人的房子住在一起，晚餐輪流烹煮，食料也輪流負責到附近超商買進來。可說五個人像一家人和樂地住在一起，各自為自己的學業和學位努力過著辛苦的生活。前指的那一位數學系的屋友，有一天就問我說：「老柯呀！我看你每天都那麼地用功，到底你們學習心理學的人是在學什麼？能不能告訴我一點點？」我就告訴他，當時我正在密西根大學選修「心理治療八大學派理論」的課程。聽了八大學派這課名，他就大聲地說：「天呀！你們心理學為什麼有那麼多理論！」看起來，心理學還是一門年輕的學問，才有那麼多理論互相在競爭，不像數學這門老學問，只有一個理論，所以比較容易學。聽了這位屋友的話後，我心中雖半信半疑，但也對自己說：「如果臨床心理學也能那樣，該多好啊！」

可能這位屋友那一番話給我的印象太深刻，讓我到現在還無法從「習慣」概念的牛角尖鑽出來。還在相信「習慣」概念可成為臨床心理學的最好且唯一可繼續用下去的概念，而最後能把其他理論統整起來，使臨床心理學踏進「更成熟的」學問境界裡。

最近，在寫這本「十三講」的過程中，筆者腦中「常常地」閃過一個「匪夷所思」的念頭，將來「習慣」概念一定不僅能成為臨床心理學，甚至於所有知識領域的基本概念。想到這一點時，筆者也不得不對自己說：「別再誇大妄想了！」

在本書第一講中，筆者就把自己在密西根大學獲得博士學位後，如何想到要創立自己的理論，如何地在各種概念中，尋找自己認爲最合適的基本概念，而在怎樣的奇遇經驗中，最後選定「習慣」爲關鍵概念，而後又不怕被嫌棄、被批評，大膽地一次又一次地在學術朋友面前公開地說出，習慣就是自己學術路上的基本概念。所幸，如此大膽的表示獲得兩位精神科醫學界人士的批評，指出習慣概念的盲點，讓筆者有機會努力去把這盲點化爲修改關鍵概念定義的可貴墊腳石，終於把原有的習慣定義修改成爲應用範圍大到無處不能使用之廣。

有了這可算爲「因禍得福」的轉機後，筆者就開始根據習慣的結構三元素，亦即刺激、反應以及兩者關係穩定度，對於可能存有的全部習慣進行分類。以新的習慣定義來看，大宇宙間的所有存在體，包括所有生物、無生物、天體本身都有其習慣之外，人類對於這些存在體也分別地產生不同的習慣。所以從人類的觀點而言，習慣的刺激可分成自己、他人、事情、物、境、時、生、死等九大類，而反應則可分爲動作、情緒、感覺、意象、認知、人際、藥物、身體、意識、注意、意志、性慾、睡眠、自我認同等十四大類，最後就刺激與反應間之穩定關係而言，依實際需要可分成：非常穩定、相當穩定、穩定等三大類。

學者們因研究所需，對習慣做分類，心理治療工作者或行爲矯正者也因要提高工作效率，對習慣要做分類。因需要之不同，分類的著眼點也不一樣。從心理治療或行爲矯正者的立場而言，會把分類的著眼點放在習慣品質的好壞之外，也會放在習慣擁有者能不能察覺到他的哪一些習慣是良好或不良好的，利己或不利己的。如此說來，爲了治療與矯正，習慣可分爲好習慣與壞習慣兩大類，也可分成屬於可察覺到與難於察覺到的兩大類。有了這兩大類分法，治療與矯正工作者就知道他的工作應該以培養其工作對象缺少的良好習慣爲優先，而以減少現有的不良好習慣爲後繼，也以能被察覺的習慣爲先，而以不被察覺到的習慣爲後。由此可見，習慣之分類是相當重要的工作，有了不同的分類就會導致不同的用處，而有了不同的工作目標，就要有不同的分類著眼點。

在本書，筆者除了討論根據習慣三元素的每一元素的分類法以外，也討論從患者與治療者觀點的極複雜習慣互動的分類法以外，並藉此指出習慣分

類的演變可導出一些習慣，它們可被用於研究植物、細菌、礦物、天文、天體之運作。行文至此，筆者也逐漸覺得，習慣這個概念真的是和筆者原先所盼望，可用來解釋任何存在體運作的基本概念。

看起來，以習慣概念可以了解與解釋許多存在體的運作現象，那麼習慣概念是否也可用來改變習慣，使本來不存在的習慣變成有，本來有的習慣變成沒有？

要回答這項重要疑問，我們就要回歸到新的習慣定義；因為這新定義就是刺激與反應之間的穩定關係，所以改變壞習慣的方法是讓對於某一刺激常常做出的反應不再出現，也可以說把原有的刺激與反應之間穩定關係，變成不穩定或變成沒有關係。所以聽起來改變一個壞習慣好像是很簡單的事。但是，再來的問題是如何才能把原有的密切關係變成不密切或變成根本沒有關係。對於這一點，原子習慣論的作者 James Clear 比筆者做了更詳細的討論，所以，請讀者們可參考本書的第九講。

至於如何建立起來本來沒有的好習慣，從習慣的新定義觀點來看，就是把一個不存於刺激和一個反應之間的，關係使用重複與強化的兩項原理變成存在，然後把這關係再強化到某一緊密度。

所以習慣改變並不是把原來沒有的變成有，也不是把原來有的變成沒有，而只是把本來在某一刺激與某一反應之間不存在的關係變成有緊密關係，以及把本來存在於某一刺激與某一反應之間的緊密關係變成不緊密，甚至於根本沒有關係，而所用的具體方法是不重複、不鼓勵以及要處罰。

以上，筆者在本書第一講到第八講，談到自己研究習慣概念的整個心路歷程，實際經過以及如何修改習慣的定義，並以新的習慣定義，對於成千上萬的習慣，從不同立場做分類，而最後談到為了生活之方便以及品質之提升，論及如何培養新習慣以及減除舊的惡習慣。此外，也談到如何從習慣之可察覺度觀點進行習慣之分類，並如何把這種分類法結果應用於心理治療與行為矯正，甚至應用於人文科學與自然科學。

接著在第九講，筆者介紹了 James Clear 的原子習慣論。對這一套習慣論，筆者原本很陌生，但從學生的作業報告得知它之存在後感到好奇。後來得知筆者大女兒早已購入一本，為助其保險推銷工作能更順利進行。所以從她借來一看，才知它是很值得介紹的一本好書。James Clear 本來不是學術

領域的知名人物，而是一位因禍得福，智慧超優的人。高中時期在棒球場和其他隊員參與一場比賽中，被迎面飛來的一根球棒嚴重地打傷鼻樑與雙眼而失去意識昏迷徘徊於生死線上一段時間，後由他的守護神帶回來陽間的幸運兒。在漫長的住院與養病期間，他逐漸領悟了自己的性命要靠自己救的基本道理，並由此道理進一步悟出「驚人的好後果乃由小的向上努力，長期累積所造成」的原則；這原則後來被改稱爲「原子習慣」。借用手機的社會網路，他將「原子習慣論」的道理傳播上去之後，發現來自素不相識的網友之熱烈回應，其數高達數千名，而由此再增加到幾十萬名之眾。眼看原子習慣論造成的回應之如此地不同凡響，James Clear 就將已發布在網路的文章整理成書並把它出版。

　　從大女兒借來此書後，筆者將其內容逐一與自己建立的習慣論架構相比，發現有許多相似點：第一，它也有習慣一詞的定義，包含刺激、反應以及兩者間存有的關係，不過 James Clear 給這些字詞，以不同的命名，例如不使用「刺激」一詞而代以「提示」一詞；不使用「反應」一詞而代以「回應」一詞；不使用「增強」一詞而代以「獎賞」一詞。雖然有這三項相似點，James Clear 的「提示」一詞比筆者使用的「刺激」一詞多了一項「渴望」的含義。他認爲在提示背後有渴望，有人渴望作爲後盾，提示才有足夠能量去促發回應。這一點聽來的確有道理，也似乎指出筆者的習慣論之不足處。

　　其實不然，筆者在本書第八講的習慣改變進行過程的敘述中，也提到習慣改變動機強度之重要性，而爲了增強動機，在習慣改變開始之前，筆者先要求個案說清楚要改變哪一個習慣，要把它改變成什麼樣的習慣，也說明改變之理由何在，然後也說出何時要開始改變，也要肯定地說出何時改變到百分之幾的成功率，並對自己或其他願意成爲你的見證者做宣誓。這一套前前後後手續之主要目的是增強改變的動機，所以筆者之增強改變動機的策略，等同於 James Clear 所指的渴望之強化。

　　讀完 James Clear 的整本書後，筆者覺得 J. Clear 是很善於創造新名詞的人；例如，除了「原子習慣」一詞之外，談完構成原子習慣內容的骨幹後，就把它稱爲「習慣的四階段模式」，並把從這模式演化出來的四個行爲改變方法稱爲「行爲改變四個法則」。這一種「化繁爲簡」的方式，讀者們會在後續的討論過程中繼續見識到。

　　J. Clear 創立原子習慣論的最後目的有二：其一是想在一直變不停的行為中找出不變的「人類行為的原理」；其二是好讓每個人依靠著這些「原理」就可創立一件蒸蒸日上的事業，建立一個快樂的家庭，也創立自己幸福人生。所以他不是一位單純的行為理論家，也是一位很重視實用性的行動家。後來，他之所以致力於創立一所「習慣學院」，筆者認為其因就是在這裡。

　　J. Clear 所說的行為原理有四點：其一是細微改變之繼續，累積到了某一程度就會帶來巨大變化；其二是進行改革時，別太管目標，專注於系統就好，在這裡系統就是如何達到目標的方法；其三是進行改變時，把重點放在行為第三層次的身分認同，因為這一層次的改變比較會持久，不易消失；其四是透過嘗試、失敗、獎賞、做不一樣嘗試等四個內容過程有效的反應，則被「強化」而留下來，良好的習慣就形成。

　　根據上述四個行為原理，J. Clear 繼續談到改變習慣的四大法則。其中建立良好習慣部分的四大法則是：①讓刺激提示明顯易見；②讓反應具有吸引力，值得去做；③讓反應簡單容易做出來；④讓獎賞夠好，令人滿足。至於減除不良習慣的四大法則是：①讓刺激提示隱而難見；②讓反應不能滿足渴望，不具吸引力；③讓反應複雜，難於做出來；④使後果令人不滿意。

　　J. Clear 說，上段所述四大法則幾乎可適用於任何領域，從體育到政治，從藝術到醫學，從戲劇到管理。筆者看到 J. Clear 提到這一段內容時，就不得不說，他所說的很多內容都和筆者所想要的很相似；例如在這一段關於得那樣，廣泛到可包山包海，無所不包。另一個相似點是關於習慣的察覺度的議題，J. Clear 幾乎和筆者一樣，覺得這個議題和習慣改變容易度關係極密切。但筆者在討論習慣分類時提出來，J. Clear 則在討論習慣改變時提出來，可以說是殊途同歸，以及重要議題總是不能被忽視的。

　　為了達成習慣改變之目的，J. Clear提出很多具體有效方法，也都列舉過去什麼人用過該方法以證明其有效性，並且也給該方法一個名稱。筆者在此列舉這些有效辦法的名稱；至於每一個名稱的由來，則因篇幅有限，不再加以詳述，請讀者們詳閱本書第九講：①指差確認、②習慣計分卡、③執行意象計畫、④習慣堆疊、⑤建議性衝動購買、⑥超常刺激、⑦大腦多巴胺驅動回饋迴路、⑧大腦獎賞系統、⑨誘惑綑綁、⑩環境設計、⑪減法的加乘效用、⑫重整房間、⑬兩分鐘法則、⑭承諾機制、⑮鎖定未來行為、⑯立即回

饋、⑰時間不一致性、⑱成功的感受存款帳戶、⑲迴紋針策略、⑳習慣追蹤、㉑習慣契約、㉒社會契約、㉓簽名、㉔進階策略、㉕金髮女郎原則、㉖反省與複查系統、㉗生涯最大努力計畫、㉘身分認同感、㉙驕傲感、㉚老子道德經之五句話。

　　由上段所列舉的專有名詞有三十個之多，可知 J. Clear 的原子習慣論對於習慣改變提出許多技巧，而這些技巧不僅採自學習心理學，也採自發展心理學、神經心理學、社會心理學、文學、哲學、環境心理學、運動心理學、經濟學等。難怪 J. Clear 堅信他所提出的原子習慣原理與技巧可適用於任何學術領域。當看到 J. Clear 創造一個又一個新名詞來稱呼其習慣改變技巧時，筆者立刻聯想到中央研究院的一位副院長性格心理學背景的楊國樞院士，他在臺大新生論壇中常說的「養魚策略」；這一個策略所指的就是和異性建立友誼關係。聽說每年舉行一次由他主講的「養魚策略」號召力頗強烈，每每聽眾都幾千名為計，講堂席無空位。可見使用新鮮自創的專有名詞，不但可化繁為簡，也有激發相關行動之力量。

　　筆者本來打算介紹史帝芬柯維的習慣論；但考慮他所撰著的習慣書籍不止一冊，而且每一冊的內容都枚舉很多具體例子，所占分量過多，在此就改為由讀者參考相關書籍，筆者在此把這一套習慣論之精華要點，疏而不漏地做個介紹並與其他習慣論進行比較。

　　柯維是比 J. Clear 更屬於學者型的人士；他先畢業於哈佛大學企管研究所，獲得碩士學位後再進楊百翰大學研究所獲得博士學位。之後，創辦柯維領導中心，擔任「富蘭克林」公司的聯合主席，曾協助許多企業、教育單位與政府機關，訓練所屬領導人才。他所寫的都是關於如何把習慣概念善用於個人、企業、家庭與管理經濟、人員，以及時間等方面。柯維和 J. Clear 二人的所思與所為頗相似，都是知行合一的人；柯維創辦「柯維領導中心」也擔任富蘭克林公司的聯合主席，而 J. Clear 則成立他的習慣學院訓練人才。除此以外，他們二人都一樣把整個人生比喻為一個人要從某一個地方到另一個地方的旅程；而這一趟旅程是由旅行者自己架著一架飛機去的，飛機等於一套習慣組型，換句話說，習慣組型是一組工具；工具有好壞之分，一套好的工具則配有很多旅行所需要的精準儀器，其中最重要的是可依氣候與地勢之變，而需要調整飛行方向與角度、高度與速度等設備，而飛行員也要有經

驗，能從這些儀器的數據了解飛行中的狀況，時時刻刻做出即時性調整。唯有如此，飛機才能準時，且安全地降落在目的地。

在上一段的譬喻裡，精準儀器有羅盤的指南針，它會告訴人生旅行者，你現在走的方向是否對準了你的人生目標；這個指南針不是具體的指南針，而是經由發展心理學原理發展出來的能力，這項能力，柯維稱爲四項稟賦之一的自覺能力。

柯維所重視的良好習慣有七個。其中習慣一、二、三可說是屬於原理、原則性的基礎習慣。就這一點而言，他的思考架構和 J. Clear 很相似。

柯維說爲什麼習慣一主動積極是人生旅途中最重要的習慣。他認爲每一個人不但要爲自己的生活負起責任，而且也要主動積極地找出自己能改變的事情。有了這樣主動積極的習慣，他就會注意他能影響的事，不然就會消極被動地陷入自憐自艾，無所作爲，一切生活狀況仍然不變。若能主動積極，一個人的生活才會開始往他所期待的方向去移動。就這一點而言，柯維所言和 J. Clear 所說的很相似；讀者們都還記得，J. Clear 在養病期間領悟到自己的性命要靠自己救的基本道理。

雖然柯維沒有像筆者那樣清楚又正式地提出習慣的定義，但讀者們可從他引用富蘭克林所說的三句話，可猜出他心中對習慣的定義有什麼看法；「第一句話是，刺激與回應之間，仍然存有一片空間存在」、「第二句話是，在這空間裡，我們有自由、有力量去選擇如何對刺激做反應」、「第三句話是，在我們的回應中，蘊藏著成長和自由」。由第一句話，讀者可看出，習慣是由筆者所說的習慣三元素，亦即刺激、反應和兩者間的穩定關係所構成。而在第二句話，讀者們就能看出，雖然刺激與回應之間成爲穩定關係，但這「穩定關係」並不是緊密到「天衣無縫」。就這一點，筆者的習慣定義把上述第二句話「一片空間」說得更清楚更廣，廣至 99% 到 67%，亦則有 32% 的自由空間。而在這 32% 的空間裡可以做自由度不同的選擇，但筆者並沒有把這可能的選擇，像柯維那樣說得詩情畫意而已。

既然習慣可以改變，那麼要把它改變成什麼樣的習慣，以及根據什麼原理去養成或改變它？這就是柯維在他的習慣二和習慣三所談的。

他把習慣二取名爲「以終爲始」，以表示要做一個行動時，先要有一個明確目的或願景：有了它，一個人、一個家庭或一個國家才能把分散在各方

的力量凝結在一起，讓個人、家庭或國家更有效地向願景邁進，才不會把力量消耗在無關緊要的事情上。柯維借用「沒有願景，民眾就會滅亡」與「成功的兒童就是因為有清楚的願景才有高昂的成就動機」的研究結果來支持他的看法。個人的生活目標，一個家庭或一個組織的願景在柯維的心中占有「非有不可」的重要性，所以柯維就花了不少時間告訴讀者們如何去尋找與建立這個願景。

就一個家庭層次的組織來說，願景是可經由全家人的多次討論後，寫成一篇「家庭使命宣言」來建立。雖然建立的過程相當複雜，花的心力也很艱辛，但所得的好處卻處處可見。好處之一是，它像一面鏡子或指南針，隨時都會反映出給你看，你目前的走向對不對，是否浪費時間走在與目標無關的小路上。就筆者目前撰文的情況來說，我目前正在寫的是否與此書的目的背道而馳。

每做一件事一定要優先建立工作目標或願景，然後依據願景排列出每一相關工作之重要順序。柯維以「要事第一」為題，談第三重要的「要事第一」的意義。從其用詞讀者們可清楚看出，做事情要有順序，不能亂來，不然就會發生種種惡果，包括行不通、從頭再來一次，或造成最深的遺憾或痛苦。關於「要事為先」或「做事要有順序」一事，筆者在本書第八講也談過，J. Clear 在本書第九講也談了。

在柯維的心目中，人生最重要的事就是與自己家庭有關的事。他也舉出不少具體案例，說明如果不以家庭的事當作最重要的事，而以工作忙碌，需要賺更多錢為藉口的人，最後會遇到什麼他們自己也極不願意看到的不好後果，以及不願意聽到的內心指責聲。

至於「要事第一」的重要性以及如何把它執行得更有效率，柯維和其他兩位同事在另一本專書談得更詳盡。讀者們由此可更清楚地見到柯維和 J. Clear，原子習慣的創立者，一樣很重視達標的途徑或方法。

既然身為人類，你就要知道你有潛能，選擇把自己這一生過得主動積極，也要知道，若做了這種選擇，你就會發現你的自由空間是廣闊的，而且在這自由空間裡，你會繼續成長。雖然你可以選擇要活得更自由、更成熟，但你的細胞基因卻會不斷地告訴你，你的自由、你的成熟還是有限度的，還是有一定的頂峰點。你不能像童話中的神仙那樣活到一千歲，也不能像想像

中的上帝一樣無所不能。你必須先建立自己的一個願景，然後始終不忘這個願景，把你所需要做的所有事情按照其重要性排成系列順位，要事為先一個又一個地做下去，絕不可顛倒順序隨便做，不然享受不完的惡果一定搶著和你握手。

　　每一個組織都由不同人際關係所構成，它們形成一張龐大的人際關係網，你要懂得它的結構，也要懂得網中的哪幾條是安全的，不會把你絆住，讓你掙扎痛苦在其中。柯維主張，遇到組織中的人際關係問題時，要以「雙贏的應對習慣」來處理，唯有如此，家中才常有快樂的氣氛，家人才會合作在一起；絕對不要有自私自利的「我贏你輸」，要壓倒對方的態度。

　　然而，如何培養「雙贏」的良好習慣？柯維認為該習慣是以「同理心」為基石，所以先要培養同理心習慣；有了同理心習慣，與人合作時才會有雙贏的習慣。同理心所指的是聽話者採用說話者的認知架構去聽、去看、去感受說話者所聽到、看到、感受到的，而後以聽者的認知架構去了解話者的感受。唯有如此，聽者才能完全了解話者真正所需所要的是什麼。為了培養同理心習慣，柯維認為一個人先要有聆聽的習慣，靜靜地一字不漏地聽完話者所說的，然後將話者所說的含義以聽者你認為最貼切的語句重述一次給話者聽，並問聽者自己所了解到的和話者自己所說的是否完全一致。若話者說完全一致，表示聽者的你具有能力與家人做同理心的溝通，也能做雙贏的溝通，使自己與家人都快樂合作無間，也能把家人間的溝通方式提升到更高的統合綜效層次。柯維認為同理心溝通是建立良好人際關係的萬靈丹。

　　統合綜效一詞好像是柯維所創用的專有名詞，它可用於形容萬物的突變、創新、新種之起源。柯維說明人際間統合綜效的過程，包含尊重每個參予者之特異點，而領導者有能力在這些特異中找出一些共同點，而後以這些共同點為大家想出一起努力以赴的願景。若以筆者撰寫《生活藝術心理學十三講》為例來講的話，則在幾位習慣論者的特異點中找出共同點，之後再根據這共同點創造另一套新的習慣理論。

　　柯維的第七個良好習慣是「不斷更新」，其意等同於一般用語的「常做複習」的習慣。讀者們大概還記得，J. Clear 在他的《原子習慣》的最後一部分使用「反省與複查系統」來指稱相似的意義。

　　臺灣書場上有一本以「要事為先」為書名的一本學術作品；此書出版於

1992 年，三位作者都是柯維領導中心的講師，柯維是其中第一位。此書出版後，也是好評不斷。該書的推薦序之一說，它以「全新時間管理觀念與方法」幫助讀者能找到自己身心所願的信念做自己時間的主人，並由內而外徹底改變人生態度，善用所有可用外在資源充分地增強自己的潛能，拓展自己的影響範圍，以實現多年所堅持的夢想，以創造圓滿人生；推薦序之二則說「要事爲先」這本書照亮了我們常有的時間管理技巧的灰色地帶，讓我們不再爲生活中許多雜事所困，並協助我們能以全面性眼光檢視自己的人生；推薦序之三則說，每個人都需要投入時間，才能與自己眞心關懷的人建立充滿愛和滿足的關係。本書的內容，若讀者們讀得仔細，則能夠讓讀者們停下來思考，如何善用有限時間，並將思考結果付諸行動。

　　看完了柯維和其他二人的《要事第一》這本書第一部分的三章，筆者感受最深的是作者們的下面一段話：「若讀者們能深深地投入本書的內容，並能檢視自己的生活與先天條件、動機，自己認爲最重要的事情，而且常常停下來傾聽自己內在聲音，沉澱在深刻的自覺，則會逐漸改變原有的世界觀、人際關、時間觀以及自我認同觀，也會開始把時間花在最重要的事情上。」

　　接著作者們就點出了人生的五項大問題，其中之一是，無時無刻都要面對如何運用時間的問題；其二是，每天面對生活瑣事而需要做選擇時，一定要先問什麼是自己認爲人生最重要的事，然後把它視爲當務之急；其三是，把時間善用於最好的選擇；其四是，對於最好的選擇所帶來的一切後果要負起責任；其五是，若選擇後果帶來的感受是負多於正，則要試用第四代時間管理方式。作者們相信，第四代時間管理方式一定能使一個人的生活正面感受多於負面的，也使一個人的生活有更高品質，使一個人對生活感到滿意，身心靈感到平和。

　　爲了能助一個人做好第四代時間管理，作者們想出一個叫做「時間管理矩陣」的辦法，這是筆者在該書中最欣賞的一部分。筆者雖然在本書中也把「事（情）」列爲重要刺激之一，但並沒有進一步把它像柯維他們那樣，以二向度式地做分類。因爲二向度式的分類顯然能把「重要但不急迫」的事情分成一個大類，讓我們經常把時間投注在它們，這樣我們才能覺得生活有意義，充實不空虛，也不會因有拖延的壞習慣，而讓本來重要但不急迫的事情演變爲急迫的事情，而爲它浪費精力感到焦慮。

　　時間管理矩陣確實是個好辦法，但我們根據什麼來判定某件事是重要的或不重要的呢？柯維等作者們認為人類的四大需求在這方面是最好的依據。根據長期觀察與發展心理學家的理論，他們認為人生有四大需求，包括食衣住行的「物質需求」；愛人與被愛、人際關係、歸屬感的「社會需求」；自我發展與自我成長的「心理需求」，以及能發揮影響力，感到人生有意義，有目的，自己對他人，對社會、國家、人類有貢獻的「心靈需求」。

　　不管柯維他們說的對不對，筆者認為理論上他們在這方面和筆者一樣說得頗徹底的人。

　　當他們談到這一點時，筆者就想起過去在編制一個習慣的好壞得分量表時，把得分分成四個層次來計分，包含生理、心理、社會、心靈等。那時學生們認為「靈性」指得太模糊，不知怎樣給分才好，所以批評這樣的習慣評分方法不客觀難於使用。現在想起來，或許正如柯維他們所說「心靈需求」層次是最高的，所以要一個人活到某個年齡時，或遇到某個特殊機緣時，才會感受到的需求。筆者當時正好在國立成功大學心理學研究所授課，而有位選修學生是較年長的神父說：「習慣計分最好再加一欄靈性層次的計分」，為了使該習慣計分方法成為更完整，所以筆者就把「靈性」一欄加進去。若讀者們有意知道自己目前的靈性需求有多強，可使用該分法試試看。

　　既然柯維他們清楚地指出，我們可根據自己的四大需求來判定自己所面對的事件放在時間管理矩陣的哪一個象限中。所以，若判斷得對，事件在矩陣中的象限歸類也就對。一個人就可把時間投注在第二象限與第一象限內的事件上，而根本可以不管第四象限的事件，至於第三象限的事件，則有多餘的時間時，才去管，或請別人代為處理。

　　第四代的時間管理方法，雖然告訴我們一個好方法，但如何分配時間去處理每天所遇的許多雜事，我們才不會忙得團團轉，也染上了「急迫性偏執症」，第二象限內的最重要的事又要靠什麼能力去處理呢？若那種能力自己沒有或不強，又該怎麼辦呢？

　　作者們認為人類有四大需求，也有四種天賦的能力，這些天賦能力可以分別地被使用於每一四大需求；若測驗結果顯示這些能力不夠強，例如得分低於七分或以下，則可使用不同管道來培養加強它們。

　　管道之一是，以特殊方式撰寫日記；例如在據實詳細寫下來的日記中，

你可仔細觀察今日之事與昨日所做之事有何關係。若你把日記寫得像柯維等人所說的那樣詳細，你就可培養出良知、意志力與創造力。

管道之二是，以傾聽與回應的方式，你可培養自己的良知，或以閱讀歷代傳下來的著名人生哲理書籍，或從自己的經驗抽離出來的新經驗，或仔細觀察與分析別人的經驗，或不但要傾聽，也要做回應的方式。

管道之三是，以設立「誠信戶頭」方式培養與強化獨立意志；這方式就是每成功地守一次明天早上我要在七點就起床的承諾，就在自己的「誠信戶頭」裡存下十塊錢，若能繼續這樣地做，看到戶頭裡存款越多時，一個人就知道自己的守信能力又強化一些了，同時也感到快樂。作者們為了表示「誠信戶頭」與「最好從一小步一小步做起」兩個方法，對於培養獨立意志力具有顯著性影響力，也舉了一位他們輔導成功的個案。

管道之四是，多做想像。例如想像自己是世界級的運動選手，或者根據音樂家常使用的一種心理活動，或者找個獨處安靜的時間與地方，閉上雙眼想像公司的老闆對你大吼大叫，或女兒抱怨你不買衣服給她……等。平常遇到這些痛苦情況時，你可能會做出習慣性反應，但現在刻意地運用自覺，把自己從這些反應抽離出來，想想在這些情況時，什麼樣的原則最有利於創造圓滿的人生，之後，根據這樣的原則去做反應，或想像你將以勇敢與體貼的心態與這些人相處。在創造力的培養，作者們特別推薦運用「馬蓋先精神」。

將四大需求的均衡滿足之重要性，與滿足需求之四大能力如何培養加強的方法講完後，作者們就做了如下結論：四大需要之均衡滿足比做了多少事情更重要，而第四代時間管理方法，或「第二象限時間管理方法」比前三代時間管理方法，更合乎達到這目的，因為這方法將圓滿人生之基石建立在「重要性」的架構上。此外，第四代時間管理法是以「週」為單位的生活計畫；這種生活計畫可培養整體感，具有更寬廣視野的態度，更能從重要性觀點來評量每日生活方式。

既然以週為單位的生活計畫具有那麼多優點，如何把它寫出來？柯維他們說要經過如下六個步驟：

步驟一：探討什麼是自己整個生命中最重要、最有意義的事？之後，把探討的結果寫下來，做為自己生命中的使命。

步驟二：探討自己在家裡、在工作場所、在社會裡、在你參與的社團

裡，同時在扮演哪些角色？因為每個人的生活就是由他所扮演的各種角色所串連起來的，每個角色都代表一種責任、人際關係以及要付出的時間與心力。若個人對自己所扮演的每個角色與各角色間的關係有清楚的了解，他的生活則自然地會維持良好的秩序與均衡，不同的角色就會一起去達成個人所界定來的使命角色；使命角色會把「重要而不急迫的事情」突顯出來。

　　步驟三：若在步驟二已經決定好在某一週內要扮演的主要角色，則先做好該週要做的所有事情；若該週你要扮演良好父母親的角色，就要安排時間與孩子單獨相處做談心式溝通。

　　步驟四：是建立一套有效的策略，可把已經決定的目標或角色圓滿徹底地實現出來。

　　步驟五：是實踐誠心原則，其意是每天早上你都要依序做三件事，一是省思一日的生活，二是安排事情的前後順序，三是利用 T 形一日計畫表。

　　第一件的「省思一日的生活」指的是每天早上要先用一點時間檢討當天的行程，看清楚行程的方向，然後調整心態，準備因應未可知的新挑戰。

　　第二件的「安排事情先後順序」指的是先認清楚要做的事情是屬於第一或第二象限；若能這樣做，第三象限事情就不會混進當天的時間表裡。如果一天中安排了兩件第二象限的事件，你就必須在這兩件事中選出一件更重要的；如此，既使你當天沒做成那一件較不重要的事，你心也就可以安了。

　　第三件的「要利用 T 型一日計畫表」指的是在表的左邊列出具有時間性的活動，例如「要上班」（一般的公司都規定在星期一到星期五，在上午八點三十分以前），而在表的右邊則列出一日中隨時可做的事。一天中，一定會發生很多沒有預期到的事情，所以遇到時，你就要依據重要性原則，重新做時間安排，而不要又繞著急迫性的原則，忙得團團轉。

　　步驟六：是評估。它所指的是一週結束時，能先檢討三個問題：①這一週我完成了哪些目標？②我遭遇到哪些挑戰？③我根據要事列為優先做的原則，做了哪一些決定？做完最後一個評估的步驟之後，第二象限時間管理法就會變成你的生活與學習的習慣，也會使你個人有成長與生活品質更往上提升。

　　在該書最後，柯維等人說出他們寫該書的願望是希望能幫助現代人懂得應用第四代時間管理方法，由此能重拾平和均衡的人生。他們認為，心中的

平和所依據的因素有三：其一是人們要知道要事優先的行動原則與實踐四大需求的方法，也要夢想與願景之外，要有重視角色平衡感，並加以完成他們的勇氣；其二是人們要知道自己的生活和他人的息息相關，也要知道生活的意義是對別人，對社會有所貢獻的謙虛心態。兼有了上述勇氣與謙虛心態之後，心中的平和就會自然地湧出；相反地，若有沮喪和驕傲的心態，心中的平和就很難向你靠過來。

　　重視習慣概念的人不只是心理學者，很知名的正派政治人物也重視它，甚至特意地努力把它們培養在身，以助其政治生涯發展順利。

　　富蘭克林（1706-1790）就是這樣的一位人物。他生於美國波士頓，天賦優越，父親以鐵匠為業，祖父是一位詩人，因此他不但有鋼鐵般的體格，也有敏銳豐富的情感，他是十七個兄弟姊妹中最年幼的一位，可能因此從小就懂得與人相處的藝術，也特別獲得父親的歡心。

　　童年時，他受了清教主義的道德薰陶，所以後來就把與其相關的十三種德行拿來自省之用。清教主義的道德律是「一方面要做好事，一方面要勤儉致富」。他畢生追求這兩種目標，亦則道德的純潔和金錢的收穫，他的格言是：「追求一個充滿善行與善財的人生。」

　　大約在1728年，只有二十二歲的他就想出了一個大膽艱鉅的自我期許，以求道德完美無缺，做個完人。但不久後，他就發現這項計畫很困難，常常會大出意料之外，冷不防地就又做了一件錯事；不好的習慣往往趁他不注意時又溜回來。所以，他對自己說，我們必須先把和原來惡習相反的好習慣養成到相當堅固後，才真正能靠得住。最後，他一共列出十三種德行，這些都是當時他認為必須而且應該有的德行；每個德行，他都給了一段清楚的定義。

　　十三個德行的第一個是節制，其定義是食不過飽，飲不過量。它是一種飲食習慣。第二個是靜默，其定義是不說於人於己無益的話，不和人談無聊的廢話，它是人際關係中的語言溝通習慣與時間的應用習慣。第三個德行是條理，其定義是東西要放在一定的地方，做事要有一定的時候，不可亂來，這是工作與時空應用的習慣。第四個德行是決斷，其定義是決定你應該要做的事情，而決定了就一定要做。這是每天的工作習慣，其順序是先要規劃與決定，而後一定要執行。第五個德行是簡樸，其定義是，不是於人或於己有

益的事，就不要花錢，不要浪費，這是金錢的使用習慣。第六個德行是勤勞，其定義是愛惜光陰，要時時刻刻做有益的事，不做不必要的事，這又是時間管理習慣。第七個德行是誠摯，其定義是不做對人有害的欺騙行為；思想要純潔公正，說話要出於誠意，這是人際習慣和思考與語言習慣。第八個德行是正直，其定義是不做於人有害的事或不規避自己責任內應做的好事，免得別人蒙受不利，這是人際關係與角色習慣。第九個德行是中庸，其定義是凡事不走極端，對人少有怨恨之心，這是工作、人際關係與情緒習慣。第十個德行是整潔，其定義是起居生活，身體服飾，務求整齊清潔，這是健康習慣和穿衣習慣。第十一個德行是寧靜，其定義是不為瑣碎小事，普通不可避免的意外或不幸事件，擾亂到心緒不寧，這是處事習慣，或事件分類習慣。第十二個德行是貞潔，其定義是除非為保健康，延子嗣，應該節慾，切勿因縱慾，而弄得精神委靡，虛弱無力，或損及自己或他人的寧靜或名譽，這是健康與人際關係。第十三個德行是謙遜，其定義是學耶穌與蘇格拉底，這是人際與語言習慣。

　　以上是富蘭克林所重視的十三個德行，若把它們按照其定義寫成習慣的用詞，然後給予歸類，就可看出共有十三個習慣，包括飲食、人際、語言溝通、時間與空間管理、工作、金錢管理、角色、健康、穿衣與處事等習慣。若再把它們試以層次更高的人際習慣、工作習慣、健康習慣、慾望節制等四大類區分，則可發現他談得較多的依序為人際習慣，其次是工作習慣，再來是健康習慣，而慾望的節制則談得最少。可見，富蘭克林很重視良好人際關係，尤其其中的良好語言溝通習慣的建立。雖然慾望節制的議題，他談得不多，但卻發現他認為驕傲的慾望是最難改善的；為了該慾望的改善與抑制，他很努力，但所得效果並不大，使他不得不認為該慾望是天生所致。的確驕傲的慾望，在建立良好人際關係中扮演著說話者不容易察覺到的負向影響力，尤其當一個人把龐大權力握在手中時更是如此。他的一言會毀去一個人的自信心，甚至於生命；如果是世界上影響力最大的政治領袖，例如當今的美國、蘇聯、中國領導者，他們認為正確的一道命令或一言就足以惹來滅國，甚至消滅人類的可怕後果。

　　若依照柯維等人的觀點來說，富蘭克林的時間管理習慣是屬於第四代之前的方法，其用處仍不是那麼好，但至少給那時候的人知道，時間的有效利

用與一個人一生中在哪一方面會有較佳的成就，是息息相關的。

在本書第十一講所介紹的習慣論是由一位日本醫師所提倡的。此人不像富蘭克林那樣年輕時候就想到習慣是重要議題，而是在看診的工作中，從病患的生活方式與所罹患的症狀種類的關係，慢慢領悟出習慣現象存在的道理。

不過習慣現象存在的道理就等到他有機會閱讀歐士勒醫師的書籍以後，才更爲清晰起來，也才了解它的重要性，也看到生活習慣不但與某些疾病有關，甚至可以說，會造就一個人。

日野原醫師是二十到二十一世紀年代的人，和富蘭克林相比，時間上更是接近我們這時代的人，而且是一位醫生兼學者又有宗教信仰背景的人士，所以他對人生有他特殊的看法與解讀。很有趣的一件事是他從其所照顧的病人身上看到習慣的重要性，卻沒有想過習慣對他自己的健康與長壽也有關係；所以當被問到健康又長壽的祕訣時，一瞬間說不出答案。這大概是「旁觀者清」或「燈台底下最黑暗」的現象。不過想了再想之後，他還能想到自己擁有的良好習慣就是大家想知道的祕訣；他想出的習慣共有十五個，比富蘭克林還多出兩個。然而，可能因爲宗教背景關係，他的第一個祕訣是「心中永保愛」的習慣，聽了這個答案，也許有人就會馬上問，難道有愛就會健康，會長壽？沒有愛就沒有它們？不過想久了就會覺得好像他說得不錯，不然爲什麼有些大文豪家會說有愛的地方就有生命，沒有愛的地方一切就死沉沉？不管如何，日野原教授的習慣論可說是以「愛」爲基礎，而富蘭克林的習慣論是以「節制」爲基礎，雖然兩者皆有相似的宗教背景。

因爲他的習慣是以「愛」爲基礎，所以討論十五個習慣時，日野原教授都從正面觀點去論述。例如，第二個習慣是「抱持一切都會變得更好」的正面思考。看到他這樣寫，一定又有人馬上想說：「日野原教授你想得未免太天眞了吧！天下哪裡只有好的，沒有壞的？只有亮的白天，沒有暗的晚上？只有安詳的和平，沒有可怕的戰爭？只有生，沒有死？」但就事實而論，我們也可以反過來說：「日野原教授，你想得很正確，天下哪裡只有壞的，沒有好的？只有黑暗的夜晚，沒有光亮的白天？只有可怕的戰爭，沒有安詳的和平？只有死亡，沒有生命？」既然一切都在變，好壞明暗，生與死都在輪替是事實，我們也不必死心塌地，只抱持「一切都會變得更壞」的負面思

考，讓自己每天帶著千斤重的憂慮過日子？

以「愛」為基礎，把一切從正面去看去解讀，並去接觸與接受挑戰以鍛鍊自己，以及學習成功偶像所想、所做的事與走過的路，以免浪費人生有限的時間往不好的方面去想，是日野原教授所養成的學習習慣。他也認為，每個人都有學習能力，除非其腦細胞因病變或外傷而受損的人；每個人的學習能力，當他進入老境時，還有將近一半尚未被開發的。所以，不要以為學習是年輕人的事，不管活到幾歲，每個人都還有學習能力，你可以向孩子學、年輕人學、成人學、偶像學、任何人學。進入老境時，也許每個人學得比較慢，但還是可以一點一滴地學；只要你肯一點一滴地學，學久了你就會比以前懂得更多，也更有能力去學習新事物。

除了重視學習習慣的養成以外，日野原教授因為有宗教背景的關係，也很重視良好人際關係的培養，和柯維等人一樣，他認為同理心的培養，只要他是人，是非做不可的重要事；他也將其另稱為「感受他人心情」的習慣，它的意義與同理心很相似，使用範圍更廣，他用該詞也談到「珍惜有緣相逢的人、事、物」的習慣。他似乎是習慣論者中第二位談到如何面對死亡議題的人，也許因為他是從事臨床工作的醫者，必然會遇到這項議題之故。

身為醫者，日野原醫師很自然地花了不少時間談到身體健康與相關的心理與心靈健康的議題。為了身體健康，他首先談及要有怎樣的飲食習慣才算是良好的，也特別地推薦他的「不超過八分飽」，以及「對於飲食不要過分神經質」的三餐習慣。每天要有適量的運動是保持身體健康的三大要素之一是大家所知道的事，對這一點，日野原教授所提出的建議是養成「能走路就走路」的習慣，這一句話所隱涵的反面意思是「不要動不動就以交通工具代步，而不走路」。因為從事不同職務，很多人在每天八個小時或更長的上班時間，但他們需要走動的空間都很有限，像日野原教授的醫者與教書者，每天的活動空間都被侷限於門診診療室、病房、會議室與討論室，而在這些場所時大部分時間都坐著或站著，而且都必須集中注意力，不能放鬆地打一個盹，或就地靜坐。換句話說，身體很難獲得運動可給予的健康效果，包含新鮮空氣的大量吸入，體內廢氣的儘量排出，全身血液的旺盛對流，以及肌肉的鍛鍊……等等。所以，日野原教授的建議「能走路就走路」聽來很簡單，做起來卻不容易，可是有實效的。

　　為了身體健康，除了飲食與運動兩個習慣之外，還有「良好充足的睡眠習慣」。但對於這方面，日野原教授一個字都沒有提，不知是為什麼。因為發現日野原教授都不提良好睡眠習慣之重要性，所以筆者就把他的十五個習慣重看一次，但仍然找不到他對睡眠議題的著墨，他好像是從未經驗過失眠的幸運人。

　　看完日野原教授的整本書以後，筆者心中產生最強烈的感受是作者認為每個人生來就是不完美，有所缺；所以要不斷地學習，不斷地挑戰新事物，更改自己的生活方式，把好的方式，以日復一日、重複千百回的方式形成良好習慣，並改變那些不適當的習慣，重新去營造出另一些更適合於新願景的習慣，透過具有這樣柔軟性思考去形塑出更接近完美的自己。就這一點來說，他是相似於有相同宗教背景的富蘭克林，要求自己能更接近一個完人。如果不斷努力使自己各方面更完美是基督教信徒的共同人生願景，他們的最後目的是什麼？日野原教授首先說，唯有這樣才能繼續享受幸福人生，後來就進一步說，如此就能豐富上天賜予我們的生命，過著快樂幸福的生活，也能回報大自然與上天的恩賜。

　　所以，日野原教授的人生觀是，身為人，有愛就要回報；在人與人之間要如此，人與大自然、上天之間更要如此，有了恩賜就要回報，神給了我們不完美的生命，我們就要努力使它更完美，以做為回報。

　　本書第十二講介紹宮島醫師對於習慣與人生的看法。宮島先生與日野原教授都是醫界的人，所不同的是前者是在精神科醫學界工作，而後者是在內科醫學界服務。此外，兩者所不相同的還有在宗教背景、家庭背景以及婚姻背景，尤其在罹病歷程方面。不過值得注意的是兩者後來從事的工作都與他們工作前所罹患的病情有關。

　　宮島先生在從事精神科工作之前，罹患了憂鬱症七年，雖然用藥物治療卻不見效，後來讀到了史金納的書，才發現憂鬱症狀之所以繼續存在是和他一直擁有的做事一定要做得很完美的自我要求和態度有關。這一點，和富蘭克林與日野原教授是相同的，但為什麼前兩人並沒有罹患上憂鬱症？是因為前者只要求繼續努力使自己更接近完美，但不一定要很完美不可，然而宮島先生則認為非完美不可，不然自己是沒有用、沒有價值，甚至不應該的人？可能原因在此，宮島醫師就認為做任何事情適可而止，不要非完美不可。在

人際關係方面也不要因看不慣別人的做法不符合自己的意思，所以一定要改變別人，這是更不可能的事。若能做到不要求自己一定要完美無缺陷，也不要求別人有所改變，一個人就不會遭到憂鬱症的騷擾，也能活得快樂；能活得快樂對於宮島醫師來說是人生追求的終極目標。就這一點來說，宮島醫師和日野原教授是相似的，所以他們的書名都有「快樂」兩個字，至於對別人，宮島醫師認為不要想干涉別人，也不要想改變別人。別人不會因為你而改變的，我們只能接納他、尊重他，以同理心給予他所需要，所能接受的建議就好。

以改變自己思考習慣為主，就會有快樂人生的看法而寫了二十個良好思考習慣的宮島醫師，究竟發現了什麼是別的學者沒有想到的習慣呢？

他首先提到的是「養成對方是不會改變」的思考習慣，說得詳細一點就是「養成對方是不會因為你要他改變成什麼樣子就會改變成那樣子」的思考習慣，這是宮島醫生經過一段時間從憂鬱症患者的人際關係觀察得來的結論。第二點是不要以「好或壞」的觀點評價人際關係中的另一方，而接受對方一切的思考習慣。第三個習慣是別太期待對方。這三個思考習慣的共同點是對親朋關係而言的，而在這些關係中不要為了讓自己好受，就要求對方改變，或批評對方的不是，或暗地裡期待對方有所改變；這些都是無效的方法，只會使你希望落空難受，甚至破壞雙方關係。不如尊重與接受對方的一切，而改變你自己，改變你以前對他的期待與想法，尤其改變你對自己的尊重與認同。

習慣五談到要把改變的重點放在使自己快樂，而不要再以「責任」與「義務」要求自己為親朋做什麼。聽起來這是很自私自利的想法，但宮島醫生認為這種想法雖然是自私自利，但不害人，而且利己也利人，何樂而不為？

由前面所談的，我們知道宮島醫生認為人生以自己快樂為主要目的，而為了自己快樂，在人際關係中我們要以改變自己的軌道來獲得，絕不要像以前那樣要從改變別人的想法去取得。為了改變自己的思考，我們不但要改變意識到的思考習慣，也要改變不容易意識到的潛意識思考習慣。在習慣六宮島醫師就談到這方面，宮島醫生說，潛意識思考習慣平常以「口頭禪」的方式告訴我們它的存在，這是精神分析學理論，開創人佛洛伊德留給後人的

珍貴知識。身為精神科醫師的宮島醫師一定知道這一點，所以就想到利用改變口頭禪的方式來改變相關的潛意識習慣。他所提的負面口頭禪有如：「我做不到」、「我是個沒有用的人」、「忙死了」、「這一下子完蛋了」、「完全行不通」、「不可能辦得到」、「怎麼可能曉得」、「我這個人真該死」等八種。針對這八種的每一種負面口頭禪，宮島醫生則分別提出正面口頭禪給讀者們參考當為練習之用；例如以「讓我先試試看」的一句話來代替「我做不到」、「這一下子完蛋了」、「完全行不通」、「不可能辦得到」……等負面口頭禪。

　　在宮島醫生的思考體系裡，潛意識影響力量之改變，除了以正面口頭禪來取代負面口頭禪以外，還有在該書第四章習慣十六、十七以及十八所談到的三種方法，包括半意識中的自我暗示、想像與創造自己新人生劇本，以及修・藍博士改創的「荷歐波諾波諾」（SITH）的治療方法。

　　「在半意識中自我暗示」所指的是，在早上剛起床或晚間上床睡前，亦即人在昏昏欲睡較不受顯意識控制時，來自錄音機自己所說的一些肯定與認同自己的句子，譬如「我相信自己」、「我最喜歡自己」、「我這個人太棒了」等。宮島醫生也舉了一位患者所創用的三個方法為例，當為參考之用，包括：①對著鏡子裡面自己的眼睛說上述三句肯定的話；②每天把相同的幾個肯定句子寫在紙上；③把寫在紙上的自我肯定句子貼在家裡隨時看得到的地方（最好貼在廁所）。

　　至於使用想像方式創造一段新的自己的人生劇本，宮島醫生的意思是說「在每個人的潛意識裡都有一本自己的人生劇本」，而根據它從小到大，每天都在想像的舞台上扮演著給自己設計的人生角色。宮島醫師也說過，一個人養成了習慣十六的認同自己之後，就開始會冒出「要到哪裡走走看看」的心情與念頭。就在這時候，寫一段很具體化的劇本式故事，例如，在下午或晚上，在屋內或屋外，跟哪一位同性或異性朋友互動；若能再加上看到、聽到、聞到或其他五官的感覺，包含觸覺、溫熱、涼、冷、冰等的感覺，那就更好。因為具體的想像需要知覺和判斷力的參與時，大腦各部分的神經迴路會受到刺激而活躍起來，潛意識中的舊人生劇本就慢慢地被新的人生劇本取代過來。

　　至於修・藍博士的 SITH 治療法的理論歷程尚未被整理清楚，但其實際

療效已被證明，所以若自己有修‧藍博士所說的問題時，也可試用看看。從格式塔他心理學（Gestalt psychology）觀點來看時，潛意識的改變也會導致顯意識的改變是可理解的事。

　　宮島醫師很重視思考習慣對於生活各方面的影響，但也不忽視具體現實的飲食習慣和運動習慣，對於身心健康造成的雙重影響力。所以在習慣十四，他就詳談這兩個議題。

　　以提升免疫力的飲食習慣為標題，他首先提到治療憂鬱症狀的基本原則之一是「要吃得對，也要喝得對」。他說他的正確飲食療法是從史金納的《成功的 9 個步驟》學到而且也實踐過的。該書的「自然養生法」指出，為了健康，每個人一方面必須給自己身體所需的基本營養，另一方面「不要攝取到不好的東西，以能保持體內、體外的環境清潔」。根據這兩個原則，他就徹底實行飲食計畫，亦即每天以糙米飯為主食，一定要吃四種水果，和小黃瓜、青椒、綠花菜、高麗菜、香菇、紅蘿蔔等可以生吃的六種蔬菜。至於罐裝的含糖咖啡和其他飲料則一概不去碰。

　　雖然他把自己如上的飲食清單列出來給讀者們做參考，他也建議每個人可按照自己的身體狀況使用別的飲食療法，但原則上好的要攝取夠多，不好的則絕不要去碰就是。

　　至於飲食習慣中的飲用白開水的議題，宮島醫師的討論有理論根據，所以筆者認為很值得採用實施。他說，我們身體的 70% 都是水分，水分與身體各種代謝都有密切關係，細胞的代謝絕不能缺水；水和血液一起循環全身，能促進全身細胞的代謝，所以每天都要喝體重 30% 的白開水，以便透過汗、尿、糞等，順暢地把老舊廢棄物和有害物質排出體外，減少身體疼痛，腳步不穩，過敏等症狀；不明原因的肩頸酸痛和頭痛，有時也和水分不足有關。

　　筆者過去，受到便秘、排尿問題的困擾一段很長時間，甚至因而住過醫院，所以很注意喝水的問題。最近女兒替我買了一個 1,000ml 的大飲水瓶，早上八點鐘把它裝滿，晚上就寢之前要把它全部喝完；整瓶分成六格，每格都有一句鼓勵用者喝水的話，例如第一格的話是提醒你開始喝水，第二格就有你要把水喝夠，第三格的話是你要記得你的目標在哪裡，第四格的話是請繼續喝，第五格的話是你不要放棄喝水，第六格的話是你達標了。筆者使用

這個飲水瓶將近一年了，夏天秋天時，喝水量都能達標，但進入冬天口腔乾渴感不容易產生時，就常常只喝到第四格，所以白天的排尿量都不多，排尿的速度就像水壓極低時打開的水龍頭一樣，只能一滴一滴地滴出來。

適度的運動量有益身體健康是現代人皆知的事。目前每天的藥物廣告、飲料廣告，以及健康講座等電視節目裡也常看到相關畫面。在日野原教授的著作裡，也以「能走路就走路」的標題做詳盡理論與具體方法的討論。宮島醫師則以「要讓心情變好的運動習慣」為題，對運動的種類與其好處比日野原教授做更詳細的討論。他說運動有健步走以外，還有慢跑、游泳、α型音樂鬆緊帶健康操以及腹部呼吸運動。他指出，這些方法雖然簡單，效果卻非常好。有些人對這些運動項目的前後做抽血檢查比較，發現它們對交感與副交感之間保持平衡有相當良好的影響，而且也有助於提升免疫力，對於憂鬱症之改善也很有用，宮島醫生特別重視腹式呼吸，他認為這種呼吸法會讓身心靈三方面快速地平靜下來。

關於睡眠習慣與身心健康的關係，宮島醫生也和日野原教授一樣並沒有做任何討論，這是筆者一直很質疑納悶的一點。

在習慣二十，也是宮島醫師要討論的最後一個習慣，他說需要時能接受一切，把舊的不適於人際、工作，以及對事物的解讀習慣全部放開。看了這標題，不知道讀者們有何感受或聯想，但就筆者而言，這段話引發「一切空」的佛教式感受，身體所有的緊張感也頓時歸零。是否這就是宮島醫師所要尋找的心境？在快談完第二十個思考習慣時，宮島醫師寫了一段很類似日野原教授所寫的話；他寫道：「身為自己人生舞台上的主角，每遇到情況需要時，我們最好一次又一次地修正自己的軌道。我們每天都會經驗到痛苦、憤怒、悲傷、快樂、喜悅、幸福等感情，這些不管是負面或正向的，都是你經驗到的，屬於你的。所以，先試以接收它們，然後把緊握在手中但不利於你的習慣都一個又一個地放開！」

以上，本書第十三講的第一個工作目標已經建成，剩下還待完成的就是先把前已有的資料做一番統整性整理，然後，找出哪些需要補上，使以習慣為基礎的生活藝術心理學早日誕生，使後人能創造一個新的自己與新的生活環境，讓自己與眾生和萬物和樂共生在一起。也許，這永遠是個美麗的夢想而已。筆者之所以有這夢想，一部分乃因 2020 年開始迄今 2023 年仍有的全

球性疫情、水災、旱災、火災以及戰情所致。

發洩怨氣、悶氣，依照宮島醫師所說，是需要的，但是把自己拉回到寫這本書的軌道也不可忘記。我們先來做前面的資料統整於如下：

1. 關於習慣概念的定義已有不少人投下功夫，而目前都同意「刺激與反應之間的穩定關係」的說法。

2. 因為既有習慣的學術性定義，習慣的種類總數就可根據刺激、反應，以及兩者的穩定程度三者間的交叉關係算出來。

3. 柯氏的習慣新定義已把習慣概念的使用範圍，從個人學習歷程拓寬到與生俱有「反射性反應與本能性反應」，甚至到動植物、無生命物質之間的慣性反應；換句話說，習慣的現象可見於宇宙間任何存在體的運動，只要該存在體的運動含有刺激、反應，以及兩者間的穩定關係三因素則可。

4. 每種習慣論的創始人，因其理論之創始目標不同，其認為重要的習慣種類與總數就隨之不同；有人認為其總數有七個，有人認為十三個，有人認為十五個，有人認為二十個，而有人則認為比二十個更多。

5. 筆者認為節省時間與力氣，較好的統整方法是先找出某一較完整的習慣理論，而後根據該理論架構審視哪一些習慣已被討論過，哪些則尚未被提過。

6. 若以第 5 點觀點來看，柯維和其他二人所撰寫的第四代時間管理法是最符合此要求。因為該理論包含每個人一生下來到死為止，依序先有生活或物資需求，再來就有愛或社會需求，接著有學習或自我成長需求，而最後就有發揮影響力或尋求生活意義的需求。若每位成人的這四大需求都獲得滿足時，一個人就會覺得快樂，內心平和、和諧圓滿之外，也有幸福感、貢獻感與意義感。而這四種內心感受是已經長大的成人都會夢寐以求的。此外，第四代時間管理法也假設每個人都具有滿足四大需求的稟賦，而這稟賦的強弱也可藉由後天養成的習慣去增強。四大稟賦是自覺的能力、良知的能力、獨立的能力以及創造的能力，而這些能力的增強方法也分別可藉由寫日記，靜靜地傾聽內在聲音與給它做回應，閱讀現代人生哲理書籍，在誠心戶頭存小額錢幣，一小步一小步地做起，與學習馬蓋先精神的想像等方法增強。第四代時間管理方法的重點有三，包括①從事情的重要性觀點以周為單位，安排每天某一時間要做的事；②安排的時間一到就一定去做的勇氣；③以願景、

角色平衡感安排做事的順序。

7. 若再以第四代時間管理的觀點來看，要滿足物質需求的事已被許多人談過，例如以良好飲食習慣爲議題，日野原教授和宮島醫師都把它談得很具體又詳盡，屬於政治家的富蘭克林也原則性地提到食不過飽，飲不過量。而後來的日野原醫師，則更科學又具體地提出吃飯不超過八分飽的建議，宮島醫師也爲此議題先提出排除體內毒素的建議後，又從具體與科學立場，建議每天要喝完體重 30% 的白開水，以促進體內新陳代謝過程的順暢。滿足物質需求的另一大議題是每天要有足夠的運動量；關於這一點，兩位醫師也都從他們的忙碌職務觀點提出一些建議，例如日野原醫師因爲身兼很多職務，天天從早忙到晚，所以提出可行的建議是能走路就走路，少乘車，少坐電梯或手扶電動梯，或與更多同好一起享受運動的好時光，要多做運動這一點，宮島醫師則建議做 α 鬆緊帶配合音樂的體操，以及腹式深呼吸。睡眠習慣應該是另一項重要的滿足生活需求的議題，但不知爲何都沒有人把它當作重要議題進行討論。要滿足愛或社會（人生第二大）需求的討論則爲數相當多；這議題常常以人際關係、同理心習慣、語言溝通習慣等不同名稱加以討論，而且幾乎每一個習慣理論的提倡人對這一點都提出他們特殊建議。可見，對於物質需求上沒有任何問題的人而言，這是非常重要的議題。尤其，以病人爲對象的兩位醫師而言，這幾乎是要使用全部時間去討論的專題。從正向觀點言，則有愛人的習慣，永保愛的習慣，愛惜有緣相逢的人，雙贏的人際關係，知彼解己的習慣，以同理心對談的習慣；而從負向的觀點，則有不欺騙人的習慣，不害人的習慣，不走極端的習慣，謙遜不驕傲的習慣。除了人際關係以外，一般的成人也透過工作習慣獲得社會需求的滿足。

所以被提出來的相關習慣也頗多，包括爲了滿足活的需求，金錢是非有不可的基本東西，所以富蘭克林就提到不亂花錢的習慣。當然要用錢之前，先要有良好的工作習慣才有穩定的賺錢的機會；良好的工作習慣，有願景的工作習慣，經過使命宣言的工作習慣，要事第一的工作習慣，能延後則延後處理的工作習慣，以終爲始的工作習慣，有條理地使用時間與空間的工作習慣，統合綜效的工作習慣，不斷更新的工作習慣，運用新科技工具的工作習慣，調節壓力的工作習慣，不走極端的工作時間使用習慣等。

關於滿足自我成長或學習需求，亦即第三大需求的討論也不少，包括有

日野原教授提到的，向心中偶像學習的習慣，挑戰新事物的習慣，宮島醫生建議的改變口頭禪的習慣，寫盡自己會做的習慣，創造自己新人生劇本的習慣，自我暗示的習慣，和自己身體對話的習慣，發現更多的樂趣的習慣。

　　滿足第四個人生需求，亦即生活要有意義，對他人、社會、人類有貢獻，影響力需求的習慣之培養方法就有人提議，以特殊方式寫日記，傾聽內在聲音與試做回應，經常以想像方式撰寫富於創造性的新作品，學習馬蓋先如何解決難題等。

　　由以上的綜合性討論結果看來，目前的習慣理論架構以及內容，除了一些小瑕疵還要補充之外，顯示已經相當完備。剩下的工作就是如何才能把這個習慣理論的心理學變為生活藝術心理學？因為習慣心理學的研究重點是個別習慣的定義，培養、增強以及減除，但生活藝術心理學研究的重點是哪些習慣的組合最能滿足哪一種生活需求，而這種組合又會因人而異，所以應該使用生活藝術心理學的名稱來稱呼才較合適，雖然它是以習慣心理學概念為基礎，但其架構與內容比習慣概念更複雜，而迄今尚無人在這領域付出全部心力去做開拓性工作。

　　雖然迄今尚無人把全部心力付諸於生活藝術心理學之開拓與研究，但在諸多習慣論說中，我們至少在本書第十四講看到日野原教授已經暗示將來必須建立生活藝術心理學的事。

　　日野原教授說，為了擁有幸福人生，每個人要養成許多習慣，其中的四個是：①建立明朗、樂觀的生活習慣；②創造出真正自己的習慣；③設立人生的願景的習慣；④接納自己，也愛自己的習慣。

　　至於如何進行就可以做到第②點的創造真正的自己，日野原教授以日本人特有的雕塑盆栽藝術為例，說明如何雕塑出一盆完全屬於自己品味的栽樹。雕塑盆栽的工作一方面分為切除多餘部分來改變樹枝的形狀；另一方面利用接枝來改變樹的枝幹長向來完成。這些修修剪剪的工作就叫做雕塑與修剪。從雕塑盆栽藝術的觀點來思考時，本來就不完美的人類，尤其是個人，也有修剪與雕塑的必要。若你不滿意目前自己又肥又胖的身材，而想把它改變為好身材，你就得先想好你的目標是要把體重減到幾公斤，然後以運動方式去除多餘的脂肪，並設法增強改變的動機，再來不厭其煩地計算卡洛里量與選擇菜單，最後配合以合適的運動。大概要有如此五方面的努力就可以找

到一個自我風格的健康幸福的生活了。

　　生於比日野原教授更早的美國政治家，班傑明‧富蘭克林在本書第十講也提出他的習慣論；這是讀過本書的讀者們都知道的事。在那麼早期的時候，他就想把已經寫完的「要有哪些習慣，就能成為一位更接近完美的人？」全部內容以「德行的藝術」為書名出版。他說他之所以有如此構想，是因為這樣可以告訴人類，用什麼具體的習慣或美德，就可以成為更完美的一個人，而這樣地做，總比一般僅勸人為善，而不把方法說出來的書，更有用。

　　由富蘭克林與日野原醫師在職業上、時代上、國籍背景上很不相同的兩位習慣論者的說明，我們就不難知道「生活藝術心理學」的開拓與發展是很重要的，而且必須要一些有心人去進行的事。筆者雖然年齡已九十三歲，但很希望在這一方面能繼續付出心力。

致　謝

　　為了能寫完這本書，我要感謝的人有很多位，因為有了他們的幫助，這本書才能好不容易地完成，以現有的內容與形式與大家見面。

　　首先我要感謝的是樓天祥先生。因為有了他熟練的文書整理能力的幫助，這本書才能從有思無字變成有字有文的初稿，一直到最後的完稿。在這過程中，筆者對此書最後應有的形式與內容愈來愈清楚，對於要早日寫完此書的希望與動機也愈來愈強烈起來。

　　再來要感謝的是那些送我借我，告訴我相關書籍的人。有了她們的好意與實際行動，此書才具現有的充實程度。

國家圖書館出版品預行編目資料

生活藝術心理學十三講：從習慣觀點談起／柯
永河著. －－初版.－－臺北市：五南圖書
出版股份有限公司, 2023.11
面；　公分
ISBN 978-626-366-721-1（平裝）

1.CST: 習慣心理學　2.CST: 行為科學

176.74　　　　　　　　　112017424

1B3M

生活藝術心理學十三講：
從習慣觀點談起

作　　者 — 柯永河（486.5）

發 行 人 — 楊榮川

總 經 理 — 楊士清

總 編 輯 — 楊秀麗

副總編輯 — 王俐文

責任編輯 — 金明芬

封面設計 — 徐碧霞

出 版 者 — 五南圖書出版股份有限公司

地　　址：106臺北市大安區和平東路二段339號4樓

電　　話：(02)2705-5066　　傳　　真：(02)2706-6100

網　　址：https://www.wunan.com.tw

電子郵件：wunan@wunan.com.tw

劃撥帳號：01068953

戶　　名：五南圖書出版股份有限公司

法律顧問　林勝安律師

出版日期　2023年11月初版一刷

定　　價　新臺幣450元

經典永恆・名著常在

五十週年的獻禮——經典名著文庫

五南，五十年了，半個世紀，人生旅程的一大半，走過來了。

思索著，邁向百年的未來歷程，能為知識界、文化學術界作些什麼？

在速食文化的生態下，有什麼值得讓人雋永品味的？

歷代經典・當今名著，經過時間的洗禮，千錘百鍊，流傳至今，光芒耀人；

不僅使我們能領悟前人的智慧，同時也增深加廣我們思考的深度與視野。

我們決心投入巨資，有計畫的系統梳選，成立「經典名著文庫」，

希望收入古今中外思想性的、充滿睿智與獨見的經典、名著。

這是一項理想性的、永續性的巨大出版工程。

不在意讀者的眾寡，只考慮它的學術價值，力求完整展現先哲思想的軌跡；

為知識界開啟一片智慧之窗，營造一座百花綻放的世界文明公園，

任君遨遊、取菁吸蜜、嘉惠學子！